宁波市教育局重点委托项目"近现代甬籍教育家研究"研究成果

近现代甬籍教育家研究丛书编委会

近现代甬籍教育家研究丛书

徐鸿钧　唐燮军　著

Ningbo Jindai Jiaoyu de Tuohuangzhe: Chen Xunzheng Pingzhuan

宁波近代教育的拓荒者：陈训正评传

ZHEJIANG UNIVERSITY PRESS
浙江大学出版社

目　　录

导　论

四明地域自庆历兴学，即有诸多山林特起之士，或授业乡校，或讲道闾塾，由此得意科场者不但代不乏人，更渐以养成重教崇文之民风。爰及有清季年，慈溪人陈训正（1872—1943）亦承其流风余韵而投身其间，既尝为宁波"堕民"脱籍办学而奔走呼号，又曾致力于普及基础教育，其所呼吁创建的宁波师范学堂、县立女子师范学校、宁波中等工业学校，更开宁波师范教育和职业教育之先河。

除了倡导与投身新式教育，陈训正的生前行迹，不外乎吟诗、填词、作文、办报、从政和编纂方志。其中，办报与教育关系相当密切，其《宁波白话报》就曾刊载《小学教育问答》《论女人家应该读书的道理》《论实业的教育》诸文，大力呼吁重视女子教育，甚至提议创办徒弟学堂和实业补习学堂；1909年当选浙江省咨议局议员后，陈氏更是积极投身教育事业。至于文学创作、方志编纂，看似与教育关系不大，但事实上，陈氏诗文中时或可见对教育的探讨和对教坛人物事迹的叙述，[①] 而其所纂《定海县志》也曾专置"教育志"（内分学

---

① 大约1924年春，应省立四师附小主任李琯卿（1891—1945）之请，为其新著《新教育谈》作序（载《天婴室丛稿》之八《庸海二集》），就是陈训正探讨教育理念的显著实例；而其所作《钱君事略》（载《天婴室丛稿》（7）《庸海集》），则是叙述教坛人物事迹的典型个案。

校教育、社会教育、教育机关）。有鉴于此，本书在重点考察陈训正教育活动及其教育理念的同时，兼述陈氏在文学创作、方志编纂等领域所取得的成就。

对陈训正学行的梳理，大抵始于1919年春季之前应启墀、冯开等人对其《无邪诗存》的点评。[①] 这些点评者不是对陈训正有知遇之恩的喻兆蕃，就是与陈氏惺惺相惜的虞辉祖等挚友和当时社会声望、学界影响都在陈训正之上的陈三立、释太虚等名流，因此这类点评比较客观、可信（详参表0-1），也理当成为世人考述陈氏学行的出发点。

表0-1   1919年春之前评议者对陈氏诗篇的评述

评议者	内容	出处
应启墀	天婴诗，五古最有功，乐府亦划划出光气，奇警而几于自然，皆足以虎视一时。次为七律，又次为五律。七绝、七古最下，七绝往往失之佻率，七古往往失之散漫。吾愿天婴益努力也。	《天婴室丛稿·诸家评议》
冯开	玄父诗，不患其不奇，而患其不驯。昌黎云："文从字顺，各识职。""识""职"二字，即"驯"字注脚。凡诗文，无论清奇浓淡，必须臻"驯"字境界，方为成就。玄父似犹有待也。	
徐韬	天婴……近作稍入宋人具茨、陵阳、眉山诸家。然天婴又言"平生实未读宋人诗"，此欺耳，余不敢信。	
郑孝胥	爱奇嗜古，不作凡响，此必使哀乐过人、性情绝俗，乃堪相称。工夫自在诗外，不足为寻章摘句者道矣！	
虞辉祖	惨辉妙旨，成嵯峨倜诡之观。神血湛湛，殆欲分液郊贺。	
喻兆蕃	荒忽幼眇，跌宕光怪，如《搜神记》，如秦汉童谣。十年不见君，幽忧沉郁，乃至此邪！噫！	
释太虚	噫作灵飙，将构其变；液匀神雪，将撢其质。骞古路而动容，击寒旻以流响。	《天婴室丛稿·诸家评议》
陈训正	余诗可以观，可以怨。若夫兴群之义，尚俟之异日。	
虞辉祖	余襄序《回风堂集》，谓吾甬上诗家，以君木、无邪为挽近之绝出者。非私言也。……盖无邪晚际兵兴，睹乱之靡有已，故常所讽道如此！……乌乎，世果嫉其如斯耶！读君诗者，可以怨矣。	《天婴室丛稿·叙》

[①] 按，《天婴室丛稿》之二《无邪诗旁篇》卷首云："居白衣恤孤院二年，院主事若严为余衰诗得一百四十六首，题曰'无邪诗存'。既又搜得箧衍蟫蟫腋尾，尚留百五十首，年时错出，不能次第，因为《诗旁篇》。火之不忍，将以灾木，此戋戋者，化鱼所弃吐，尚欲流视人间耶！己未春，玄婴识。"是知《无邪诗存》纂成于1919年春。

从传世文献的相关记载来看，探讨陈训正学行的第二波热潮出现在1924—1925年，其重心在于肯定陈氏主纂的《定海县志》。其中，冯开的评述一如既往地相对公允：

> 志乘之作，羽翼惇史。外史所领，司会所掌，辅使所采，胥于是隶焉，开物成务，其揆一也。革政已还，民义昭彰，遵会既殊，取涂宜广，先正耆彦，互立科条，大抵统于一尊，畸于文胜，伦脊虽具，祛发盖鲜，必执墨守之见，以驭纷纶之局，斯又通人之蔽也。定海悬峙海东，山海之气，郁为才秀，遗文前献，灼然足征。顾自改厅为县，绵历星纪，风政推暨，非复旧贯，澄荡拘牵，更定阡陌，钩稽往复，归于翔实，非夫通方博瞻特立独行之君子，其孰能宏斯业乎！陈君以异县之士，当属笔之任，不偏人文，兼进民治，因创损益，务循其本。举凡文化之升降，治理之消长，民生之荣悴，风俗之隆污，疆域之沿革，财赋之息耗，物产之丰啬，部罗州次，体用赅备，识大识小，咸有统绪。《武功》《朝邑》，颛侈高简，以今方昔，宁但不愧之而已。夫人群禽辟，自简之巨，孽乳错综，莫竟畔岸。民史有述，籀其至赜，洁其至涣，箸诡化之迹，探敷治之原，斯为美也。每览曩史，于州间文物，动举概较盈虚之数，无征不信，阐往昭来，要惟方志。矧在今世，时制迁贸，蕲向日新，民彝物曲，都关闳恉。造端于变动，而立极于光明。后有作者，其诸亦乐取乎是欤！绅绎既汔，服其精能，辄述要略，用谇并世。[1]

而应季审与柳诒徵对《定海县志》的评述，则又近乎肆意吹捧。譬如前者，不但认定《定海县志》"穷古往今来之蕃变以会其通，推天行人事之奥衍以治其究，体裁节目，断然创始，虽未敢言绝后，要当空前无疑也"，而且在出任掖县县长后不久，便委以修纂《掖县新志》的重任[2]；至于后者，更是仅仅在寓目陈氏寄来的《定海县志·例目》之后，就毫无保留地歌颂这部由其弟子陈训慈的堂兄所主纂的志书：

> 陈君无邪、马君涯民，淹综史坟，贯以新知，近纂《定海县志》，示以《例目》。列志十六，分目七十，表纪传录，若网在纲，大氐袭故者十之二，创制者十之八，……盖虽区区一地之志，驭以龙门、夹漈之识，

① 冯开：《定海县志叙》，《中国地方志集成·浙江府县志辑》（38），上海书店1993年版，第433页。
② 陈训正：《掖县新志叙目》，《缦石幸草》，《天婴室丛稿第二辑》（9），1934年铅印本。

且究极其所未备，诒征读之，叹观止矣。世运相嬗，一文一质，君子兼之，则彬彬焉。吾国古史，大字所罕，第毗于文，务在审美；欧墨治史，每近质家，日用饮食，胪笔惟仅。两者相衡，各有极诣。簿录枯燥，传状浮夸，非夫折衷，难语体要。……世有君子，当就是求史裁矣。甲子夏六月。①

柳氏此论，是否有助于平息一度甚嚣尘上的对陈训正所拟《定海县志》编纂体例的质疑，因史载阙如而不得其详，但可以肯定的是，它确立了此后学界内外对陈训正及其《定海县志》的评述框架和方向。

第三波热潮涌现于 1931 年陈氏六十大寿前后，在此期间，章门大弟子黄侃应陈氏门人童第德之请，从文学、方志两端，予陈氏以令人难以置信的高度评价：

> 近代古文正宗，咸曰桐城，祖述其法者盈天下，……非之者未始乏人，唯先生之言镌切最甚。……得先生之说，不独可以救桐城末流之失，即近顷薄古而逞臆者，亦不至溃决冲陷而无所止，……数年前，侃始得读先生所撰《定海县志》，观其编制条例，迥异于向来郡书地里之为。……盖昔之方志，畸于考古，而此则重于合今。昔之方志，质者则类似簿书，文者又模袭史传，此志详胪表谱，位置有方，综叙事实，不华不俚。……如先生者，能为乡史示准绳，即能为国史成型范，此则在位者所未宜忘者也。②

而鄞县县立高级工科中学在所呈《陈前校长六十寿言》中，也合乎情理地将他们的前校长比作当代文宗、循吏：

> 慈溪陈屺怀先生，以儒学名当代，为文章出入于两汉魏晋之间，为海内文宗。其长浙江民政厅、杭州市也，除弊以利，革故以新，而尤以兴学为务，贤声噪于众口……此先生行事之荦荦大者，而揆之于古人，固已出入于儒林、循吏之间，则先生今日之登朝，亦将以兼善天下，而弥永其年矣。今年十二月为先生六十初度，朝之士大夫，与夫亲朋故旧，必有弘文清制以寿先生者，而本校师生则窃以是说而进质焉，未知

---

① 柳诒徵：《定海县志跋》，《柳诒徵劬堂题跋》，柳曾符、柳定生编，华正书局 1996 年版，第 168 页。

② 黄侃：《陈玄婴先生六十寿序》，《天婴诗辑》，陈训慈整理，1988 年抄本。

先生亦以为然否耶？①

稍后，徐震在所作《与陈屺怀先生论文书》中，既充分表达了其本人对文学的理解，更对陈训正的文才佩服得五体投地：

所谓真意者，持之有故，语必由衷也；所谓醇雅者，出言有章，不失体要也。于此有合，方克自立。若夫貌为醇雅而质不存，无得于内，徒求诸形骸之外，纵极工美，土木披绮绣而已。惟其无得于内而徒求之于外，乃有流派之争，是丹非素，纷纭不已，自有识者观之，直如蚊虻之过乎前也。尊箸（《天婴室丛稿》）用南雷黄氏例，文辞诗歌相杂。震于先生之古文辞，好之尤深，以为笔曲而气昌，骨重而体峻，语奇而理正，排奡而一归于妥帖，悲愉欢戚，咸出于肺俯，使人如睹肝膈，信乎茂于质，又工于辞也。自韩退之褐橥古文，唐人学韩者立习之、孙可之为善，李平实，孙倔奇。北宋欧曾苏王，并推崇韩氏，而欧王两家得于韩氏为多。永叔近李，介甫近孙，才皆过之，规模亦视李、孙为大，然朴厚尚逊焉。斯则唐宋之辨也。自元明以迄有清，作者多从北宋人出，明之何、李、王、李，志攀秦汉而学不逮，清代则汪容甫之溯原东汉，刘申受之规橅西京，张皋文之力追杨、马，曾涤生之取径班、韩，胡穉威、朱梅崖之专学退之，龚定庵、魏默深之宗法晚周诸子，皆欲轶宋人之樊，途辙不同，各有擅胜。先生之文，……盖在可之、介甫、穉威、梅崖、定庵、默深之外，自为一格。鄙见如斯，未审有当焉否耶？②

同时也就在这一时期，针对《定海县志》的内部构造和陈氏的行文风格，出现了若干质疑之声，例如1937年5月11日刊登于《时事公报》的一篇《陈屺怀与宋子京》的短文，就曾委婉地批评陈训正好用奥字僻字的习惯：

乡先辈陈屺怀先生之为文也，好以奥字、僻字以及古书掺杂文间，使人读之，觉其拮倔磨牙，难以卒诵，……为善为病，固否具论，因忆宋代宋子京焉，与陈屺怀先生，可以后先辉映。

而在此之前的1934年，《浙江省立图书馆馆刊》的某编辑也曾在负责刊载陈训正的《定海县志序目》时，以"编者按"的形式，直指《定海县志》所列表

<hr />

① 《陈前校长六十寿言》，《鄞县县立高级工科中学二十周纪念册》附录（2），1931年12月刊行，浙江省宁波市鄞州区正始中学图书馆藏。

② 徐震：《与陈屺怀先生论文书》，《浙江省立图书馆馆刊》第4卷第5期，1935年10月31日，第32页。

格"偏重太过，于人物不免阙略"，尤其对该志"于《列女》亦列表不立传"的措置，更是不以为然。①

第四波热潮出现在 1943 年陈训正病逝后，下迄 1947 年陈氏灵柩归葬故乡前后。始则有陈建风等人在《陈训正行述》中，将乃父定位成与章学诚不相上下的方志学大家；② 随后，其堂弟陈训慈、弟子沙文若又相继撰成《陈君屺怀事略》（初稿）和《陈屺怀先生行状》③。其中，《陈君屺怀事略》（初稿）虽仅用于重庆各界"悼祭"④陈布雷（蒋委员长身边红人）的堂兄，却是首篇全面概述陈训正生平及其学术成就的专文，而《陈屺怀先生行状》的重心和亮点，显然并非追述陈训正的生前行迹，而是从纵横两个向度界定陈氏的学术地位：

> 浙东学者自宋元以来，率尚义理制数，或专精史事，鲜有以文辞名家者。先生雅好古文诗歌，早岁与县人冯君开、应君启墫、洪君允祥齐名，有"三病夫一狂夫"之目。……四人者，各有其专诣，……先生则风力遒劲，器业过人。文近子长、子云，为深博无涯涘；诗词取径与冯君略同，而硬语盘空，独似鲁直。要其博涉群书，探综道要，吐词为经，足以自成家数。……先生既饱学多闻，病近世方志因袭旧体，无当于实用，则创为新例，多列图表，旁行斜上，幅短而事赅。……盖先生之学，未可以一方体，其著之于书，足为后世法式者，文辞而外，惟诸志为超逸无俦云。⑤

降及 1947 年，又至少有两位亲友在陈建风兄弟的恳请下，撰文悼念辞世已有五年的陈训正。其中，张原炜的《陈无邪墓志铭》竟夸张地将陈训正比作

---

① 所谓《定海县志序目》其实就是前揭《定海县志·例目》。陈训正：《定海县志序目》，《浙江省立图书馆馆刊》第 3 卷第 4 期，1934 年 8 月。

② 陈建风、陈建斗、陈建尾：《陈训正行述》，《民国人物碑传集》卷 1，卞孝萱、唐文权编著，凤凰出版社 2011 年版，第 24 页。

③ 按，沙茂世《沙孟海先生年谱》1943 年条云："本年，著名《桂林重刻石曼卿题名跋》《陈屺怀先生行状》（刊于《晚山人集》《忍庐老人行义录》）。"

④ 1980 年代初，陈训慈在整理陈训正晚年所作《晚山人集》时，又将这篇旧稿增订为《陈君屺怀事略》；新增加的内容，一是引申陈训正的方志成就，二是概括陈训正"一生之总的精神"。详参《晚山人集》所附《陈君屺怀事略》，1985 年抄本。

⑤ 沙文若：《陈屺怀先生行状》，《晚山人集》附录。

屈原、贾谊之侪，①故其学术价值远不如同年12月沙文若所作的《晚山人集题辞》：

> 甬上自古多文史著作之彦，民国以来，称慈溪陈训正无邪、冯开君木、洪允祥佛矢，余皆得而师之。冯、洪二先生以教授终其身，陈先生晚岁莅政杭州，最为通显，享年最高，著述亦最富，蕲春黄侃季刚，尝以深宁王氏目之。先生著述初刊于甬上，曰《天婴室诗》，嗣刊于上海、杭州，曰《天婴室丛稿》，凡两辑。初辑七种，曰《无邪诗存》（即《天婴室诗》更名）、曰《无邪杂著》、曰《哀冰集》、曰《秋岸集》、曰《逃海集》、曰《庸海集》、曰《阆逢困敦集》，合四册。续辑十种，曰《塔楼集》、曰《北迈集》、曰《末丽词》、曰《炎虎今乐府》、曰《紫荑词》、曰《吉留词》、曰《圣塘集》、曰《揽石秋草》、曰《揽石幸草》、曰《揽石春草》，合两册。其单行本，则有《论语时训》一卷、《甬上名谓籀记》四卷、《倪言》五卷、《悲回风》一卷，又主纂《定海县志》十六卷、《鄞县通志》六编三十六册。以上皆已刊。未刊者，有《读礼籀记》一卷、《孟子学说》三卷、《倪林》二卷、《岁寒述学》四卷、《泽畔吟》一卷、《晚山人集》四卷，又主纂《掖县志》若干卷。别有《天婴诗辑》三卷、《天婴文存》二卷，乃其晚年，就已刊旧稿选取称意者，作为定本，惜其稿未竟。此《晚山人集》，皆抗日期间退居家乡及避地浙南忧时伤乱之作……今年四月，建风、建斗、建尾兄弟，既扶枢归葬慈溪官桥，复议先续刊《晚山人集》，属余疏记著作称目，揭之简端，俾后有考焉。

但遗憾的是，沙文若有关"《天婴室丛稿》，凡两辑"之说，并未引起研究者的应有关注，以至于晚近以来的所有相关研究成果皆严重忽视《天婴室丛稿第二辑》与《天婴室丛稿》之间的差异，遑论加以引用。

在20世纪80年代初期，这项研究再次迎来热潮，不但涌现出《陈屺怀先生生平事略》《热心兴办宁波地方教育的陈屺怀》等不少回忆性文章（详参表0-2），而且持续到90年代后期。这股热潮的出现，就其成因而言，主要是陈训正生前所曾扮演的角色使之顺理成章地成为改革开放后省市政协重点关注的地方精英。尽管由于众所周知的原因，这类口述史料的真实性尚待做进一步的考证，却仍然与早已面世的黄侃《陈玄婴先生六十寿序》、沙孟海《陈屺怀先生

---

① 张原炜：《陈无邪墓志铭》，《天婴诗辑》附录。

行状》、张原炜《陈无邪墓志铭》、柳诒徵《陈君屺怀传》，成为下一波热潮的主要参考文献。

表 0-2　涌现于 20 世纪八九十年代的相关探讨

文名	作者	发表刊物
陈屺怀先生生平事略	赵志勤	《天婴诗辑》附录 1
学者从政的典范——回忆陈屺怀先生	阮毅成	《浙江文史资料选辑》第 43 辑（1990 年）
陈屺怀轶事三则	周克任	《宁波文史资料》第 8 辑（1990 年）
热心兴办宁波地方教育的陈屺怀	陈训慈 赵志勤	《浙江文史资料》第 45 辑《浙江近代著名学校和教育》（浙江人民出版社 1991 年版）
陈氏兄弟　各有千秋——陈训正、陈布雷和陈训慈	戴光中	《文化群星——近现代宁波籍文化精英》（中国文史出版社 1998 年版）

21 世纪以来的第六波热潮，大体上围绕着两个重心而展开。一是集中考察陈训正的方志成就、概括其方志思想；二是深入探讨陈氏对近代宁波地方教育发展所做的贡献，同时勉力归纳其教育思想（详参表 0-3）。此外，王泰栋《陈布雷大传》、吴忠良《经世一书生——陈训慈传》等论著，也曾附带论及陈训正对陈布雷、陈训慈这两位堂弟的影响。

表 0-3　21 世纪以来的相关研究成果

文名	作者	发表刊物及期数
从民国《定海县志》《鄞县通志》看陈训正的方志思想	柳建军	《浙江方志》2002 年第 4、5 合期
从民国《鄞县通志》看陈训正对传统方志学理论的超越	沈松平	《新疆地方志》2002 年第 4 期
从"当代方志的雏形之作"——《民国鄞县通志》看陈训正对传统方志学理论的超越	沈松平	《黑龙江史志》2002 年第 6 期
陈屺怀的教育思想与实践初探	徐鸿钧	《国家教育行政学院学报》2005 年第 11 期
陈屺怀与陈布雷兄弟	陈元	《档案春秋》2008 年第 9 期
陈训正研究	张唯	宁波大学 2012 年硕士学位论文（沈松平指导）
论陈训正的教育实践及其理念	沈松平	《浙东文化研究》第 1 辑（张伟主编，浙江大学出版社 2014 年版）

文名	作者	发表刊物及期数
陈训正评传	沈松平	浙江大学出版社 2015 年版
《鄞县通志》编纂详探——以天一阁藏鄞县通志馆收支报告档案为中心	周慧惠	《浙江档案》2016 年第 5 期

相比较而言，张唯的《陈训正研究》和沈松平的《陈训正评传》，在诸作之中考述更全面。前者内分四个部分：①考察陈训正的生平经历；②探析其参加辛亥革命的动机；③归纳陈训正在教育实践中所融入的教育理念；④总结其在方志编纂实践中所体现的方志学思想。作者自称"力求完整、真实、全面地向世人展现陈训正的一生。对其教育思想和方志学的思想也力求能有深度。最后，结合当时所处的历史背景，对陈训正作一个客观的评价"。其志虽美，但最终未能达成其初衷。后者作为首部全面考述陈氏学行的专著，尽管搜集并引用了几乎所有的重要材料，却也犹如同期其他成果，至少存在三大不足：一是对陈氏方志成就、教育理念的认识和概括，其实只是在重复前人的相关评判（尤其是赵志勤《陈屺怀先生生平事略》），而未取得显著突破；二是在查找、引用资料方面，往往局限于黄侃《陈玄婴先生六十寿序》、柳诒徵《陈君屺怀传》等不很可靠的追溯性文字，而不是以陈训正本人的传世诗文集为主要依据，至于《天婴室丛稿第二辑》，更因深藏国家图书馆等寥寥数家藏书机构的关系，甚至不曾进入作者的视野；三是只字未提陈训正在文学领域的建树及其文学观念的变迁。

多年前，笔者也曾有感于研究现状之不足，转而认真研讨陈训正的教育实践，最终写成《陈屺怀的教育思想与实践初探》一文。该文在详考陈氏积极投身教育事业的基础上，初步总结了陈屺怀的教育理念：①废除科举、倡导西学；②普及基础教育；③发展师范教育；④强调教育平等。尽管该文获刊于《国家教育行政学院学报》，后又被中国人民大学书报资料中心《教育学》全文转载，但笔者近来在考察近代宁波教育史时发现不少新史料，自感颇有加以充实、深化的必要和可能，于是约同昔日同事唐燮军，合力共撰此书。

我们倾向认定：任何历史人物总是依附于他的生存环境，其作为、取舍也势必受到生存环境的深刻影响，因而对陈训正教育实践的梳理和对其教育理念的概括，也理当置于清末民初中国社会在欧风美雨冲击下发生沧桑巨变的这一时代背景之下加以考察，此其一；其二，人不可能一成不变，陈训正也始终在变。拥抱新式教育的清末举人，全程参与辛亥宁波光复的主要功臣，主持编纂民国《定海县志》的方志名家，具体负责上海《商报》日常事务的著名报人，20世纪20年代末的省府委员兼杭州市市长，这些不同的身份和角色，充分表明陈训正在其72年的人生旅途中，始终不断地调整着自己的人生目标。因此，对陈氏学行的梳理，也理当动态考察而非静态观照。

第一章 慈溪设县后域内文教事业的演进

传主陈训正（1872—1943），字屺怀、无邪，号玄婴、天婴、晚山人，慈溪①县金川乡官桥人氏。商户出身的他，之所以弃商业儒，除了发生诸如父亲、祖父相继病卒等变故外，也与慈溪设县后文教事业的进步有着不证自明的关系。有鉴于此，本书特置此章，用以交代地缘、学缘等陈训正赖以成长的背景。

第一节 县域政治中心的转移

"闻昔句章县，江城面水隈。如何鸡犬地，一望尽蒿莱。潮汐无时歇，风帆此道开。当年戍守者，凭吊有余哀。"清人胡亦堂的这首《城山怀古》诗，缅怀的正是宁波历史上第一座城池句章古城。

句章作为地名，最早出现于西汉刘向所集录的《战国策》，而传世文献的相关记载，例如北魏地理学家阚骃所撰《十三州志》，则又明确交代句章古城建于春秋时期，乃越王勾践所筑："句践之地，南至句余，其后并吴，因大城

---

① 明成祖永乐十六年（1418），慈溪县大印遗失于县衙，重铸时唯恐失印复出，遂改"溪"为"谿"，并自此沿用至1956年汉字简化。此则根据相关规定，一律写作"慈溪"。

句余，章伯功以示子孙，故曰句章。"① 至于清代鄞县人董沛在其所撰《明州系年录》中，更是直接点明句章古城建于越王勾践灭吴的周元王三年（前474）。为纪念"并吴"这一重大胜利，勾践号召军民在余姚江畔建造城池并将新建城池命名为"句章"，不但在逻辑上没有问题，而且得到考古发现的有力佐证（详参表1-1）。宁波市文物考古研究所也正以考古发掘所得之印纹硬陶、原始瓷、泥质陶器物和板瓦、筒瓦等建筑构件，推断句章古城的始建年代至迟应不晚于战国中晚期。

表1-1　战国—西汉句章古城及其周边的考古发现

分类	概　况	资料来源	结　论
遗迹	房址3座、墓葬22座。3座房址皆属战国中晚期，而F1和F2不但地理位置相近，而且关系密切，都是小型作坊遗址。墓葬集中分布在焦家山，其余2座位于大湾山，均属竖穴坑墓类型。两山当是句章古城的墓葬区	《句章故城：考古调查与勘探报告》第55-60页	句章古城一带在商周时期应该已经出现了比较频繁的人类活动，并逐步形成了具有一定规模的生活聚落和相对集中的墓葬区域。战国中晚期，楚越战争频发；句章城内较多带有楚文化色彩遗物的出土和句章城外多处蕴含楚文化因素的竖穴坑墓群的发现，表明城址的兴起与发展可能受到了楚越战争及其文化交流的影响
试掘出土遗物	遗物标本共127件，包括92件日常生活类器具、2件生产加工类用具、33件建筑材料	《句章故城：考古调查与勘探报告》第79-100页	
调查采集遗物	地表采集遗物12件，墓葬采集遗物3件，共计15件	《句章故城：考古调查与勘探报告》第100-102页	

公元前306年，越国亡，句章之地遂属楚。降及公元前222年，秦军攻入楚国，随即平定江南，置句章县。自兹以降，直至东晋末年，句章始终是会稽郡的属县（详参表1-2），而从东吴到西晋，更是句章古城最为繁盛的阶段。吴大帝赤乌三年（240）四月，"诏诸郡县治城郭，起谯楼，穿堑发渠，以备盗

---

① 《资治通鉴》卷57汉灵帝熹平元年（172）条，胡三省注引阚《十三州志》，中华书局1956年版，第1831页。

贼"。[1] 包括句章古城在内的东吴境内各城池，因此得到大规模整修，今人也得以在句章古城的废墟中，挖掘出绳纹砖、放射线纹砖、人面纹瓦当、瓦面上饰有"富贵"吉语的筒瓦等东吴时期的建筑材料和生活用具（详参表1–3）。而宁波市的考古工作者通过现场调查、勘探，同时也根据这些出土文物，初步确定了东汉至东晋年间句章古城的空间范围：南临姚江，西倚大湾山，东跨癞头山，北为农田和王家坝村。其平面大致呈不规整长方形，长约470米，宽约120米至200米，周长约1200米，面积约10万平方米，文化堆积层厚约1.2米至2米。[2]

表1–2 句章行政建制的历史变迁

朝代	行政建制	出　　处
西汉	会稽郡统26县，句章乃其一县	（东汉）班固《汉书·地理志上》
东汉	会稽郡统14县，句章乃其一县	（刘宋）范晔《后汉书》之司马彪《郡国志四》
晋	会稽郡统10县，句章乃其一县	（唐）魏徵《晋书·地理志下》

表1–3 东汉—东晋句章古城及其周边的考古发现

考古类别	出土明细
遗迹	码头1处、河道2条、墓葬7座、窑址1处。码头的建造与使用，当在东吴至两晋时期。墓葬主要分布在大湾山东、南坡，一类为土坑墓（2座），一类为砖室墓（5座）。窑址位于大湾山东坡的山岙间
试掘出土遗物	日常生活类器具63件，生产加工类用具1件，建筑材料39件
调查采集遗物	地表采集遗物10件，墓葬采集遗物8件，窑址采集遗物2件

与此同时，句章在汉晋之际又多次成为战场（详参表1–4），尤其是晋安帝隆安四年末、五年（400、401）春，孙恩先后两次侵入句章，这不但破坏了句章城的已有文明成果，而且最终彻底改变了它的历史命运。[3] 简言之，句章

---

[1] 《吴书·吴主传》，《三国志》卷47，中华书局1982年版，第1144页。

[2] 宁波市文物考古研究所编著：《句章故城：考古调查与勘探报告》，科学出版社2014年版，第79–100页。

[3] 或许正有鉴于此，近来颇有学者顺应当前政治形势，力倡句章"既为县治又是军港"之说。港城相依、以港兴城，实乃濒江沿海城市的主要特征之一，自古及今，概莫能外；力倡句章"既为县治又是军港"之说，看似无误，但动机存疑。

城因为不再是县治所在地而日趋湮没荒芜，光绪《慈溪县志》卷6所引《梦兰室札记》说得最是明白："东南有小山，突起田野间，俗称县后山。山之四周，地皆高平，其南原又称堂上，相传以为古句章县署基也，今皆垦辟为田。旧时城隍规制已无可仿佛，惟耕犁所及处犹多瓦砾云。"[1] 曾经繁华八百多年的句章古城，终于随着时光的流逝而坠入历史的尘埃之中。

表1-4　汉晋之际发生于句章的部分战乱

时　间	战　　乱	出　处
汉顺帝阳嘉元年（132）二月	海盗曾旌等侵入会稽，杀句章、鄞、鄮三县长	（刘宋）范晔《后汉书》卷6《顺帝纪》
汉灵帝熹平元年（172）	会稽人许昌在句章聚众造反，自称阳明皇帝，郡司马孙坚率众平定	（西晋）陈寿《三国志》卷46《吴书·孙破虏传》
吴景帝永安七年（264）四月	魏将王稚从海路攻入句章，掠走不少财物和男女二百余人	（西晋）陈寿《三国志》卷48《吴书·三嗣主传》
晋安帝隆安四五年间（400-401）	乱贼孙恩先后两次侵犯句章，东晋北府将刘裕击退之	（萧梁）沈约《宋书》卷1《武帝纪上》

历经唐初以来百余年的休养生息，浙东地区已有的政区设置显然难以满足地方行政的实际需要。开元二十六年（738），在江南东道采访使齐瀚的奏请下，唐廷将鄮县从越州分离出来，既一分为四而设慈溪（因县民董黯孝养其母而得名）、鄞、奉化、翁山四县，又在这四县之上置明州（以境内有四明山而得名）。这一政区调整，既是宁波脱离绍兴军政控制的起点，也是慈溪历史发展的转折点。

慈溪自开元二十六年独立为县后，首任县令房琯就将慈溪县的政治文化经济中心，从王家坝一带迁移到了慈城，并在择址另建县城的过程中，对县城的空间结构、街巷布局做了迄今仍令人赞叹不已的规划设计：

　　……中国传统的五行相生相克原则在慈城的城建布局中得到了完美体现。东为青龙，故东山蜿蜒至南，草木葱茂，青翠如黛。西山如虎雄踞一角，石白且坚，是为白虎。南山如雀，振翅欲飞，石赤如火，号为朱雀。北湖似龟，仰吻珠山，蕴华凝碧，湖泥似墨，是为玄武。居中为城，街衢如矢，河道如带，纵三横六，方如棋局，是为中土。……全城

---

[1] 《光绪慈溪县志》卷6《舆地一·山》"城山"条引《梦兰室札记》，（清）杨泰亨、冯可镛纂：《中国地方志集成·浙江府县志辑》（35），第152页。

以中街为中轴线，以县衙门为制高点，北高南低，……东西两侧的建筑和街弄以中街为轴，相互对称。街弄设置取《易经》八卦"乾三连""坤六断"之意，建南北向三条大街和东西向六条横街。……除北面是慈湖外，东、南、西三面都围着护城河，城河之水在东南方的巽位上与慈江合并直通姚江。……连接主河道的则是遍布全城的小河。……河道互相连接，北接慈湖，南通慈江。朝夕之间，潮起潮落，东海的波涛沿甬江、姚江、慈江直拍河岸，使慈城之水直通大海而成活水。整个城区形如龟背，意寓一只向北俯伏的"神龟"，正在汲饮慈湖"圣水"。于是人们眼中的慈城便成了一个跃动着生命脉搏的精灵。①

时至唐德宗贞元（785—805）中，"50 岁"的慈溪县已然成长为"上县"，共计 21 乡（宋代合并为 5 乡），有居民万余人。其境域虽史无明言，但根据历代方志的相关记载和晚近以来的考古发现，仍可大致勾勒出唐代慈溪县的管辖范围，约今镇海区大部、江北区大部、余姚市东部（包括大隐、陆埠等山区）、慈溪市东部（包括上林湖、杜湖、白洋湖地区）、海曙区西部（主要是原岐阳、爱中两乡）。

五代时期，慈溪县曾划出东北部分土地给新建的望海县（今镇海区），也曾划出西北部上林湖区域给余姚县。此后直全清代的近千年间，不但境域面积比较固定，而且除遭受若干次外来侵略外，社会治安总体上比较好（详参表1–5），这就为地方经济的发展创造了有利的外部环境。也正得益于此，宋代慈溪县城在唐代基础上明显向东扩建，增加了今慈城镇民权路以东，北至今中华路东段，东至今太湖路，南至今太阳殿路中段的区域。②地方经济的成长与良好的社会治安两者又交互作用，促使越来越多的慈溪民众密切关注区域文化建设，积极参与科举教育。

表1–5　宋初至清末慈溪境内的主要战乱

时　　间	简　　况
宋高宗建炎四年（1130）	2 月 16 日，金兵攻陷明州城，17 天内四处烧杀掳掠
宋恭宗德祐二年（1276）	元军攻入浙东，沿海制置使赵孟传降

① 戴松岳：《风流千古说慈城》，宁波出版社 2007 年版，第 21–24 页。

② 钱文华、钱之骁：《天赐慈城：解读中国古县城的标本》，宁波出版社 2017 年版，第 20 页。

续 表

时　　间	简　　况
元顺帝至正十五年（1355）	春，方国珍攻占庆元。慈溪县令陈文昭不附，被囚于岱山
元顺帝至正二十七年（1367）	11 月，朱元璋部将汤和攻取慈溪等县
明嘉靖三十五年（1556）	5 月 18 日、26 日，倭寇两次攻入慈溪县城
清道光二十一年（1841）	11 月 19 日，英国侵略军攻占慈溪县城，焚县衙仪门及大堂东西仓屋，晡后始去
清道光二十二年（1842）	3 月 15 日，金华协副将朱贵率军奋战于大宝山下，予英军以重创，但因孤军无援，最终与全体将士为国捐躯
清咸丰十一年（1861）	10 壬午，范汝增率太平军攻入慈溪县城
清同治元年（1862）	5 月 14 日，太平军退出慈溪县城。9 月 18 日，太平军再次攻占慈溪县城，但仅过三天，又为华尔"常胜军"所困，遂开启北门夺路而出

第二节　区域文化的形成与发展

历史上的慈溪县作为河姆渡文化聚落分布的密集区，独立成县的时间虽只有1300年，但该县的区域文化，不仅可以追溯到8000年前的井头山文化，[①] 而且内涵相当丰富，并突出地表现为源远流长的方志编纂传统、异军突起的藏书文化和偏好于购置义田、创建义学的慈行善举等。

一、源远流长的方志编纂传统

方志是各地方政府记述当地自然景观、历史发展与社会现状的数据性著述，同时也是地方官员对乡土情怀的自我表述，并借以提高地方尊严的叙说场域。慈溪县志最早出现于何时，似难质究。从传世文献的相关记载来看，至少在宋理宗宝庆年间（1225—1233）就已有之，因为《宝庆四明志》卷八明确交代该书有关张齐芳的记载，就取材于"慈溪旧志"[②]。降及明英宗正统年间（1436—1449），慈溪又有县志问世，且被《文渊阁书目》列为"新志"[③]。但这两

---

① 案，井头山遗址所在的三七市镇井头山南麓，曾经在相当长时期内隶属于慈溪县。

② 罗濬等：《宝庆四明志》卷8《叙人上》，宁波市地方志编纂委员会整理《宋元四明六志》，宁波出版社2011年版，第345页。

③ （明）杨士奇编：《文渊阁书目》卷4，影印文渊阁《四库全书》本。

部旧志，时至明武宗正德年间（1506—1521），皆已湮没无闻。

由慈溪本地文人周旋、陆绅合作编纂于正德年间的《慈溪县志》20卷，[①]虽也早已佚失，却是目前所知编纂时间最早的慈溪县志。该志历时五年而成书，内容广泛，"凡山川、土俗、里社、贡赋之类，与夫古今人物"，皆"族书而别之"，虽未必像周旋（1450—1519）自称的那样有资于治道，但在付梓刊行后，却间接地激发了后人纂修慈溪县志的热情，遂有天启、雍正、光绪诸志的相继问世（详参表1-6）。例如明熹宗天启四年（1624），刚被除名回乡的前太常寺少卿姚宗文就接受慈溪县令李逢申的聘请，与秦舜昌、向裒、冯元仲等人同修新志，最终以16卷的篇幅和儒学、山岭、旧景、宸翰、艺文、题咏等共计24门的内部构造，纂成现存最早的慈溪县志。

表1-6　明清时期的慈溪县志

名称	纂修者	简况
正德《慈溪县志》	慈溪人周旋、陆绅	成书于明武宗正德年间（1506—1521），共20卷，已佚，尚存周旋、陆绅二跋。《千顷堂书目》《澹生堂藏书目》有著录
天启《慈溪县志》	知县李逢甲修，慈溪人姚宗人等纂	始纂于明熹宗天启四年（1624），共16卷，其刊本见藏于中国科学院、上海图书馆、南京图书馆、浙江图书馆。《千顷堂书目》《脉望馆书目》《八千卷楼书目》有著录
康熙《慈溪县志》	知县吴殿弼修，慈溪人姚宗京纂，刘国器、颜迈、周成乎同纂	始纂于清康熙十一年（1672），但未成梓，且已失传。吴殿弼，生员，辽阳人；姚宗京字积之，生员，慈溪人，曾参编康熙《宁波府志》
雍正《慈溪县志》	知县张淑郿修，慈溪人林梦麟、蔡云鹏、裘彦良、周惟域与纂	始纂于清雍正四年（1726），且已成16卷，但因张淑郿离任，事遂终止，书亦未刊行，仅张淑郿《慈溪县志弁言》见录于杨正笋所修雍正《慈溪县志》卷十五。张淑郿字诚斋，河北真定人，抵慈后即捐俸建学、浚浦、筑塘
雍正《慈溪县志》	知县杨正荀重修，林梦麟、蔡云鹏、刘天相、俞声金、陈象曦等纂	雍正七年（1729）诏修全国一统志，令各地搜集资料。知县杨正荀遂于次年开馆重修县志，由冯鸿模任总纂，林梦麟、蔡云鹏、刘天相、俞声金、陈象曦等同纂。五月启馆，年底成书。书成后适逢杨令离任，由后任许炳于雍正九年（1731）考订刊行。该志共16卷，以门类齐全为人称道

① 周旋字克敬，成化二十三年（1487）进士，选南京户科给事中，转北京兵科给事中。在科九年，屡上疏，论事削切，后出参广藩。著有《西溪小稿》《杜诗质疑》，另纂《广西通志》60卷。陆绅字荐绅，弘治二年（1489）举人，以循吏称。

名称	纂修者	简　况
雍正《慈溪县志》	显系雍正九年版之重印，故仍署名《慈溪县志》	乾隆三年（1738）傅珏增刻本，在原序与目录之间插入关于管山亭的叙、序、考四篇，充作新增序文，共16卷，北京、南京、上海、浙江等图书馆有藏
同治《慈溪县志稿》	梁启超谓此志为董沛、徐时栋合撰	纂于同治（1862—1874）末，其"职官门"叙事至同治九年（1870）。又，时任宁波知府程云㑷云："同治十二年书成，未刊，后为光绪志之底本。"
光绪《慈溪县志》	杨泰亨主修，冯可镛纂，孙德祖、刘凤章、费德宗、叶意深分编	自光绪五年（1879）起由杨泰亨、冯可镛竭十年心力创稿，至光绪十四年（1888）定稿，光绪二十三年（1897）邑人刘一佳校刻，到光绪二十五年（1899）刊成。该志共24册计56卷附篇1卷，分旧迹、艺文、金石、前事、丛谈等17门

相比较而言，其中由杨泰亨、冯可镛倾力纂成的光绪《慈溪县志》，无疑价值最高。该志人物搜罗颇广，体例继承众志之长，其"选举"仿《乌程志》，"名录"仿《华阳国志》，"艺文"仿《汉书·艺文志》，"金石"仿《嘉禾志》，又独取仕籍、丛谈列卷，皆颇有用心。卷前附图注意实际测量，利于按图索骥，已似近代地图规制。全志资料丰富，200年间慈溪史事借以录存。

二、异军突起的藏书文化

慈溪私家藏书虽非始自半浦郑氏，但以半浦郑氏最有名望，其竣工于雍正元年（1723）的"二老阁"，在中国文化史上之所以名声显赫，一是因为它不但收藏了黄宗羲的遗书，而且致力于整理、传刻黄宗羲的著作，并因此成为传承浙东学派的重要基地；二是郑氏子孙多能从藏书中汲取营养，文人辈出；三是二老阁刊刻了大量的书籍，例如姜宸英《湛园未定稿》、潘平格《潘子求仁录辑要》、黄宗羲《明儒学案》、郑梁《寒村集》及郑性《南溪偶刊》等。乾隆编修《四库全书》，该阁进呈藏书94种，内有47种290卷被著录于《四库全书总目》，33种入存目。

二老阁藏书在此后多次遭遇厄难。先是乾隆五十一年（1786）发生火灾，藏书损失大半，后又经道光二十六年（1846）、咸丰三年（1853）两次火灾，藏书已所剩无几。咸丰十一年（1861）太平天国军攻占慈溪期间，二老阁藏书多为恶少所窃，尔后归于冯氏"醉经阁"。民国初，郑氏后裔将二老阁部分残存书及版片卖给上海书商，转为沈氏抱经楼所得，后又大多归北京图书馆（今国家图书馆）。1943年，摇摇欲坠的二老阁藏书楼最终被郑氏后人拆毁、变卖。

位于慈溪县城的醉经阁，乃咸丰年间浙东巨富冯云濠（1800—?）所建。冯云濠字五桥，道光十四年（1834）举人，家本富有，又性喜藏书，遂于慈溪县城建醉经阁藏书楼。其所藏不但多达五万余卷，而且不乏宋元人文集；光绪八年（1882），杭州藏书家丁丙主持劫后文澜阁本《四库全书》补抄时，曾就冯氏醉经阁借阅多种底本以补抄阁书。醉经阁藏书后亦散出，且有相当部分流入秦氏抹云楼。

由冯本怀建于道光年间的抱珠楼，不但藏书丰富，而且致力于刻书，先后刻印《溪上遗闻集录》十卷、《别录》二卷、《溪上诗辑》十四卷、《续编》二卷、《补编》一卷等。冯本怀去世后，书楼的管理日渐松散。时至抗战前后，其所剩不多的藏书和印书的刻版，均被捐赠给了西泠印社（一说浙江图书馆）。

表 1-7 慈溪县境内部分藏书楼

名称	简　　况
书带草堂	位于半浦大屋东侧，乃郑启建于明崇祯二年至十五年间（1629—1642）。三间楼房，坐东朝西。入清后，成为郑启、郑溱（1612—1697）父子设塾课读之所在。20世纪50年代被拆
半生亭	位于半浦二老阁池沼之北。康熙三十八年（1699）三月，广东高州知府郑梁（1638—1713，郑溱之子）因中风右瘫，不得已回到半浦老家，遂建半生亭，以为病后吟咏之所。20世纪50年代被拆。此外，郑梁又建"石叟居""大椿堂"（后者建于1706年），以为读书娱老之所
野云居	位于半生亭之北，乃郑竺（1738—1762）的读书室。郑竺乃郑性之孙，著有《野云居诗文稿》。其后，在其子郑勋（1762—1826）的请求下，时任浙江巡抚阮元为作《野云居稿序》
二老堂	位于半浦二老阁东，郑勋（1762—1826）所建。中供其高祖郑梁与秀水朱彝尊之神主，堂壁挂《二老重逢图》绘述郑梁自广东高州归里，与朱彝尊相遇于武林（杭州）并获朱氏赠诗的情景
有怀轩	在野云居西，郑勋暮年所建，其子郑元祁著有《有怀轩诗文集》。
玉湖楼	位于横山袠墅。系裘永明的藏书处，其子裘琏（1644 1729）致信黄宗羲，提到玉湖楼藏书超过范氏天一阁
寄月楼	位于中华路附近，建造者冯汝霖，乃冯骥才的高伯祖
二砚窝	位于半浦村，建造者郑勋（1763—1826）
耕余楼	位于保黎医院与水门下交叉口，乃《英话注解》组织编写者冯祖宪模仿天一阁样式而建于1880年或稍前，大约光绪中后期卖给郑氏家族

续 表

名称	简 况
映红楼	位于慈城小西门外坦园王家，建于光绪中叶，建造者王定祥乃光绪十四年（1888）举人

三、偏好于购置义田、创建义学的慈行善举

旧时，慈溪县域内颇多诸如太平桥、姜官亭之类的公益设施和以云华善堂为代表的慈善机构。其中的云华善堂，1868年由杨泰亨（1824—1894）会同当时慈溪县城内的若干社会贤达共同出资兴办，内设孤儿院、孤老院和专门收养弃婴、广施膏药的育婴堂，以办理育婴、施药、舍材、埋葬、惜字、褒贞等善举为己任。相比较而言，邑人捐助书院、创建义庄和义学（详参表1-8），其社会影响固然不如云华善堂，当时却对慈溪县的未来发展发挥过更为重要的作用。

表1-8　慈溪县域内与教育有关的义庄和义学

名称	简 况	出处
邵家汇义学	雍正三年（1725），郑性捐置邵家汇义学户田39亩有奇	
方氏义田	乾隆二十六年（1761），方启文捐，置田100亩	
郑氏义庄	由郑珪始创于嘉庆二十年（1815），此后，其子孙踵成之，共计捐银57549两，建义庄一所，置田1017亩	
陈氏义塾	嘉庆间，陈元滋等人捐资3000贯建义塾并置田60余亩	
傅氏勇义堂义田	道光六年（1826），傅仁山捐钱1000缗，至咸丰三年（1853），其子凤来又建庄屋三间，置田100亩	光绪《慈溪县志》卷五《建置四·善举》
袁氏义塾	道光十年（1830），袁惠庆父子设义塾于宗祠，又捐置田117亩	
叶氏安雅堂义庄	道光十二年（1832），叶维新兄弟三人承其父遗志，捐银60300两，建义庄一所，置田1040亩、山16亩	
沈氏敬乐堂义塾	道光十三年（1833），沈学醇捐置田50亩；二十六年（1846），其子沈大鼎建义塾，续捐田10亩有奇	
董氏承志堂义庄	道光十五年（1835），董秉熙兄弟承其父祖遗志，捐银73680两，建义庄一所、书塾三所，置田2310亩、山14亩	
姜氏慕义堂义田	道光十六年（1836），姜国祎兄弟与母张氏捐置涂地78亩，后以岁入租息续置地37亩。咸丰二年（1852），其子建常又捐置地144亩	

名称	简 况	出处
童氏霞蔚书屋义塾	道光二十六年（1846）童慈浩建，置田 78 亩。同治三年（1864），其子童祥权续置田 15 亩	
袁氏义田	道光三十年（1850），袁于郊及其妻童氏捐建，置田 300 亩有奇	
陈氏亲亲堂义庄	咸丰二年（1852），陈鉴、陈塘父子捐银 5443 两建义庄，置田 120 亩。同治八年（1869），陈良歊增置田 130 亩，又于庄内设义塾	
柳氏义塾	咸丰三年（1853），柳含珍、柳含文等人捐钱 1500 缗而建，置田 60 亩	
胡氏尚义堂义田	咸丰十年（1860），胡衡捐置水乡课地 400。光绪八年（1882），其孙承先等 5 人买置民屋一所为义庄，复续置地 92 亩	
陆氏义田	同治六年（1867），陆晓城捐，置田 180 亩	
张氏义塾	同治九年（1870），张梅与其族人张斯臧等捐银 5300 两而建，置田 242 亩	
裘氏崇义堂义塾	同治九年（1870），裘普乔与侄子景恂承其父祖遗志，捐银 20396 两，建义塾一所，置民田 285 亩余、竈田 348 亩有奇、竈地 180 亩	光 绪《慈溪县志》卷五《建置四·善举》
盛氏归厚堂义庄	光绪元年（1875），盛柄澄捐银 10000 两建义庄，并于庄中设义塾	
钱氏义学	光绪五年（1879），平桥钱氏共捐资置田 14.6 亩、山 3 亩	
宓氏味根书塾	光绪五年（1879），宓于辰捐建义塾一所，置田 14 亩；其弟于沅捐置田 16 亩	
严氏富春山庄义庄	光绪七年（1881），严信厚承其父遗志捐建庄屋 21 间，置田 97 亩	
孙氏义塾	光绪八年（1882），孙基永捐建，置田 222 亩	
陈氏义田	光绪八年（1882），陈士芳捐置田 100 亩，此后，其子儒珍、振家、鸿逵又续增田 86 亩，陈训正、陈布雷、陈训慈就是陈士芳之孙	
王氏崇义堂义田	光绪十一年（1885），王祥云、王祥霞捐置田 36 亩、海地 100 亩	
宓氏畬经堂义塾	光绪十七年（1891），宓彰孝同诸侄承其父祖遗志，捐银 32918 两，建义塾一所，置民田 468 亩、竈田 386 亩、义山 23.8 亩	
罗氏惟善堂义庄	光绪二十三年（1897），罗诗怀出资建义庄一所，置田 1000 亩，设义塾	

第三节　科举教育的曲折历程

慈溪官学始建于宋太宗雍熙元年（984），由时任知县李昭文创设于县治西北四十步，至宋仁宗庆历八年（1048）又迁建至位于今慈城镇竺巷东路的孔庙。换言之，慈溪孔庙自建成之日起，既是祭祀孔子的圣地，又是县学的所在，并因此具有尊孔、科举、教化、养士等功能。相比较而言，由私人创建而与官学相对应的书院，出现于慈溪县境内的时间远早于官学，早在李唐之世就已有之，且历代以来不乏知名书院（详参表1-9）。

表1-9　慈城历代知名书院一览

名称	概况	名称	概况
德润书院	由官方和民间大姓共同策划、创建，培养了许多科举人才	屿湖书院	系明都御史秦宗道的讲学处
慈湖书院	从明代起，官方色彩渐浓	慈湖精舍	由明布政冯成能所创建
石坡书院	乃南宋宝章阁学士桂万荣当年读书讲学处，又说是桂万荣告老还乡后所建，用于教育子弟的私立学校	东泉书院	明尚书姚镆（号东泉）辞职返归后，其门人捐资营建，以为姚镆晚年游息之所，并筑有讲堂、学舍
宝阴书院	明襄府教授冯柯（字宝阴）晚年讲学之所	西溪书院	系明参议周旋所建，用以教授后学
石峰书院	明南昌教谕冯钢	阚峰书院	由明大学士袁炜所创建
宝峰书院	因创建者赵偕号宝峰，故名。赵偕乃赵宋宗室，入元不仕，学宗杨简，在大宝山设院授徒，著名弟子有高则诚、乌斯道等		

其中的慈湖书院，发端于宋宁宗嘉泰元年（1201）。当时，邑人杨简为宣扬理学兼教导杨氏后裔，在慈湖北岸原德润书院西创办了谈妙书屋。杨简故后，其后裔及弟子于宋理宗宝庆年间（1225—1227），在谈妙书屋旧址创立了慈湖书院。慈湖书院的创设，既开慈城私学之先河，又成为当时浙东心学的中心。自明代起，慈湖书院逐渐被蒙上官方色彩，不但是慈城杨氏的家庙，更由官方任命山长。时至道光六年（1826），邑人冯汝霖、冯云濠等捐资三万元，新建院舍于普济寺前，同时迎聘院长、整顿学制，但这次重建并未有效推动慈

湖书院的发展。于是光绪二十八年（1902），在陈训正、冯君木等人的推动下，慈湖书院被改建为慈湖中学堂。此后，其校名又多次更改，从1902年慈湖中学堂，一变而为1906年的慈溪县中学堂，再变而为1910年的慈溪县立高等小学堂，降及1929年，随着两年制商科（增设于1924年）被裁撤，慈溪县立高等小学堂成为六年制的完全小学——慈湖小学。

至如德润书院，原是雍正三年（1725）知县张淑郿所设的义塾，彼时虽有半浦人郑性捐田39亩以维持日常开支，但尚无固定的教室，常借僧寮道院设教。乾隆十六年（1751）冬，知县陈朝栋等集资于学宫建尊经阁，下为学舍，书额"德润书院"。嘉庆二十年（1815），得益于知县黄兆台的主持和盛植麒、俞挺芝的捐资，书院被迁建于东门内，中为讲堂，翼以两庑。道光十二年（1832），邑人冯云濠、叶维新建先觉堂于讲堂后，用于祭祀虞翻、阚泽、虞喜、虞预、杨适、杜醇、杨简、黄震等八贤，同时在堂旁建祠以祀姜宸英。道光二十三年（1843），知县赖晋捐资建魁星阁于讲堂前。咸丰十一年（1861），书院毁于兵火。光绪三年（1877），邑人冯全琛、冯伟才捐资在旧址重建讲堂、先觉堂。光绪九年（1883），知县赵煦与掌教冯可镛会同邑人陈锦荣、童春、赵家薰、周晋镰集资拓地，建东西两庑并门房、庖、缭以垣墙。光绪二十年（1904），俞鸿樾（1870—1945）以掌院身份，将德润书院改建为公立正始两等小学堂。

与此相类似的是，慈溪虽然早在唐代就有张无择、虞九皋、董淇相继进士及第，但实际上从北宋起，才真正开始成为科第竞选的重要参与者（详参表1-10）。其背景，一是科举制度不但越来越公正（反舞弊措施日益精细），而且越来越公开（面向平民）；二是慈溪在独立成县250余年后，不但社会稳定，而且经济、教育都取得了长足的进步，这就使得民众有足够的精力、财力和兴趣去奋战场屋。

表 1-10　唐至北宋间慈溪登科录

朝代	姓名	时间	朝代	姓名	时间
唐	1. 张无择	永隆元年（680）	北宋	13. 舒介	元祐九年（1094）
	2. 虞九皋	元和元年（806）		14. 冯泾	绍圣四年（1097）
	3. 董淇	广明元年（880）		15. 郭敦实	元符三年（1100）
北宋	1. 王慈	端拱二年（989）		16. 冯轸	
	2. 卢慎微	景德二年（1005）		17. 冯淮	
	3. 冯准	庆历六年（1046）		18. 冯滋	崇宁五年（1106）
	4. 郭暨	皇祐元年（1049）		19. 冯子济	
	8. 冯景	熙宁三年（1070）		20. 王庭秀	政和二年（1112）
	9. 姚孳	熙宁九年（1076）		21. 姚持	政和八年（1118）
	10. 郭浑			22. 桂舟	
	11. 翁升	元丰五年（1082）		23. 王璧	宣和六年（1124）
	12. 王发	元祐三年（1088）			

假如说北宋（960—1126）是慈溪科考史上的勃兴期，那么南宋（1127—1279）则是其繁荣期，多达136位新旧慈溪人在这短短152年间，从竞争愈益激烈的科举考试中脱颖而出（详参表1-11）。这一盛况的出现，固然得益于宋室驻跸临安后慈溪政治地位的上升和科举配额的增多，但主要仍是慈溪地方经济、社会治安、文化氛围、民众心理、公私教育、科举收益等各种因素相互作用的产物。

表 1-11　南宋慈溪登第录

姓名	时间	姓名	时间
1. 张嗣良	建炎二年（1128）	7. 赵师岘	绍兴三十年（1160）
2. 严翼		8. 赵师章	
3. 冯觌		9. 冯纬文	隆兴元年（1163）
4. 张士民		10. 严九龄	
5. 郭敦颐	绍兴二年（1132）	11. 杨简	乾道五年（1169）
6. 张济	绍兴十五年（1145）	12. 舒烈	乾道八年（1172）

续　表

姓名	时间	姓名	时间
13. 严仲容	乾道八年（1172）	43. 孙因	宝庆二年（1226）
14. 姚颖（状元）	淳熙五年（1178）	44. 孙梦观	
15. 王镐		45. 冯基	
16. 罗仲舒	淳熙十四年（1187）	46. 冯履道	绍定二年（1229）
17. 叶澄	绍熙元年（1190）	47. 严畏	绍定四年（1231）
18. 杨琰		48. 叶成子	
19. 葛容	绍熙四年（1193）	49. 曹巽	绍定五年（1232）
20. 张虑	庆元二年（1196）	50. 桂去疾	
21. 张珩		51. 桂锡孙	
22. 桂万荣		52. 张璹	
23. 冯理		53. 冯容	
24. 王休		54. 孙囦绣	
25. 刘叔向	庆元五年（1199）	55. 张自明	端平二年（1235）
26. 施琮	嘉泰二年（1202）	56. 张檠	
27. 刘厚南	嘉定元年（1208）	57. 方肃	
28. 冯宋兴	嘉定四年（1211）	58. 张玘	嘉熙二年（1238）
29. 程士龙		59. 罗明复	淳祐元年（1241）
30. 余元廙	嘉定七年（1214）	60. 周梦李	
31. 方季仁	嘉定十年（1217）	61. 罗叔晟	
32. 赵湓夫		62. 方端	
33. 葛逢		63. 张自强	
34. 翁逢龙		64. 张庆祖	
35. 孙梦瑀		65. 张自东	
36. 赵兴仕	嘉定十三年（1220）	66. 余东	淳祐四年（1244）
37. 罗叔韶		67. 孙豹	
38. 赵逢龙	嘉定十六年（1223）	68. 张自期	淳祐七年（1247）
39. 孙梦镗		69. 赵孟墅	
40. 童居易		70. 张檦之	淳祐七年（1247）
41. 任襃然	嘉定十七年（1224）	71. 张堂	
42. 陈籍		72. 翁归仁	

续 表

姓名	时间	姓名	时间
73. 吴尚深	淳祐七年（1247）	103. 胡机	开庆元年（1259）
74. 孙梦霆		104. 张虞	
75. 罗谦		105. 罗季禹	
76. 沈发	淳祐十年（1250）	106. 王宝之	
77. 王来		107. 王桂发	
78. 洪翠		108. 桂壮孙	
79. 杨昼		109. 孙善因	
80. 桂本		110. 方山京（状元）	
81. 舒梦庚		111. 沈淮	
82. 孙獮孙		112. 刘扬祖	景定三年（1262）
83. 黄翔龙	宝祐元年（1253）	113. 张光	
84. 孙震孙		114. 张润孙	
85. 王自然		115. 沈芑	
86. 林霆		116. 楼岩	咸淳元年（1265）
87. 杨壁		117. 姚梦蒋	
88. 林峻		118. 林子宣	
89. 王良		119. 曹一新	
90. 施泰孙		120. 杨应祥	
91. 孙困		121. 韩福孙	
92. 孙斯撝		122. 黄三接	
93. 罗雷发	宝祐四年（1256）	123. 徐斗明	
94. 黄震		124. 陆觉	
95. 章霆瑞		125. 臧璧	咸淳四年（1268）
96. 张虞		126. 赵必祐	
97. 林一枝		127. 楼峟	
98. 冯懋		128. 孙耕	咸淳七年（1271）
99. 杨坰		129. 孙耘	咸淳十年（1274）
100. 胡从义	开庆元年（1259）	武进士	
101. 张应龙		姓名	时间
102. 章介甫		1. 潘伯恭	庆元二年（1196）

姓名	时间	姓名	时间
2. 胡应时	庆元五年（1199）	5. 鲁英	绍定五年（1232）
3. 王甲	嘉定十六年（1223）	6. 何自明	端平二年（1235）
4. 何濬	绍定二年（1229）	7. 胡光	德祐元年（1275）

经历了元代的低迷之后①，慈溪人的科考成绩在明代发展至顶峰。据光绪《慈溪县志》记载，在明代的 276 年间（1368—1644），慈溪不但有 245 人进士及第（包括武进士 8 人），而且出现了父子、兄弟联登高第的现象，中举者更是多达 600 位（详参表 1–10）。但这一良好的发展势头，在明清易代后发生了显而易见的逆转。在清代 267 年间（1644—1911），开科 112 次，慈溪仅有 105 人进士及第且内含 12 位武进士（详参表 1–12），像明代那样比较常见的四五位甚至更多慈溪人同榜的现象，在清代只有三次；与此同时，中举者也只有 520 人且内含 69 位武举人（详参表 1–13）。事实上，慈溪所出现的这一现象并非孤例，毗邻的鄞县，其在清代的进士及第数，也出现了断崖式下降。而在民国《鄞县通志》的作者看来，发生这一变化的原因就在于：以钱肃乐、张煌言、王翊、冯京第、董志宁为代表的众多宁波人，由于在明清易代之际勠力抗清，结果遭到清廷秋后算账，科考名额的大幅下降，便是其中的一个方面。②

表 1–12　明代慈溪登科录

姓名	时间	姓名	时间
1. 岑鹏	洪武四年（1371）	5. 刘嵩	
2. 罗暹	洪武十八年（1385）	6. 叶生	
3. 翁华	洪武二十一年（1388）	7. 郭守愚	永乐二年（1404）
4. 秦政学	永乐二年（1404）	8. 叶铭臻	

---

①　其因主要是元朝长期废除科举制度，故期间，进士及第者仅翁传心一人而已［时在仁宗延祐七年（1320）］。此外，姚应凤（世祖至元年间）、翁羽［泰定三年（1326）］、陈敬文［顺帝至元元年（1335）］、桂彦良［顺帝至正七年（1347）］，也曾通过"乡举"入仕。

②　陈训正、马瀛：《鄞县通志》第二《政教志》第四册庚编《教育》，宁波出版社 2006 年版，第 767 页。

姓名	时间	姓名	时间
9. 陈敬宗	永乐二年（1404）	38. 桂琛	景泰五年（1454）
10. 刘本	永乐四年（1406）	39. 郑岑	
11. 孙苏		40. 孙忱	
12. 顾巽	永乐十年（1412）	41. 张琦	天顺元年（1457）
13. 桂芝	永乐十三年（1415）	42. 王应奎	天顺四年（1460）
14. 徐得伦		43. 罗信佳	成化二年（1466）
15. 周叔遽		44. 桂廷珪	
16. 刘菜		45. 冯錤	
17. 冯吉亨		46. 龚泽	成化五年（1469）
18. 茅并基		47. 桂镐	成化八年（1472）
19. 顾侃		48. 张昺	
20. 郑让		49. 郑重	成化十一年（1475）
21. 郑维桓（解元）		50. 王鏓	
22. 龚璧	永乐十六年（1418）	51. 童潮	
23. 刘得初		52. 冯忠	成化十四年（1478）
24. 刘璨	永乐十九年（1421）	53. 张韶	
25. 张楷	永乐二十二年（1424）	54. 余濬	成化十七年（1481）
26. 王复	宣德五年（1430）	55. 袁爆	
27. 王用	宣德八年（1433）	56. 魏英	
28. 刘亚	正统元年（1436）	57. 王纶	
29. 张瑭	正统四年（1439）	58. 赵坤	
30. 姚堂		59. 沈元	成化二十年（1484）
31. 刘炜		60. 周津	
32. 刘怀	正统七年（1442）	61. 费铠	
33. 钱森		62. 周旋	
34. 夏时正	正统十年（1445）	63. 沈璜	成化二十三年（1487）
35. 桂怡	正统十三年（1448）	64. 王术	
36. 李尚		65. 杨子器	
37. 周翔		66. 王惠	弘治三年（1490）

姓名	时间	姓名	时间
67. 赵继宗	弘治三年（1490）	96. 周士英	正德九年（1514）
68. 徐楷		97. 王嵃	
69. 茅光著		98. 冯泾	
70. 孙连		99. 秦钺	
71. 陈熙		100. 李浑	
72. 姚镆	弘治六年（1493）	101. 徐州	
73. 王纯		102. 沈教	
74. 袁壤		103. 姚釪	
75. 桂诏	弘治九年（1496）	104. 王镕	正德十二年（1517）
76. 翁玉		105. 徐锦	
77. 刘乔		106. 刘世龙	正德十六年（1521）
78. 沈责		107. 钟潜	
79. 姚汀	弘治十二年（1499）	108. 陈原理	
80. 冯本澄		109. 刘谏	
81. 赵暕		110. 姚涞（状元）	嘉靖二年（1523）
82. 徐仁		111. 陈文誉	
83. 钱俊民		112. 秦金	
84. 向锦		113. 袁载	
85. 冯志	弘治十五年（1502）	114. 叶照	
86. 罗缙		115. 刘安	嘉靖五年（1526）
87. 贺洪		116. 冯岳	
88. 顾英		117. 冯震	
89. 刘滂	弘治十八年（1505）	118. 陈鲸	
90. 张福	正德三年（1508）	119. 沈一定	
91. 姚缙		120. 卢淮	嘉靖八年（1529）
92. 翁素	正德六年（1511）	121. 陈茂义	
93. 孙懋		122. 费渊	
94. 沈光大		123. 赵文华	
95. 朱良	正德九年（1514）	124. 钱焕	

姓名	时间	姓名	时间
125. 张谦	嘉靖十一年（1532）	155. 冯成能	嘉靖三十八年（1559）
126. 周镐		156. 孙光祖	
127. 钱照		157. 徐一忠	嘉靖四十一年（1562）
128. 刘士逵		158. 陈颐正	
129. 顾䌹	嘉靖十一年（1532）	159. 陈文谟	
130. 张尧年	嘉靖十四年（1535）	160. 刘志业	嘉靖四十四年（1565）
131. 姚澳		161. 向程	
132. 袁炜会元	嘉靖十七年（1538）	162. 王朝阳	
133. 刘廷诰		163. 张大器	隆庆二年（1568）
134. 刘廷仪		164. 姚孟贤	
135. 冯璋		165. 孙汝汇	
136. 姚梧	嘉靖二十年（1541）	166. 费标	隆庆五年（1571）
137. 王交(解元)		167. 冯盛宗	
138. 向洪迈	嘉靖二十三年（1544）	168. 孙成名	
139. 钱鲸	嘉靖二十六年（1547）	169. 刘伯渊	
140. 韩子允		170. 李应辰	
141. 叶应乾	嘉靖二十九年（1550）	171. 王应选	万历二年（1574）
142. 陈茂礼		172. 秦应聪	
143. 秦钫		173. 沈大忠	万历五年（1577）
144. 秦宗道	嘉靖三十二年（1553）	174. 姚元祯	
145. 冯叶		175. 向东	万历八年（1580）
146. 秦浍		176. 刘志选	万历十一年（1583）
147. 尹士龙		177. 王萱	
148. 冯叔吉		178. 钱景超	
149. 何惟慗		179. 姜应麟	
150. 冯谦	嘉靖三十五年（1556）	180. 罗应斗	万历十四年（1586）
151. 郑卿(解元)		181. 岑应春	
152. 刘志伊		182. 袁茂英	
153. 颜鲦		183. 冯有经	万历十七年（1589）
154. 姜国华	嘉靖三十八年（1559）	184. 沈茂荣	万历二十年（1592）

姓名	时间	姓名	时间
185. 冯若舒	万历二十年（1592）	215. 姜思睿	天启五年（1625）
186. 刘宪宠		216. 李一鹏	
187. 冯烸		217. 应喜臣	崇祯元年（1628）
188. 王福徵		218. 冯元飏	
189. 冯若愚	万历二十三年（1595）	219. 赵珽	
190. 周元		220. 桂一章	崇祯四年（1631）
191. 叶维荣		221. 刘勤	
192. 赵会祯	万历二十六年（1598）	222. 童兆登	
193. 王猷		223. 冯家桢	
194. 韩孙爱	万历二十九年（1601）	224. 姚应翀	崇祯七年（1634）
195. 张九德		225. 向北	
196. 冯时俊		226. 冯文伟	崇祯十年（1637）
197. 杨守勤	万历三十二年（1604）	227. 董允茂	
198. 姚宗文		228. 沈履祥	
199. 冯任	万历三十五年（1607）	229. 周耀雷	
200. 钱文荐		230. 王台明	
201. 赵昌期	万历三十八年（1610）	231. 沈宸荃	崇祯十三年（1640）
202. 袁熙臣	万历四十一年（1613）	232. 王灏	崇祯十五年（1642）
203. 孙国桢		233. 冯元飏	崇祯十六年（1643）
204. 胡亮工	万历四十四年（1616）	234. 秦祖襄	
205. 董允生		235. 韩昌锡	
206. 应朝玉	万历四十七年（1619）	236. 沈崇瑜	
207. 沈翘楚		237. 冯崑	

武进士

姓名	时间	姓名	时间
208. 冯国英	万历四十七年（1619）	1. 王尚文	嘉靖四十一年（1562）
209. 冯起纶		2. 袁应兆	万历二十九年（1601）
210. 袁宏勋		3. 张光	万历三十二年（1604）
211. 冯元飏	天启二年（1622）	4. 陈焕章	天启元年（1621）
212. 叶宰	天启五年（1625）	5. 沈恸	
213. 冯敬舒			
214. 阮震亨			

姓名	时间	姓名	时间
6. 徐柱国	天启二年（1622）	8. 陈值	崇祯元年（1628）
7. 俞茂才			

表1-13 清代慈溪登科录

姓名	时间	姓名	时间
1. 周曾发	顺治六年（1649）	25. 周鸿宪	康熙三十三年（1694）
2. 冯侯		26. 姜宸英	康熙三十六年（1697）
3. 王嗣皋		27. 李楷	康熙三十九年（1700）
4. 钱茂秦		28. 陈吴岳	
5. 费维祉		29. 林镶	
6. 张苗	顺治九年（1652）	30. 周苏	
7. 胡启甲	顺治十二年（1655）	31. 韩贻丰	康熙四十二年（1703）
8. 姚启盛		32. 叶昌	康熙四十五年（1706）
9. 冯萼舒	顺治十五年（1658）	33. 秦晋	
10. 邵于道		34. 金虞廷	康熙四十八年（1709）
11. 王枚		35. 郑羽逵	
12. 应纯仁		36. 应宗文	
13. 王雅	顺治十六年（1659）	37. 叶亮	
14. 叶蕃		38. 袤琏	康熙五十四年（1715）
15. 沈日章	顺治十八年（1661）	39. 沈文豪	世宗雍正元年（1723）
16. 孙百蕃	康熙六年（1667）	40. 冯鸿模	雍正二年（1724）
17. 张念仲	康熙十二年（1673）	41. 王益孚	雍正十一年（1733）
18. 刘初吉	康熙十五年（1676）	42. 刘应麟	高宗乾隆二年（1737）
19. 董尔宏		43. 费士桂	
20. 秦炯	康熙二十一年（1682）	44. 袁枚	乾隆四年（1739）
21. 冯佩实		45. 桂浦	乾隆十三年（1748）
22. 郑梁	康熙二十七年（1688）	46. 冯鹏飞	乾隆十六年（1751）
23. 周近梁	康熙三十年（1691）	47. 冯兆麟	乾隆十七年（1752）
24. 宋徽烈		48. 阮基	乾隆二十二年（1757）

姓名	时间	姓名	时间
49. 冯丹香		79. 杨泰亨	同治四年（1865）
50. 费承勋		80. 陈钦	同治十年（1871）
51. 费淳	乾隆二十八年（1763）	81. 周晋麒	同治十三年（1874）
52. 舒元丰		82. 叶庆增	
53. 袁树		83. 陈邦瑞	光绪二年（1876）
54. 陆廷枢	乾隆四十五年（1780）	84. 刘一桂	
55. 魏成宪	乾隆四十九年（1784）	85. 郑缤	光绪三年（1877）
56. 王肇成	乾隆五十二年（1787）	86. 严修	光绪九年（1883）
57. 冯全修	乾隆五十五年（1790）	87. 童春	光绪十二年（1886）
58. 盛廷谟	乾隆六十年（1795）	88. 陈祥燕	光绪十五年（1889）
59. 姚逮	嘉庆元年（1796）	89. 陈康瑞	
60. 冯璟	嘉庆六年（1801）	90. 杨家骥	光绪十六年（1890）
61. 徐渊		91. 葛祥熊	
62. 费丙章	嘉庆十三年（1808）	92. 林颐山	光绪十八年（1892）
63. 秦黄开	嘉庆十四年（1809）	93. 裘鸿勋	
64. 陈宝枬	嘉庆十六年（1811）	武进士	
65. 杨九畹	嘉庆二十四年（1819）	姓名	时间
66. 姚延清	道光二年（1822）	1. 方鼎新	顺治九年（1652）
67. 桂文耀	道光九年（1829）	2. 宋毅	顺治十五年（1658）
68. 郑锡文	道光十二年（1832）	3. 向腾蛟	顺治十八年（1661）
69. 魏大纲		4. 乌震	
70. 韩曜	道光十三年（1833）	5. 叶友笃	康熙九年（1670）
71. 任荃	道光十五年（1835）	6. 俞兆翀	康熙十五年（1676）
72. 胡江	道光十八年（1838）	7. 叶泰亨	康熙二十七年（1688）
73. 洪观		8. 王廷佐	乾隆十三年（1748）
74. 邵纶	道光二十年（1840）	9. 李邦泰	乾隆五十四年（1789）
75. 叶华春	道光二十四年（1844）	10. 叶步魁	乾隆五十八年（1793）
76. 冯栻	道光二十五年（1845）	11. 吴安邦	嘉庆七年（1802）
77. 叶葆元	咸丰三年（1853）	12. 吴峻	光绪三年（1877）
78. 宓晒娘	咸丰六年（1856）		

入清以来，尽管录取名额下降明显，但慈溪人奋战场屋的热情依然高涨，并为方便乡人参加科考，或在县城建造专门的考场——校士馆，或在省城、京城购置专为考生提供服务的"试馆"和"会馆"。校士馆又称试院，民间则呼作考棚，是科举时代慈溪县童生参加县试的场所。在道光十五年（1835）之前，每年参加县试的童生不但多达 700~800 人，而且没有专用考场，因而每逢县试，县衙内地厅堂、房间、檐廊、过道，都成为临时考场，一旦遭遇风雨，必将无法展卷答题。于是道光十五年，半浦乡贤郑廷荣、郑一夔父子慷慨捐资银洋 24000（一说 30000）两，历经一年施工而于道光十六年建成一座占地近 8000 平方米、共计 117 间房的校士馆。此馆在咸丰十一年（1861）太平军侵入慈城时被毁，但不久后，即同治二年（1863），桂馥、凌庆弘、冯可镛等乡贤又筹款予以重建。1905 年科举制度被废后，校士馆一度闲置，1926 年起则成为普迪二校的校舍（其后又被毁）。

杭州城内的慈溪试馆，一所坐落在上城宗阳宫左吉祥巷，光绪元年（1875）由杨复亨、叶方圻、郑寅等人"以药业会馆赁屋改筑"；另一所位于下城珠冠巷内，光绪五年（1879）由杨复亨等人筹集捐银 800 两"买于姓宅改筑"，[①] 此则杨泰亨《饮雪轩笔记》载之甚详：

> 甲戌（同治十三年/1874）夏，余假归。冬仲，与范莼乡司教樾遇于杭，……会有邑人郑寅、叶方圻客游杭，亦思所以庇孤寒者，知慈帮号商有赁屋一所，在上城吉祥巷，属药业会馆，岁收租息，谓可购买。……都人士咸有喜色，各捐置器物。光绪丙子（二年/1876），将届乡试，方圻于下城赁珠冠巷于姓屋，为试寓。议者谓为虚糜。逮己卯（光绪五年/1879）秋，共筹捐，始购之，需白金千二百有奇。苦经费仍不赡，郑寅又借给之。此杭城上下城购置慈溪试馆，缘起如此。[②]

坐落在北京东华门外小甜水井胡同内的"京都慈溪试馆"，乃杨泰亨、赵家熏、洪九章等人"集公车捐银购置"于同治七年（1859），有大小房屋 28 间；

---

① 《光绪慈溪县志》卷 5《建置四·善举》，（清）杨泰亨、冯可镛纂：《中国地方志集成·浙江府县志辑》（35），上海书店 1993 年影印本，第 136 页。

② 《光绪慈溪县志》卷 5《建置四·善举》引《饮雪轩笔记》，（清）杨泰亨、冯可镛纂：《中国地方志集成·浙江府县志辑》（35），第 136 页。

而位于北京宣武门南兵马司中街的"京都慈溪会馆"，则系咸丰九年（1868）冯福恩捐银 2000 两购得王相国鼎宅后改建而成，有大小屋共 30 余间。①

---

① 《光绪慈溪县志》卷 5《建置四·善举》,（清）杨泰亨、冯可镛纂:《中国地方志集成·浙江府县志辑》（35），第 136 页。

第二章　清末以来官桥陈氏的变迁

在区域文化研究日益成为学界热点的时代背景下，出身于慈溪官桥陈氏家族的陈训正、陈布雷和陈训慈三兄弟，也深受部分学者关注，并因此出现了戴光中《陈氏兄弟　各有千秋——陈训正、陈布雷和陈训慈》、徐鸿钧《陈屺怀的教育思想与实践初探》、沈松平《陈训正评传》、王泰栋《陈布雷大传》、吴忠良《经世一书生——陈训慈传》等诸多论著。[①] 这些论著，主要着眼于梳理陈氏族内三大代表人物的生平事迹，虽也曾述及官桥陈氏家族发展史，但语焉不详，不乏舛误。是以不揣简陋，拟在扬弃既有研究成果的基础上，以门风转向、族性转换为中心线索，全程考察官桥陈氏自晚清至1948年之间的演进轨迹。

第一节　官桥陈氏的族源及其早期历史

错认远祖甚至冒认祖先的现象，早在汉唐之际就已相当普遍，其间非但

---

① 戴光中：《陈氏兄弟　各有千秋——陈训正、陈布雷和陈训慈》，《文化群星——近现代宁波文化精英》，中国文史出版社1998年版，第40-67页。徐鸿钧：《陈屺怀的教育思想与实践初探》，《国家教育行政学院学报》2005年第11期，第80-83页。沈松平：《陈训正评传》，浙江大学出版社2015年版。王泰栋：《陈布雷大传》，团结出版社2006年版。吴忠良：《经世一书生——陈训慈传》，杭州出版社2009年版。

私谱之文"苟引先贤，妄相假托"，① 即便是官府黄籍，也时闻有"改注籍状，诈入仕流"② 之弊；刘知几《史通》的下列批评，便就此而兴发：

> 又近古人伦，喜称阀阅。其荜门寒族，百代无闻，而骍角挺生，一朝暴贵，无不追述本系，妄承先哲。至若仪父、振铎，并为曹氏之初；（淳维）（始均）、李陵，俱称拓拔之始。河内马祖，迁、彪之说不同；吴兴沈先，约、炯之言有异。斯皆不因真律，无假宁楹，直据经史，自成矛盾。③

事实上，此类附会不唯盛行于汉唐之际，抑且风靡于刘知几身后；慈溪人陈训正对其官桥陈氏族源与早期发展史的附会，便是典型例证。

传世资料有关官桥陈氏族源的记载，目前所知，以1917年杨敏曾所撰、钱罕所书之《陈君依仁墓表》为最早，其词云：

> 君讳鸿逵，原名懿顺，字依仁，一字达九。先世自明由奉化迁居慈溪金川乡之官桥，曾祖大榜，祖廉。考士芳，任侠好义，尝捐己田百余亩，以济族之穷告者，妣李氏、叶氏，君叶出也。兄弟三人，君最少。④

这一平实的叙事风格，显然与汉唐以来经久不衰的错认甚至冒认远祖的风气大相径庭，于是1918年，陈训正葬其父懿宝（1842—1880）于大枫塘之西原时，有意附会本族的族源与早期发展史，遂拜托其友冯君木（1873—1931）特作《陈府君墓表》，遥尊明人陈苌为官桥陈氏之始祖：

> 君讳懿宝，字儒珍。先籍奉化，明世有苌者，始徙慈溪。逮君之身，十六世矣。曾祖大榜；祖廉；父士芳，奉政大夫，洞明算数，起家货殖，是生三子，君齿其长。……春秋三十有九，以光绪某年某月某日告终家衖。……子一：训正，光绪二十八年举人。……君卒之三十八年，训正葬君于大枫塘之西原。训正荣辞懋行，著闻州闾。君身之不昌，庶

---

① 《眭弘传》，颜师古注，《汉书》卷75，中华书局1962年点校本，第3153页。

② 《虞玩之传》，《南齐书》，卷34，中华书局1972年点校本，第609页。

③ （唐）刘知几撰：《序传》，《史通通释》，卷9，（清）浦起龙释，上海古籍出版社1978年版，第258页。

④ 慈溪市文物管理委员会办公室，宁波市江北区文物管理委员会：《慈溪碑碣墓志汇编·清代民国卷》，浙江古籍出版社2017年版，第543页。

大其后，辄发抒潜德，列诸墓石，以声行路，而念异世。①

或许是嫌陈茛、陈大榜、陈廛等人名头太小，时至1925年，陈训正在所作《吴缶老为陈季生七十征诗，歌以似之》的诗末自注中，转而改称本族乃浙东名族鄞县走马塘陈氏的旁支："（陈）季生，镇海人，系出鄞走马塘陈氏。余族亦走马塘旁支，自奉化来迁者。"②

粉饰族源、虚构族史的用意固然可以理解，但陈训正的前后不一，不仅使其所有附会皆难以令人信从，更使陈门子弟在追溯家族源流时往往言人人殊，即便是陈建风兄弟合作于1943年11月的《陈训正行述》，也截然不同于乃父所述：

> 吾陈氏始祖忠定公，随宋高宗南渡，以忤秦桧，弃官居奉化。明洪武初，山西大同县知县冲宇公始迁居慈溪西乡之官桥，遂为慈溪人。六百年来，子孙蕃衍，浸成大族。③

他如陈训慈所秉持的陈氏"先世于明季自奉化迁慈溪金川乡之官桥"，④程沧波所谓的"自明末由河南迁浙，阅年三百，世居慈溪县西乡官桥"，⑤以及陈元所宣称的"明季自山西迁至浙东奉化，经九世，又迁至慈溪西乡官桥"，⑥皆与陈训正所云迥然有别，从而暴露出官桥陈氏在清末以前实乃蓬门荜户。

---

① 冯开：《陈府君墓表》，《回风堂诗文集》卷3，中华书局1941年排印本。又，张原炜《陈无邪墓志铭》虽亦谓陈廛、陈士芳、陈懿宝乃陈训正曾祖、祖、父，但未曾提及陈大榜。

② 陈训正：《塔楼集》，《天婴室丛稿第二辑》（1），1934年铅印本。

③ 陈建风、陈建斗、陈建尾：《陈训正行述》，可见《民国人物碑传集》卷1，卞孝萱、唐文权编著，凤凰出版社2011年版，第22-25页。今戴光中所作《陈氏兄弟　各有千秋——陈训正、陈布雷和陈训慈》，就秉持《陈训正行述》此说，详参宁波市政协文史委员会所编：《文化群星——近现代宁波籍文化精英》，中国文史出版社1998年版，第40页。

④ 陈训慈：《陈君屺怀事略》，《晚山人集》附录，1985年抄本。该文虽定稿于1984年，其初稿却作于1943年11月26日重庆各界召开追悼陈训正大会前夕。

⑤ 程沧波：《陈训念先生家传》，《"国史馆"现藏民国人物传记史料汇编》第2辑，1989年，第369页。

⑥ 陈元：《陈屺怀与陈布雷兄弟》，《档案春秋》2008年第9期，第20-23页。案，陈元乃陈建风之孙。

官桥陈氏的发迹，当不早于同治（1862—1874）中叶。[1] 彼时，家境贫寒的陈士芳（？—1886），不知疲倦地贩卖茶叶于浙赣两地，并因此逐渐成长为杨鲁曾《官桥陈氏族义田会记》所界定的"中人之家"[2]。降及光绪（1875—1908）初年，陈士芳鉴于长途贸易既异常辛劳又充满风险，也有鉴于自身年事已高且其长子懿宝（1842—1880）、次子振家又英年早逝，遂不再以贩茶为业，转而与若干江西本地人合办典当行、钱庄于义宁州、山口镇等地，《陈布雷回忆录》民国八年条载其事曰：

> 盖余祖父克介公为茶商，每年到江西之义宁州（后改名修水县）办茶，余伯父、仲父均佐祖父经营茶业，仲父逾冠即逝，伯父亦先祖父而殁。祖父年六十，决意归里不复出，而赣人士与祖父感情极好，临别遮留，必欲祖父留一纪念于其地，乃与南昌熊氏合设公利典于义宁州，……其后逐渐发展，有同利分典、永利钱庄，并在山口镇以本典名义与人合设咸和典、鼎和钱庄。

与此同时，陈士芳又在慈溪老家"创义田，饬族规，扩义塾，辟水利，皆斥产为之，而躬自经纪其事"，[3] 这就不但进一步增加了家族资产，也使得官桥陈氏的商户色彩渐趋淡化，社会形象大为改善。

通过积极参与地方公益事业而与其商户身份相切割，陈士芳的这一意图和做法，为其少子陈依仁（1866—1914）所理解、承继与发扬：一则厚待故旧，时当业师袁劼甫病卒杭州、中表叶源深客死芜湖，陈依仁即刻远道奔赴，护持其棺椇返归故里，故其行谊为乡里所推崇；二则投身地方自治，不但在清廷下诏预备立宪之前就已被推为金川乡"公益社"社长，即便是在自治运动无疾而终之后，其于乡政措施仍一切引为己任。尤为难得的是，陈依仁在光绪十二年（1886）主持族务后，根据其本人和从子陈训正的不同性情做了明确分工：20

---

① 考《塔楼集》，《天婴宧丛稿第二辑》（1）所载《先妣讣状》云："先妣氏顾，为同县凤山处士鸣琴先生之女。年二十一，归我先公，又十六年而先公殁。……每生故清道光二十七年十一月初二日（1847-12-9），卒民国十五年夏朔二月初一日（1926-3-14），春秋八十。"兹据其父母成婚之年〔同治七年（1868）〕加以推断。又，此"十六年而先公殁"，当改作"十二年而先公殁"。

② （清）杨鲁曾：《官桥陈氏族义田会记》，《光绪慈溪县志》卷五《建置四·善举》，冯可镛修，杨泰亨纂：《中国地方志集成·浙江府县志辑》（35），上海书店 1993 年版，第 132 页下栏、第 133 页上栏。

③ 《陈布雷回忆录》民国三年条，东方出版社 2009 年版，第 64 页。

岁的叔父以家事琐屑自任，15 岁的陈训正则壹意治学。[①] 尽管这一分工涉嫌侵占族产（其后陈依仁又将其长子陈布雷过继早已病故的二兄陈振家），却不但成为官桥陈氏族内的两大房支——陈孟房、陈季房（实则包含仲房）——分途发展的起点，且其所确立的多元化、立体化的隆家之道，在事实上奠定了官桥陈氏最终脱颖而出的基础。

第二节　从商户到官宦之家

相比较而言，陈训正对于提升官桥陈氏族资门望的贡献，显然远在其祖、乃叔之上。九岁丧父的他，在光绪十二年乃祖陈士芳去世之时，因为种种关系而不得不弃贾业儒。[②] 此后，陈训正一面学为举业，并在光绪二十八年（1902）考中举人，[③] 一面又主要通过办报，大力倡导"新学"：

> 宁波人在上海出版之刊物，最早的……要算一九〇三年出版的《宁波白话报》……办《宁波白话报》的目标，不外输进簇新的文化到宁波，替家乡开开风气。主编就是那位陈屺怀先生（布雷先生的哥哥），内容虽然近乎改良主义，可是文字运用明白浅显的白话，对于旧礼教、旧习惯，却肯用力抨击，仔细想来，不仅在宁波文化中是报界先进，就是在中国文化史上，也是难能可贵的一页。[④]

也因此，陈训正在甬沪两地声名鹊起，始则与鄞县人张美翊一道，成为

[①] 慈溪市文物管理委员会办公室、宁波市江北区文物管理委员会编：《慈溪碑碣墓志汇编》，浙江古籍出版社 2017 年版，第 543 页。

[②] 陈建凤、陈建斗、陈建尾：《陈训正行述》，《民国人物碑传集》卷 1，第 22 页。

[③] 张原炜：《陈无邪墓志铭》，《天婴诗辑·续编》附录，陈训慈整理，1988 年抄本。

[④] 五长：《从〈宁波白话报〉谈到本报》，原刊《宁波人周刊》1946 年第 18 期，今收录于《近现代报刊上的宁波》，宁波出版社 2016 年版，第 496-497 页。一九〇三年，原本误作"一九〇五年"，兹据蔡乐苏《宁波白话报》改正。蔡氏《宁波白话报》载《辛亥革命时期期刊介绍》（1），丁守和主编，人民出版社 1982 年版，第 431-440 页。

新任宁波知府喻兆蕃（1862—1920）厉行新式教育的左膀右臂，[1] 进而在宣统元年（1909）当选为浙江省咨议局议员。[2]

由于在1910年4月慈溪毁学事件中处理不当，[3] 陈训正于该年夏季赴沪主管由汤寿潜等人创办的《天铎报》。[4] 主管《天铎报》的这一经历，虽历时不过数月（自夏至次年春），却因为他在此期间加入了同盟会，[5] 这就既使得陈训正完成了从清末举人到革命斗士的角色转换，更进一步助长了其从政意愿。

正因为从政意愿如此强烈，以至于无论是1911年夏"国民尚武会宁波分会"的筹组，抑或1911年8月同盟会宁波支部的成立，均可见陈训正活跃的身影，并最终以同盟会宁波支部副会长兼宁波保安会副会长的双重身份，全程参与了辛亥宁波光复之役。[6]

然而，陈训正虽是辛亥宁波光复的主要功臣，彼时又有强烈的从政意愿，却在革命同志的排挤下，旋即从宁波军政分府成立时的财政部长降为参议员，[7] 随后又被迫辞职。此即陈训慈：《陈君屺怀事略》所讳称的"既光复，组成宁波军政分府，被推主财政，辞未受，分府成立后，为参议，旋即谢去"。于是此后，陈训正不得不重操旧业，或留甬从教，或赴沪办报（详参表2-1），但因时局持续动荡不安且其自身又严重缺乏组织管理能力，这就使得他所从事的这两项事业，要么半途而废，要么举步维艰；其显著例证，便是旧宁属

---

① 陈训正：《哭萍乡·叙》，《秋岸集》，《天婴室丛稿》（5），可见沈云龙主编：《近代中国史料丛刊》第63辑，文海出版社1972年版，第237-238页。

② 《各省筹办咨议局·初选举开票（浙江·各属）》，《申报影印本》1909年6月21日，上海书店1983年版，第100册，第739页。

③ 此所谓处理不当，是指陈训正在乱后不久，就贸然认定"致酿此变"的根源在于慈溪县令吴喜孙"纵匪仇学"，进而以宁波府教育会会长的名义，与宁波地方自治公会会长刘崇照联名"特电北京同乡京官及抚学宪，请为查究"，这就自我公开置身于吴喜孙的对立面，从而不可避免地成为后者及其党羽的攻击对象。详参《慈溪毁学之原因》，《申报影印本》1910年4月27日、《浙省乱耗汇纪》1910年4月30日，第105册，第918、965页。

④ 沙文若：《陈屺怀先生行状》，《晚山人集》附录，陈训慈整理，1985年抄本。

⑤ 陈训慈：《陈君屺怀事略》，《晚山人集》附录。而沙文若《陈屺怀先生行状》，则以为时在1908年。

⑥ 陈训正、马瀛纂：《辛亥宁波光复记略》，《鄞县通志》第四《文献志》第四册丁编《故实》，宁波出版社2006年版，第1336-1339页。

⑦ 《宁波光复记》，《申报影印本》1911年11月8日、《甬军政府选举职员》1911年11月20日，第115册，第116、290页。

县立甲种工业学校（原宁波公立中等工业学校）在他任职校长期间（1913.8—1927.7）财务每况愈下，甚至一度恶化到难以为继，只好拜托浙江省议员张原炜（1880—1950）提议改归省立。

表 2-1　1911—1923 年陈训正在沪甬教坛、报界的主要活动

年份	事迹	出处
宣统三年（1911）	冬，与陈谦夫、钱吟苇等人着力筹建效实学会、酝酿开办效实中学	方子长《陈谦夫和宁波的教育卫生事业》（《宁波文史资料》第 8 辑）
民国元年（1912）	3 月初，参与创办的效实中学正式开学	
	与镇海人钟观光等合作创办"旧宁属县立女子师范学校"	赵志勤《陈屺怀先生平事略》（《天婴诗辑》附录）
	夏，在上海与赵家艺等人合创"平民共济会"，刊发《生活杂志》，宣传孙中山先生所倡导的经济建设	陈训正《赵君林士述》（《塔楼集》，《天婴室丛稿第二辑》（1））
民国二年（1913）	8 月，始任"旧宁属县立甲种工业学校"校长	《鄞县县立高级工科中学二十周纪念册》之《校名沿革及历任校长姓名表》
民国五年（1916）	与诸高僧合创僧教育会，并被推为会长	陈训慈：《陈君屺怀事略》
民国六年（1917）	秋，应邀参与筹建宁波佛教孤儿院	陈训正《白衣院屠母功德碑》（《天婴室丛稿》（5）《秋岸集》）
民国七年（1918）	5 月 12 日，宁波佛教孤儿院召开成立大会，被选为居士院长	《申报》1918 年 5 月 16 日《孤儿院开成立会》
民国九年（1920）	12 月，协助汤节之等人创办《商报》于上海，并任总稽核	陈训正《上海商报五周年纪念宣言》（《塔楼集》，《天婴室丛稿第二辑》（1））

查宁属工校成立于民国元年……每年不敷六千余元……至民国六年，陈校长……不得已将该校所管有慈北沙田呈案变价清偿……现在积负过多，无从筹措，最后办法，惟有将该校停办。当此工战时代，各处方提倡工业……有此良好已成之学校，坐令以款绌停办，讵不可惜？为此，援据本会暂行法第二十五条提出议案，拟将宁属工校改归省立，由

教厅派员接收，并附《预算表》一份。是否可行，惟希公决。①

诸如此类的挫折，不但打击了陈训正的从政意愿，而且连带影响到他的经济收入，故而在其传世诗文中，间或可见陈训正对彼时困苦生活的叙述。如其诗《雷儿留学日本，书来索钱，无以应，赋此答之》云：

> 昨夜愁中梦阿雷，今朝书到索钱来。相须太切难为应，见寄无由勿遽催。且了残寒收岁事，拚携新债上春台。长安已觉居非易，况汝飘蘦隔海隈。②

经济上的拮据，使陈训正的文学创作重心发生了从偏好写诗到勉力作文的转移，③也使"卖文求活，蕉萃生涯"④成为他在民国前十余年间的生活常态。

那些为"求活"而所"卖"之文，固然多系应酬之作，却也不乏观点新颖、论证有力的佳构。譬如为恭祝陈蓉馆（1874—1932）五十大寿而作于1923年6月的《仓基宗人蓉老五十生日赠言》，⑤就明确指出了五口通商以来儒商合流的趋向及商人构成的变化：

> 吾国自古重农抑末，风教所渐，人心向之，……于是市井中遂少

---

① 《时事公报》1920年11月2日《甲种工业学校改归省立之动议》。此后，省议会在审核时，唯恐"其他私立学校援例陈请"而予以否决（详参《时事公报》1920年12月18日《工校省立案之查报》），而陈训正也就在此际再度离甬赴沪，协助创办《商报》（详参陈训正：《上海商报五周年纪念宣言》，《塔楼集》，《天婴室丛稿第二辑》（1））。

② 《无邪诗旁篇》，《天婴室丛稿》（2），第85页。考诗中自注云："去岁风儿游京师，亦属书乞钱。"且《陈布雷回忆录》又明言其长子陈建风于1913年夏考取北京大学，故可认定此诗作于1914年末。

③ 按，陈训正《天婴诗辑·自序》云："年十七，始从竹江袁先生受《诗》。……其时，余虽好《诗》而不喜自为诗，间有所感，即目成咏，十八九无题也。及与冯回风、应悔复交，二君以余所作不失风人之旨，每于朋燕中夸张之。人以其信应、冯者信余，余遂以能诗名于时，然余心实恧焉。嗣后饥驱四方，接耳属目者，愤慨益多，又时丁忌眇荒忽之辞，好逞怪诞，不尚声律，誉之者谓为秦汉杂谣歌辞，毁之者则曰索隐行怪，非大方之作，而余于毁誉无所动，称情而出，犹是里讴野唱之流响。"

④ 陈训正：《答李审言先生书》，《庸海集》，《天婴室丛稿》（7），第282页。

⑤ 按，张美翊《陈蓉馆文学五十寿宴诗序》云："吾甬仓基陈氏，……三百年来忠孝节义萃于一门，论者数吾乡族望，陈氏其冠冕矣。文学秉承母教，奋起孤童，溺苦于学。……于是挟其算数化学赶至上海，……以此与欧美人相交易，无不获利。……同业者率奉君为志帜。……今岁癸亥六月十八日，为君览揆之辰，海上文士诸君相与为诗，……凡若干篇。邮书抵甬，属为之序，因为述君先世及其生平行事，以告当世知言君子。"详参《近代鄞县史料辑存》，天津古籍出版社2013年版，第469-470页。

诗书之泽，而其业益下矣。自粥爵令开，高赀者进，贾人始得以金力要荣典。海通以来，欧人用商业经营东方，儒服之徒，……则不得不援引向之所谓蠛业、所谓末作者，以收指臂之效。彼儒者亦既知市井中有人材，不可轻以视，于是始稍稍习其人，效其所为，久且合于污而与之化矣。①

也正主要通过撰写诸如此类的众多应酬之作，陈训正在宁波本地和旅沪甬人中备受瞩目，既被宁波旅沪学会、定海旅沪同乡会分别聘为《宁波杂志》"诗文"栏目编辑和《定海县志》主纂，②又得以结识会稽道尹刘邦骥（1868—1930）、工商巨子秦润卿（1877—1966）、钟表大王孙梅堂（1884—1959）、骈文大师李审言（1859—1931）、词学大家朱孝臧（1857—1931）等各色社会名流，③甚至于连蒋介石也曾使之协办文案，并因此而有1926年底《赠虞君洽卿叙》之作：

> 吾国自白门议约、五步通市以还，……上海遂以弊难散邑，一跻而为东南菁华萃蔚之区。……壬寅之岁，西力东渐，……互市之场，隐然见戈矛若在在有大敌劲雠憪而来者，迄于今，且八十有五年矣！……虞君行业沪上，自童习至老成，四十余年，辄能察时观变，巩护我国金权、物权以与侨民争贸易之几。尝曰："为国家争体制，为吾民争生存，吾虽微，庸让乎人哉！"余高虞君言，伟其为人之能转移国俗于其六十之生也，叙以贻之，既诵其往，将复以勖其继云。④

该文貌似纯粹表彰虞洽卿（1867—1945）的商战之功，如若通盘考虑虞洽卿在上海滩和江浙财阀中的身份地位，以及1926年底蒋介石率师北伐至南

---

① 《庸海集》，《天婴室丛稿》（7），第315-316页。

② 宁波旅沪学会：《编辑者言》，《宁波杂志》第1卷第1期，1923年5月刊行，可见陈湛绮所编：《民国珍惜短刊断刊·上海卷》卷21，全国图书馆文献缩微复制中心，2006年，第10205页；《民国定海县志》卷首"附记"，陈训正等纂修，《中国地方志集成·浙江府县志辑》第38册，上海书店1993年版，第450页。

③ 分别详参《却金帖》（1917年作，《无邪诗旁篇》《天婴室丛稿》（2），第82页）、《秦润卿索赠，为赋〈绵历篇〉三十四韵》（1916年作，《无邪诗存》《天婴室丛稿》（1），第54-55页）、《贻孙梅堂》（1923年作，《庸海集》《天婴室丛稿》（7），第317-320页）、《答李审言先生书》（1923年作，《庸海集》，《天婴室丛稿》（7），第282-283页）、《末丽词·序》《天婴室丛稿第二辑》（3）。

④ 《塔楼集》，《天婴室丛稿第二辑》（1）。兹据其"壬寅之岁〔道光二十二年（1842）〕，西力东渐……迄于今，且八十有五年矣"云云，可以确定《赠虞君洽卿叙》大约作于1926年底。

昌后的全国政治形势，当不难推知此文的作旨在于拉拢蒋、虞。也因此，在"四一二"政变后不久，陈训正就令人意外但又顺理成章地升为浙江省务委员会委员，① 尔后在 1927 年 11 月—1928 年 10 月和 1930 年 12 月—1931 年 4 月两度就职杭州市市长，② 至 1931 年 6 月又转任国民政府文官处参事。③

据赵晨:《国民党统治时期的杭州市市长》考察，陈训正不但行政作风偏于保守，而且任人唯亲:

> 杭州市政府于 1927 年国民革命军光复杭州后建立，……首任市长邵元冲，……同年十一月，邵元冲另有重用去职，继任陈屺怀也以省府常务委员的名义，兼任杭州市市长。……陈是个保守派的人，他接事后常对人说:"不求有功，但求无过。"陈是慈溪人，起用了许多同乡人（宁波府属各县，如秘书主任方聘三、社会科长吴□等）。一些杭州人讥讽说:"杭州市政府变成宁波市政府了。"

赵氏此说容有夸张，却也并非不根之谈，彼时因"沾上赤化嫌疑"而无法再在上海立足的沙孟海，就曾通过陈训正的介绍，于 1928 年 2 月"到杭州浙江省政府秘书处第二科任科员"。④ 当此之际，虽未见有陈训正提携族人的相关记载，但官桥陈氏至此已然成长为官宦之家是不争的事实，而且已从 1886 年陈士芳卒时陈依仁、陈训正的"叔侄茕茕，相依为命"，⑤ 扩展成为陈训正、陈布雷（其实只是名义上过继给其二房陈依宝）、陈训慈三房并存的大家族（详参表 2–2）。

表 2–2　官桥陈氏世系

辈分	姓名		
第一代	陈士芳（克介）		
第二代	陈孟房	陈仲房	陈季房
	陈依宝	陈依贵（早逝）	陈依仁

① 《省务委员会正式成立》，《时事公报》1927 年 4 月 22 日。
② 赵晨:《国民党统治时期的杭州市市长》，《杭州文史资料》第 5 辑，第 58–65 页。
③ 陈训正:《陈君屺怀事略》，《晚山人集》，陈训慈整理，1985 年抄本。
④ 沙茂世编撰:《沙孟海先生年谱》，西泠印社出版社 2010 年版，第 37 页。
⑤ 陈建风、陈建斗、陈建尾:《陈训正行述》，《民国人物碑传集》卷 1，第 22 页。

辈分	姓名		
第三代	陈训正 陈菊香（女） 陈又香（女）	陈布雷（名义上过继）	1. 陈素娟（女）　8. 陈训慈 2. 陈若娟（女）　9. 陈训慭 3. 陈训懋（早逝）10. 陈训恕 4. 陈静娟（女）　11. 陈训念 5. 陈晓娟（女）　12. 陈训惠 6. 陈淑娟（女）　13. 陈训愿 7. 陈婉娟（女）　14. 陈玲娟（女）
第四代	陈建风 陈建雷 陈建斗 陈汲青（女） 陈建尾	1. 陈迟　　6. 陈进 2. 陈过　　7. 陈迈 3. 陈适　　8. 陈遂 4. 陈琇（女）9. 陈砾 5. 陈逓（女）	

第三节　恩倖与儒门

陈训正不但在促成官桥陈氏族性转换问题上居功至伟，更为陈氏族资门望的进一步提升奠定了基础；得益于他的着力栽培，其堂弟陈布雷（1890—1948）迅即成长为上海《商报》的主笔和顶梁柱，并因此备受蒋介石瞩目而涉足政坛，最终成为蒋氏的机要秘书。而近来，王泰栋在编著《陈布雷大传》时发现台湾某刊物所刊《甬上文杰陈训正》一文，开篇即谓陈布雷之为蒋氏机要秘书，源自陈训正的荐以自代；为查证此说的真伪，据说王泰栋不但翻阅了陈训正曾孙陈元的《陈屺怀与陈布雷兄弟》，[①] 而且专程采访了陈训正的嫡孙女陈明楞，并得到了肯定的答复：

---

① 按，王泰栋《陈布雷大传》云："笔者又查到陈训正之曾孙陈元《陈屺怀与陈布雷兄弟》一文中提道：'……在北伐开始前后，蒋介石曾写信，托带口信邀屺怀先生即军旅中协办文案，……但屺怀先生年岁大，不惯军旅生活，本人身体多病，怕不适应，故而谢绝，但介绍自己的从弟陈布雷，以为可任此职，后来有蒋介石邀陈布雷先生去南昌一行。"但查《档案春秋》2008 年第 9 期所刊《陈屺怀与陈布雷兄弟》，文内未见有这段文字。

我爷爷对蒋介石来说，当然是长辈前辈了，……蒋介石请他当秘
书，……我爷爷是不会去担任这个职务的，一是他年纪大了；二是他不
惯军旅生涯；三是他也不会屈居于晚辈之下，受其使唤。我爷爷于是推
荐其得意之堂弟陈布雷，所以蒋介石才会在 1926 年下半年派邵力子到
上海，拿了一张照片赠送给我二公公（布雷先生），我二公公比我爷爷小
18 岁，比蒋介石小 3 岁，不过他也一直不喜欢从政，1927 年我爷爷在
杭州当省政府委员、杭州市市长，住在杭州，曾经亲自引见过我二公公
给蒋介石。①

　　根据传世文献的相关记载，可知陈训正确曾在 1927 年 4 月与陈布雷一道
拜谒蒋介石于杭州，并作《蒋仁湖总帅自沪得间来杭，宿南高峰烟霞洞，余
于翌晨偕仲弟畏垒过之，遂同游韬光》②以志其事。但实际情况是，陈布雷早
在 1925 年末或 1926 年初就已与蒋介石有所接洽，至 1926 年冬至 1927 年 3 月
间，更曾专程到南昌面谒蒋氏，此则《陈布雷回忆录》言之甚明：

　　（民国十五年）春间，邵力子陈训正衔党命自广州来沪，约上海报
界宴会，说明革命局势，并携蒋总司令亲签之小影赠余，谓蒋公对君极
慕重也（此或为十四年下半年事，待查）。……是年年终，乘报馆休列之
便，约潘君公展同游南昌。……阴历岁除抵南昌，阅二日往谒静江先生。
翌日，蒋公自牯岭归，偕公展往见，谈约一小时，……又二日，蒋公再
约谈，坚劝余及公展入党，……二月，加入中国国民党，……蒋公及陈
果夫君为介绍人，……公展居赣旬余先归，余以蒋公意暂留，并迁入总
部西花厅居住，……蒋公每三四日必招往谈话，间亦嘱代拟文字，……
三月，自南昌动身赴汉口（谢传茂同行），住旬日即起程回沪，则上海已
为北伐军所克复矣。

　　故此所谓"1927 年我爷爷在杭州当省政府委员、杭州市市长，住在杭州，
曾经亲自引见过我二公公给蒋介石"云云，明显有悖于历史事实。
　　陈布雷涉足官场后的人生经历，大体上可分为两个阶段（详参表 2-3）。
第一阶段始于 1927 年 4 月，终于 1934 年 4 月中下旬。这七年间，陈布雷或去
南京任职国民党中央党部书记长，或到杭州就任浙江省教育厅厅长，既未与蒋

　　① 王泰栋：《陈布雷大传》，团结出版社 2006 年版，第 86 页。
　　② 陈训正：《圣塘集》，《天婴室丛稿第二辑》（7），1934 年铅印本。

介石如影随形，也尚未进入权力核心。尽管如此，他却感激知遇，始终甘愿与蒋氏共进退，例如 1931 年 12 月 15 日，时当蒋介石甫"将国府主席、行政院长及陆海空军总司令本兼备职一并辞去"，陈布雷即"决心共同引退"，"遂于十二月二十一日浩然返沪矣"。①

表 2-3　陈布雷在 1927 年 4 月—1948 年 11 月间的主要行迹

	时段	主要行迹
第一阶段	1927 年 4 月—1927 年 5 月下	任职浙江省政府秘书长
	1927 年下—1927 年 8 月 18 日	任职中国国民党中央党部书记长
	1927 年 8 月 18 日—1927 年 10 月	回慈溪官桥老家小住
	1927 年 10 月—1929 年 7 月	任上海《时事新报》特约撰述，1928 年 2 月起转任总主笔，主持该报社论
	1929 年 8 月中—1930 年 12 月	任职浙江省教育厅厅长
	1930 年 12 月 22 日—1931 年 12 月 21 日	任职教育部常务次长，1931 年 6 月起改任教育部政务次长，同时兼任国民党中央宣传部副部长
	1932 年 1 月—1934 年 4 月中下	再次任职浙江省教育厅厅长
第二阶段	1934 年 5 月—1935 年 1 月	任职南昌行营设计委员会主任
	1935 年 2 月—1935 年 11 月	任职军事委员会委员长侍从室第二处主任兼第五组组长
	1935 年 11 月—1937 年 2 月	任职侍从室第二处主任兼第五组组长、中央政治会议副秘书长
	1937 年 2 月—1939 年 1 月下	辞去中央政治会议副秘书长一职，仅任侍从室第二处主任兼第五组组长。自 1937 年 9 月起，不再兼任第五组组长（改由第二处副主任周佛海兼任），转而兼任军事委员会副秘书长（1938 年初离任）
	1939 年 1 月下—1941 年 7 月	任职侍从室第二处主任、国防最高委员会副秘书长，自 1940 年 11 月起，又代理秘书长一职
	1941 年 7 月—1945 年 9 月 30 日	任职侍从室第二处主任，直至 1945 年 9 月 30 日侍从室被废；其国防最高委员会秘书长之职，1941 年 7 月由王宠惠接任（1945 年 3 月王宠惠出国期间又由陈布雷代理）

---

① 《陈布雷回忆录》民国二十年条，东方出版社 2010 年版，第 131-132 页。

时段	主要行迹
1946 年 7 月—1948 年 11 月 13 日	始任官邸联络秘书室主任，继尔在 1947 年 4 月中旬被任命为国府委员，至 1948 年 5 月 30 日，又奉命代理中央政治委员会秘书长

备注：本表系据东方出版社 2009 年版《陈布雷回忆录》编制而成。

第二阶段始于 1934 年 5 月任职南昌行营设计委员会主任，直至 1948 年 11 月 13 日自杀身亡。这期间，陈布雷给事于蒋氏左右，成为最受宠信的智囊，其身份、地位和作用类似于沈约《宋书》所界定的"恩倖"。假如说陈训正在 1927 年 5 月的骤然富贵，标志着官桥陈氏完成了从溪上商户到两浙豪族的族性转换和由重商到崇文的门风转向，那么，陈布雷从 1934 年 5 月起晋身权力核心圈的这一职位变动，则又将官桥陈氏家族的发展推向新阶段。一方面，部分陈季房的族人和姻亲，例如其七弟陈训惠（1910—1978）、妹夫翁祖望（1896—1953）就在陈布雷的羽翼下，1938 年夏相继自浙来渝，分别任职于侍从室和参事室：

> 六月，居书记亦杰以亏款误职，余迫令辞而为之垫归款项，电招翁祖望弟来侍从室服务，补居之缺额。不一月，七弟亦由浙来，为介绍入参事室任干事。[1]

另一方面，此前相对独立发展的陈孟房和陈季房，日益频繁地互为奥援，也就在这种背景下，淡出官场多年且正忙于编纂《鄞县通志》《慈溪县志》的陈训正，1939 年 3 月以 68 岁之高龄，被"选派"为第一届浙江省临时参议会参议员并任职副议长（1942 年 11 月又升任议长）。至此，官桥陈氏的演进态势首度从"单枪匹马"变为陈孟房、陈季房"比翼双飞"，其族性再次发生转换，从区域性的两浙豪族跃升为海内望族，也无怪乎陈训正不再自我满足于先前对其先世的附会——官桥陈氏乃浙东名族鄞县走马塘陈氏的旁支，转而以"儒门"自诩。[2]

从历史的角度来看，官桥陈氏传衍至 20 世纪 30 年代中期，显然业已完成

---

[1]　《陈布雷回忆录》民国二十七年条，东方出版社 2010 年版，第 190 页。

[2]　陈训正：《晚山人集》卷 3《哀匡篇》，陈训慈整理，1985 年抄本。该文作于 1938 年 7 月 24 日。

从重商到崇文的门风转向。当时陈氏族内，既有像陈训正这种深受儒学熏陶、偏向于守旧的文人学者，也有像陈布雷这种虽接受新式教育但守持忠君观念的"文臣"，更多的却是像陈训慈（1901—1991）这样的新型知识分子（详参表2-4）。因而从较为宽泛的角度加以理解的话，30年代中期至1948年间的官桥陈氏，确实无愧于"儒门"之称。

表2-4　官桥陈氏族人学历考

姓名	学习经历或毕业学校	出处
陈训正	先后师从袁寿彝（？—1889）、柳镜斋（？—1920）、杨省斋（1855—1937）	陈训正《天婴诗辑·自序》、陈训正《呈杨省斋先生》
陈布雷	1909年，肄业于浙江高等学校	《陈布雷回忆录》宣统元年条
陈建风	1913年考入北京大学	《陈布雷回忆录》民国二年条
陈建雷	1914年初到上海拜乃父老友应叔申为师，在应氏病卒后，又在同年末留学日本	陈训正《携仲子雷游学沪上》《雷儿留学日本，书来索钱，无以应，赋此答之》
陈训慈	1924年1月毕业于东南大学历史学系	《陈训慈先生生平》7
陈训念	1930年毕业于上海同文书院	程沧波《陈训念先生家传》
陈训恕	在留学法国期间的1931年5月，以肠疾殁于巴黎	《陈布雷回忆录》民国二十年条

第四节　余　论

近来有研究指出，宁波地域早在宋代，不但其"最基本和最重要的单位是家庭而非家族"，[①]而且"个人的盛衰影响家族，个人兴则家族亦盛，个人衰则家族亦败"。[②]清末以来官桥陈氏的演进轨迹，也较为明显地呈现出这两个特征。事实上，该家族早在陈士芳健在之时就已分家析产，而且主要因为分产不均的关系，使得孟房与仲季房的贫富差距相当明显，一面是孟房的陈训正，

---

① 柳立言：《科举、人际网络与家族兴衰：以宋代明州为例》，《中国社会历史评论》2010年第11卷。

② 柳立言：《宋代明州士人家族的形态》，《"中央研究院"历史语言研究所集刊》2010年第81本第2分。

迫于生计而不得不终年撰写"诳生诔死"之文；[①]另一面则是仲季两房的掌舵者陈布雷，斥资购买股票以期获利，结果却损失惨重：

> 自去年以来，所谓"信""交"事业，纷纷兴起，有如疯狂，至本年乃均牵累倒闭。余家向民新银行入股最多，计季房七千五百元，仲房五千元（现金不敷，有半数以抵押借款充之），至是民新银行亦被牵累停业，而余个人所购入神州公司及中国商业公司股票，亦一文不值，综计结果，季房部分损失现金五千元，两家实际亏负达一万七八千金，余个人经济濒于破产，而欠人之款尚在八千金左右，诸弟均幼，宜由余负其责，乃约友好集一钱会（分十会，每年还一会）得五千金，出售仲房在二六市之田产四十亩得二千六百金，始获清偿。初意原期稍获盈利以为诸弟及子女教养婚嫁之资，乃不谙商业，获此结果，然仲房尚余田产百亩，大部分尚幸保全，此心亦无所忧戚。独念先君遗赀，耗损至此，对诸弟殊无以交代耳。[②]

与此同时，清末以来官桥陈氏的成长史，归根结底就是陈士芳、陈训正、陈布雷三人前赴后继的个人奋斗史，其中又以陈训正贡献最大。

陈训正对官桥陈氏家族史的贡献，不仅仅表现为他在清末民初倡导新学、投身教育、参与革命、编纂方志，提升了陈氏的社会声望，促成了陈氏门风的转向，更主要地表现为摒弃前嫌，促进家族团结，进而牵附宗祖、编造官桥陈氏的光荣历史。考《陈训正学述》云：

> 曾祖考以贸茶起家，欲府君世其业，议令入宁波某钱肆为徒，已成约矣，而曾祖考又弃养，某肆遽爽前约。时先三叔祖考依仁公甫弱冠，府君才十五龄耳。……依仁公卒以家事琐屑自任，而命府君专心读书。[③]

这段追述，既是陈训正不得不弃商业儒的明证，也正是陈依仁独自把持

---

① 陈训正：《庸海集》卷首自序，《天婴室丛稿》（7），第267页。时至1926年5月、9月，年过半百的陈训正，更为养家糊口而先后两次北上，着力编纂《掖县新志》。事详《掖县新志叙目》（《缆石幸草》，《天婴室丛稿第二辑》（9））及（《北迈集》，《天婴室丛稿第二辑》（2））所录诸诗词。

② 《陈布雷回忆录》民国十一年条，第96-97页。

③ 陈建凤、陈建斗、陈建尾：《陈训正行述》，《民国人物碑传集》卷1，第22页。十五龄，原本误作"十三龄"，兹据陈训正生卒年推算并径予改正。

族产的旁证。① 然而，对于乃叔的贪财之举，陈训正非但未尝公开表示异议，转而着力密切与陈依仁一家来往，或以栽培陈布雷为己任，② 或亲赴陈训懋（1892—1908）墓地赋诗哀悼，③ 其"友于群从，无异手足"的结果，便是"诸季敬之，亦若长兄"，以至于"一门以内，怡怡如也"。④

如若回望官桥陈氏家族的演进轨迹，基本上可以 1905 年清廷废除科举制度为界，将之分为前后两个阶段。在此之前，一言以蔽之，就是陈氏发家致富后急于购置田地，努力转型为士人之家；而在科举竞选制被废后，缺乏家世背景和政治依托的陈训正、陈布雷，不约而同地选择依附于蒋介石，不但陈布雷终年为蒋氏主管文书工作，即便是陈训正，也曾为配合蒋氏强化其个人集权的迫切需要而着力编纂《国民革命军战史初稿》，兄弟俩无论角色、身份抑或地位、作用，实际上都与南朝"恩倖"别无二致，官桥陈氏也因此得以进一步提升其族资门望而成为海内望族。

---

① 此外，陈依仁之所以将长子陈布雷过继给早已过世的仲兄陈依贵，疑是借此占有仲房应得的那份族产。而且事实上，陈布雷并未出继，《陈布雷回忆录》民国五年条的下列记载，即其明证："冬，决定为父营葬事，卜地于王家桥北之山麓，取其高旷坚实，且与吾仲父振家公之域相近也。"

② 按，陈布雷"尝谓髫龄受业，以迄于出外就学，乃至成人，以后作人作事，罔不沐大哥之教诲"。详参《陈布雷回忆录》，东方出版社 2010 年版，第 218 页。

③ 陈训正：《怀从弟彦及》，《无邪诗存》，《天婴室丛稿》（1），第 18 页。

④ 陈建风、陈建斗、陈建尾：《陈训正行述》，《民国人物碑传集》卷 1，第 26 页。

第三章　陈训正方志编纂思想的形成过程

　　陈训正虽不愿仅以文士终其一生，[①] 然其平生最值得称道的"事业"，却是当年"不甚爱惜"[②] 的诗文及偶然涉足方志之林而先后主持编纂的《定海县志》《掖县新志》《鄞县通志》。

　　1984 年，陈训慈在整理其堂兄陈训正的《晚山人集》时，将作于 1943 年的旧稿增订为《陈君屺怀事略》；而在稍前的 1983 年冬，赵志勤（陈训正孙女婿）亦尝"应地方政协之征稿"而撰就《陈屺怀先生事迹述略》一文。[③] 也主要是这两篇缅怀悼念之作，在时隔多年后，引发了若干学者研讨陈氏方志编纂思想的热情，并涌现出周慧惠《〈鄞县通志〉编纂详探——以天一阁藏鄞县通志

---

　　① 案，陈训正《哀冰集序》云："少日自负许，谓士生斯世，诗文而外，自有事业在。故偶有所述，辄弃去，不甚爱惜。今已矣！四十五十，忽忽无闻。自念生平，舍此无复高世，因立斯集，……庚申七月玄公记。"详参《哀冰集》，《天婴室丛稿》第 1 辑（4），沈云龙主编《近代中国史料丛刊》（628），文海出版社 1972 年版，第 187 页。

　　② 在国学大师黄侃（1886—1935）看来，陈训正不但是继姜宸英（1628—1699）之后又一"立言粲盛"的浙东善文之士，且其"文必法上，而又不嫌于创，创而适于时"的文学主张，"不独可以救桐城末流之失"，更堪为"谈文者之司南"。详参《天婴诗辑》附录黄侃《陈玄婴先生六十寿序》，1988 年抄本。

　　③ 《陈君屺怀事略》新增内容，一是对陈训正志成就的引申，二是对陈氏"一生之总的精神"的概括；《陈屺怀先生事迹述略》后经陈训慈"补缀润色"，1984 年发表于《浙江文史资料》第 27 辑，并更名为"宁波光复前后的陈屺怀"。详参陈训慈：《陈君屺怀事略》文末，《晚山人集》附录，1985 年抄本。

馆收支报告档案为中心》等论文。① 然而，除周氏此文从经济史角度切入而不乏新意外，其余成果无论是柳建军《从民国〈定海县志〉〈鄞县通志〉看陈训正的方志思想》，② 抑或沈松平《从"当代方志的雏形之作"——〈民国鄞县通志〉看陈训正对传统方志学理论的超越》，③ 大抵只是对赵志勤相关论说的进一步细化，既未动态考察陈训正方志编纂思想的形成过程，又涉嫌高估陈氏的方志成就及其学术地位。

第一节　《定海县志》的渊源与得失

　　定海虽在光绪八年（1882）刚刚纂成《定海厅志》31 卷，但在民国元年（1912）改厅为县后，"风政推暨，非复旧观"，④ 确有重修地方志的必要。事实上，早在民国九年（1920），就有王亨彦、汤濬等乡贤勉力为之，几乎同时撰成《定海厅志校补》《定海县续志》《定海县新志》《定海厅续志》，唯因经费短缺而未尝刊行。⑤ 降及民国十二年（1923）春，沈任夫、程庆涛、贺案唐、张康甫、孙弥卿这五位旅沪定海士绅，复以"《定海厅志》修于清光绪八年，迄今四十余载，人事变迁，已不适用"⑥ 为由，聘请陈训正和马瀛（1883—1961）重修县志。

　　据《鄞县通志·编印始末记》记载，旅沪定海士绅在发起重修《定海县志》之初，本拟邀约邑人马瀛主持其事，但彼时马氏正任职于上海商务印书馆，"以无暇兼顾，乃介绍陈训正于乡人，而自任非异地人所能编之《风俗》《方言》二

---

　　① 周慧惠：《〈鄞县通志〉编纂详探——以天一阁藏鄞县通志馆收支报告档案为中心》，《浙江档案》2016年第 5 期，第 42-46 页。

　　② 柳建军：《从民国〈定海县志〉〈鄞县通志〉看陈训正的方志思想》，《浙江方志》2002 年第 4 期，第84-89 页。

　　③ 沈松平：《从"当代方志的雏形之作"——〈民国鄞县通志〉看陈训正对传统方志学理论的超越》，《黑龙江史志》2002 年第 6 期，第 10-13 页。此文后经扩展，又被收录于氏著《陈训正评传》，浙江大学出版社2015 年版，第 115-134 页。

　　④ 冯开《定海县志叙》，《民国定海县志》卷首，《中国地方志集成·浙江府县志辑》（38），上海书店 1993年版，第 433 页上栏。

　　⑤ 《民国定海县志》册四丁《艺文志·书目（旧志附）》，第 552 页下栏。

　　⑥ 《民国定海县志》卷首"附记"，第 450 页下栏。

门"；① 其言下之意，便是陈氏之所以被聘为《定海县志》主纂，完全得益于其堂妹夫马瀛的引荐。平心而论，《编印始末记》的这段追述，虽涉嫌贬抑陈训正，② 却也是不争的事实。

陈训正在 1923 年受邀编纂《定海县志》之前，除了撰作《鲧论》《燕太子丹论》《田横论》《汉高帝论》《书〈魏志·武帝纪〉后》《读〈史记·苏秦列传〉》等史论外，既不曾有编纂地方志的经历和经验，也并未表现出超群的史识与史才。当时的他，只是一个以能文善诗著称于宁波本埠和旅沪甬商中的落魄文人，并因办学不顺而连带影响到他的经济收入和日常生活，故在其《天婴室丛稿》中，时或可见诸如 "旅沪二年矣，媚生诮鬼，卖文求活，蕉萃生涯，讫无长进"③ 之类的感慨。

受聘主纂《定海县志》对穷困潦倒的陈训正来说，无异于雪中送炭。也因此，尽管并无编纂方志的经验，他仍迎难而上，进而在研读 70 余种新编方志的基础上，最终选定由进士出身而又曾 "游学东瀛"④ 的钱淦（1875—1922）所总纂的《宝山县续志》，作为《定海县志》的蓝本：

> ……（定海县）《志》凡十六门，体裁节目，大半依据近刊宝山县钱《志》。十年以来，全国新志，无虑七十余种，独《宝山志》能不为旧例所拘，去取最录，差为精审，故本《志》略遵其例，而参之以马君瀛之主张。⑤

此所谓 "略遵其例"，具体表现为：①尽管《定海县志》效仿周济（1781—1839）撰作《晋略》之成例，"依类排比，写定六册"，⑥ 但其内部结构与《宝山县

---

① 陈训正、马瀛：《编印始末记》，《鄞县通志》，宁波出版社 2006 年版，第 3 页。

② 《编印始末记》之所以贬抑陈训正，很可能是因为陈氏在 1938—1940 年间，罔顾时局艰难而假公济私，抽印其所纂《文献志》中的 "人物编"。今宁波天一阁所藏相关书札九通（时间跨度为 1938 年 5 月 22 日—1940 年 3 月 15 日），较为详细地记录了 "人物编" 的编印过程，详参周慧惠《临时抽印本〈鄞县通志人物编〉编印始末考——以天一阁藏致马涯民信札为史料》，《图书馆研究与工作》2016 年第 2 期，第 82—87 页。

③ 陈训正：《答李审言先生书》，《庸海集》，《天婴室丛稿》第 1 辑（7），第 282 页。

④ 冯成：《序》，《宝山县续志》，钱淦、袁希涛纂：《中国地方志集成·上海府县志辑》第 9 册，上海书店 1991 年版，第 413 页。

⑤ 陈训正：《例目》，《民国定海县志》卷首，第 438 页。

⑥ 陈训正：《例目》，《民国定海县志》卷首，第 433 页。

续志》大同小异（详参表3-1），而且在内容取舍上也不乏相似之处，譬如在钱淦等人看来，"自近世天文、物理日益发明，昔之所谓祥异者，无不可以学理推测。占候经验，其用亦鲜，然……先民之说，或亦信而有征，似不容遽废"，①而《定海县志·舆地志》亦谓："灾异亦气候之一征，虽非其常，要不同荒诞难凭之记述。……占候由于积验，物理感应，有时而信。"②《宝山县续志》凡"各目有变更曩例，或小易名称者，并于每目之下，撮叙缘由，期易明瞭"，②《定海县志》则又更进一步，不仅在总目下，甚至在分目中，亦往往用小字按语的形式，自我交代构置该目的原因或做其他补充说明，例如《营缮志》"祠庙"下注曰：

> 案：旧志祠庙与寺观并列一门，非是。祠庙者，即古之所谓社，人群要约期会之所托者也；其兴废实系民户盛衰，非宗教徒之寺观比，故记之特详。

③陈训正等人在编纂《定海县志》的过程中，坚决贯彻《宝山县续志》"图表不厌增多，务求详密"③的原则，一则"参酌海关、陆军、水警等图七种"，绘成八幅"舆地图"，二则根据实测，绘制了"城厢图""普陀山图"和包括"县公署平面图"在内的五幅建筑图，④三则设计制作了多达147张的各类表格（详参表3-2）。⑤

表3-1　《定海县志》内部结构与《宝山县续志》的异同

《定海县志》的内部结构		《宝山县续志》的相应构造	
册首《列图》	舆地图、建筑图、景片	卷首《图说》	未分目，内设18幅舆地图

---

① 《杂志》，《宝山县续志》卷17，第639页。

② 钱淦《宝山县续志凡例》，《民国宝山县续志》，第418页。

③ 钱淦：《序》，《民国宝山县续志》，第414页。

④ 陈训正：《例目》，《民国定海县志》卷首，第433-434页。但不知何故，在今《民国定海县志》中，未见有8幅"舆地图"。

⑤ 另有1张民国元年定海县警察署组织机构图和拟立而未立的3表（《各区村落列表》《各村落居民氏族表》《各岛土质成分表》）。与此形成强烈反差的是，《定海厅志》虽多达31卷、60余万字，却仅有5表。

《定海县志》的内部结构		《宝山县续志》的相应构造	
册一《舆地志》	建置沿革	卷一《舆地志》	沿革（改正插花附）
	形势		形胜
	疆界		界至（经纬度附）
	列岛		
	洋港及潮流		
	分区		市镇
	户口		户口
	水利		
	土质【未及调查，仅存其目】		土质
	气候（灾异、占候附）		气候（雨量、潮汐附）
		卷十七《杂志》	祥异、占候
	名胜及古迹	卷十六《名胜志》	古迹、第宅、祠墓
册二上《营缮志》	城垣	卷三《营缮志》	城垣
	学校		
	公署（监狱附）		公署（监狱附）
	炮台	卷九《兵防志》	炮台
	河渠 【未及调查，仅存其目】	卷二《水利志》	河渠
	塘堤	卷二《水利志》	堤防（石梗、护塘森林附）
	街衢	卷三《营缮志》	路街
	桥梁		津梁
	会所		局所
	场厂		
	仓库	卷十一《救恤志》	仓储
	善堂		救助
	公园	卷十六《名胜志》	园林
	森林		
	祠庙	卷三《营缮志》	坛庙（祠宇附）

《定海县志》的内部结构		《宝山县续志》的相应构造	
册二中《交通志》	水道	卷八《交通志》	航路
	陆道		陆道（铁路、电车路附）
	邮信		邮递
	电报		电信
	电话		
	电灯		
册二下《财赋志》	田赋	卷四《财赋志》	
	关税		
	杂税		征榷（杂税附）
	地方税及杂捐		地方税（杂捐附）
	公款及公产		公款公产
册三甲《鱼盐志》	渔业、盐产		
册三乙《食货志》	未分目，其内仅设事关民生的11个统计表		
册三丙《物产志》	植物、动物9、矿物、杂产	卷六《实业志》	物产（赛会附）
册三丁《教育志》	学校教育	卷七《教育志》	学校
	社会教育		社会教育
	教育机关		劝学所、教育会
册三戊《选举志》	科贡	卷十三《选举志》	科贡
	学位		
	仕进	卷十三《选举志》	仕进
	公职		公职
	褒奖		勋奖
册三己《人物志》	未分目，其内仅设10个表格分别列举游寓、方外、列女等十类人物	卷十四《人物志》	内分贤达、孝友、文学、武功、德义、艺术、游寓、方外、列女九目
册四甲《职官志》	未分目，内设《历代职官沿革表》等3表	卷十二《职官志》	内分文职、武职、政绩三目
册四乙《军警志》	军防	卷九《兵所志》	防军
	警察	卷十《警务志》	县警察

《定海县志》的内部结构		《宝山县续志》的相应构造	
册四乙《军警志》	保卫团	卷九《兵防志》	团防
册四丙《礼教志》	祀典	卷五《礼俗志》	祀典
	宗教		寺观、教会
册四丁《艺文志》	书目（旧志附）	卷十五《艺文志》	书目
	金石目		金石
册四戊《故实志》	未分目，内置"宋高宗避兵航海"等14个用纪事本末体撰写的故事		
册五《方俗志》	方言		
	风俗	卷五《礼俗志》	风俗（节序附）

表3-2　147张表格及其在《定海县志》中的位置

序号	表格名称	书中位置		小计
1	历代建置沿革表		一、建置沿革	
2	各乡遣徙展复始末表		一、建置沿革	
3	四至边岛表		三、疆界	
4	县境全海岛屿列表		四、列岛	
5	洋汇纪（备注：此表名乃笔者所加）		五、洋港及潮流	
6	实测潮汛时刻表		五、洋港及潮流	
7	旧传大小潮涨退时刻表		五、洋港及潮流	
8	县境各地高潮时刻及高度表	舆地志	五、洋港及潮流	20
9	岱山年中潮之涨度高低表		五、洋港及潮流	
10	乡庄名称区域沿革表		六、分区	
11	清光绪三十四年画分选举区域表		六、分区	
12	宣统二年画分城镇乡自治区域表		六、分区	
	民国八年改编城镇乡自治区域表		六、分区	
13	各区村洛列表【阙】		六、分区	
	各村落居民氏族表【阙】		六、分区	

序号	表格名称	书中位置		小计
14	清光绪二十六年编查户口表	舆地志	七、户口	20
15	宣统元年画分自治区域时人口调查表		七、户口	
16	民国元年至七年内务统计调查户口比较表		七、户口	
17	七年户口分区调查表		七、户口	
18	八年改编自治区域时户口调查表		七、户口	
	各岛土质成分表【阙】		九、土质	
19	年中气温风雨实测表		十、气候（灾异占候附）	
20	旧历年中太阳出入时刻表		十、气候（灾异占候附）	
21	校舍	营缮志	二、学校	25
22	旧有各署改变始末表		三、公署（监狱附）	
23	县属关庙一览表		十五、祠庙	
24	县属天后宫一览表		十五、祠庙	
25	城甬区祠庙一览表		十五、祠庙	
26	吴洞区祠庙一览表		十五、祠庙	
27	芦蒲区祠庙一览表		十五、祠庙	
28	洛舵区祠庙一览表		十五、祠庙	
29	展茅区祠庙一览表		十五、祠庙	
30	三安区祠庙一览表		十五、祠庙	
31	干览区祠庙一览表		十五、祠庙	
32	景陶区祠庙一览表		十五、祠庙	
33	人和区祠庙一览表		十五、祠庙	
34	三益区祠庙一览表		十五、祠庙	
35	岑椗区祠庙一览表		十五、祠庙	
36	紫薇区祠庙一览表		十五、祠庙	
37	金塘区祠庙一览表		十五、祠庙	
38	册子区祠庙一览表		十五、祠庙	
39	大榭区祠庙一览表		十五、祠庙	

序号	表格名称		书中位置	小计
40	协和区祠庙一览表		十五、祠庙	
41	洞靖区祠庙一览表		十五、祠庙	
42	岱山区祠庙一览表	营缮志	十五、祠庙	25
43	长涂区祠庙一览表		十五、祠庙	
44	兰秀区祠庙一览表		十五、祠庙	
45	朐山区祠庙一览表		十五、祠庙	
46	现有商轮航线及驶行班期一览表		一、水道	
47	全境船埠一览表		一、水道	
48	舟山道头埠各航路一览表（附）	交通志	一、水道	5
49	舟山本岛路上交通表		二、陆道	
50	路亭汇纪		二、陆道	
51	城镇乡成垦田亩概表		一、田赋	
52	民国元年至十一年额征表		一、田赋	
53	民国四年各则银米额征表		一、田赋	
54	民国六年至十一年新升各则额征表		一、田赋	
55	现行银米折价及带征各捐费定则表		一、田赋	
56	仓储存谷存银概表		五、公款及公产	
57	教育款产概表		五、公款及公产	
58	县立高等小学校各项田地房产列表	财赋志	五、公款及公产	14
59	育婴公产概表		五、公款及公产	
60	恤嫠公款概表		五、公款及公产	
61	振贫款产概表		五、公款及公产	
62	卫生款产概表		五、公款及公产	
63	其他各善举款产概表		五、公款及公产	
64	参事会县地方财产概表		五、公款及公产	
65	渔船驻泊地与各洋面之路线里距表		一、渔业	
66	渔船号数出入及产销地概表		一、渔业	
67	各帮渔业公所列表	鱼盐志	一、渔业	11
68	全县盐产地列表		二、盐产	
69	各产地盐卤浓度表		二、盐产	

第三章 陈训正方志编纂思想的形成过程

序号	表格名称	书中位置		小计
70	盐户盐板概表	鱼盐志	二、盐产	11
71	各地产额概表		二、盐产	
72	盐之成本计算表		二、盐产	
73	各地盐价比较表		二、盐产	
74	制盐程序及其方法		二、盐产	
75	历年盐觔賍价		二、盐产	
76	全县丁壮分业比较表	食货志		11
77	客民旅食人口表			
78	食粮统计表			
79	十年以来食米价格升降表			
80	主要食用品岁输入总额表			
81	十年以来主要食用品价格比较表			
82	主要服用品岁输入总额表			
83	十年以来主要服用品价格比较表			
84	十年以来建筑用品价格比较表			
85	十年以来各项工价比较表（以舟山举例）			
86	奢侈品岁额统计表			
87	有用植物列表	物产志	一、植物	6
88	海鲜列表		二、动物	
89	家畜列表		二、动物	
90	鸟属列表		二、动物	
91	兽害汇纪		二、动物	
92	益虫害虫列表		二、动物	
93	最近学校统计表	教育志	一、学校教育	5
94	历年学校发展概况表		一、学校教育	
95	历年学生人数及教育经费比较表		一、学校教育	
96	全县各学区教育盛衰概况表		一、学校教育	
97	社会教育概表		二、社会教育	

序号	表格名称	书中位置		小计
98	历代科贡人名表	选举志	一、科贡	2
99	明清以来文武两途仕进表（备注：此表名系笔者所加）		三、仕进	
100	表一，凡有功德于乡者，入之	人物志		10
101	表二，凡负学术道义之望者，入之			
102	表三，凡有至性独行者，入之			
103	表四，凡自一命以上而着有功绩或气节，入之	人物志		10
104	表五，凡有文学之称者，入之			
105	表六，凡隐居全道之士，入之			
106	表七，右诸表所未备录者，各依行谊，着其姓氏			
107	表八，列女			
108	表九，游寓			
109	表十，方外			
110	历代职官沿革表	职官志		2
111	历代职官人名表			
112	宋时兵防沿革表	军警志	一、军防	6
113	明时兵防沿革表		一、军防	
114	清时兵防沿革表		一、军防	
115	民国兵防沿革表		一、军防	
	民国元年定海县员警署组织机构图		二、警察	
116	各乡保卫团成立年月表		三、保卫团	
117	县属各教徒人数统计表	礼教志		1
118	注音字母表	方俗志	一、方言	30
119	转韵表		一、方言	
120	韵母一第一部		一、方言	
121	独用声母ㄚㄊㄕㄇㄙㄥㄦㄨㄤㄨㄇㄇ第二部		一、方言	
122	韵母ㄨ第三部		一、方言	
123	韵母ㄩ第四部		一、方言	
124	韵母ㄚ第五部		一、方言	

序号	表格名称	书中位置	小计
125	韵母乙第六部	一、方言	
126	韵母禾第七部	一、方言	
127	韵母世第八部	一、方言	
128	韵母 第九部	一、方言	
129	韵母乁第十部	一、方言	
130	韵母幺第十一部	一、方言	
131	韵母第十二部	一、方言	
132	韵母马第十三部	一、方言	
133	韵母 第十四部	一、方言	
134	韵母彳第十五部	一、方言	
135	韵母山第十六部	一、方言	
136	韵母尤第十七部	一、方言	30
137	韵母 第十八部	一、方言	
138	韵母廿第十九部	一、方言	
139	韵母乚第二十部	一、方言	
140	入声韵母一第二十一部	一、方言	
141	入声韵母凵第二十二部	一、方言	
142	入声韵母丫第二十三部	一、方言	
143	入声韵母乙第二十四部	一、方言	
144	变音表	一、方言	
145	俗字考表一，名物字类	一、方言	
146	俗字考表二，形状字类	一、方言	
147	俗字考表三，动作字类	一、方言	

也正借由对《宝山县续志》等70余种新修方志的研读、拣择和吸收，同时通过自身的修志实践，陈训正相当自负地提出了"会通、趋新、质实、简略"的方志编纂理念：

> 方志之作，意在彰往开来。已往之利病，即未来之兴革也。昔人有言："善言古者，合之于今。"故方志以表著地方文物嬗进之迹为先务。道古虽尚，合今尤亟，理则然已。自来作者，牵于前志成例，往往墨守局

界，详其所不必详，而于地理、赋税、财产、民生、教化、风俗诸端，反无以会其要。流寓清望，引为土著，穷山恶水，标为名胜，傅会穿凿，难可穷究，科条舛杂，识者讥焉。①

然而，根据这一理念而组织的《定海县志》的内部结构并未得到发起者的认可；陈训正也因此不得不在 1924 年春致信镇海澥浦人余岩（1879—1954），恳求章太炎先生的这位高足帮他从章先生那里求得一篇序文，以便平息"彼中人士"的质疑：

> 云岫道兄足下：……去岁承纂《定海县志》，初稿已具。仆为此志，自信能籀《禹贡》《职方》之微，而洗《朝邑》《武功》之陋。彼中人士实鲜识解，见仆所规体裁、节目及去取详夺之间有乖旧例，颇致骇怪，窃亦无以自明。闻足下数数从余杭章先生游，丹穴久湛，自发威羽，敢以《例目》奉教；余一分，并求代呈章先生。……窃念章先生海内弘硕，一言之重，足以坚人信而祛众惑。倘因足下之请，惠赐一叙，俾仆之撰述得伸于已，悠悠之口有所沮折，万幸万幸！……训正再拜。②

平心而论，"彼中人士"的质疑并非没有道理。这首先是因为《定海县志》在谋篇布局上，不但"有乖旧例"，其而时有失误。例如为强调渔盐这一定海地方特色产业而设置《渔盐志》，其用意固然无可厚非，其内容却与《物产志》颇相抵牾。此外，视"电灯"为交通业的有机构成而列入《交通志》，将《关于各项公产之碑记》附录于《财赋志》末，在《物产志》中表列"兽害"，③诸如此类的措置（详参表 3-3），表明陈训正虽勉力趋新，却显然尚未彻底完成新旧学术转型。

表 3-3　《定海县志》对《定海厅志》的扬弃

《定海厅志》的内部结构	《定海县志》的取舍	
卷首《皇言纪》	删	
卷一　图一《北极出地图》	册首《列图》	删

---

① 陈训正：《例目》，《民国定海县志》卷首，第 433 页。

② 陈训正：《与余岩书》，《庸庵二集》，《天婴室丛稿》第 1 辑（8），第 349-351 页。

③ 《民国定海县志》册二中《交通志第三》、册二下《财赋志第四》、册三丙《物产志第七》，第 494、504-506、523 页。

《定海厅志》的内部结构		《定海县志》的取舍	
卷二 图二	《舆地全境图》	册首《列图》	拟代之以《县境总图》（未见）
	《舆地庄图》		拟代之以6幅《列岛分图》（未见）
卷三 图三《营建图》			代之以5幅平面建筑图
卷四 表一《天文》		删	
卷五 表二《建置》		简化为《历代建置沿革表》，置于《舆地志》"建置沿革"目	
卷六 表三《职官》		简化为《历代职官沿革表》《历代职官人名表》，置于《职官志》	
卷七 表四《选举》		改编为《历代科贡人名表》《明清以来文武两途仕进表》（备注：此表名系笔者所加），置于《选举志》之中	
卷八 传一《名宦》		置《人物志》，设十张表格，分录有功德于乡者、负学术道义之望者、有至性独行者、有文学之偏者及列女、游寓、方外等十类人物	
卷九 传二上《人物》			
卷十 传二下《人物》			
卷十一 传三《列女》			
卷十二 传四《寓贤》			
卷十三 传五《仙释》			
卷十四 志一《疆域》		在《舆地志》内设"疆界""水利"两目，分载疆界、山川	
卷十五 志二《风俗》		所置《方俗志》"风俗"目，较诸《定海厅志》，不但体例新，而且内容更为翔实	
卷十六 志三上《田赋》		简化为《财赋志》"田赋"目	
卷十七 志三下《田赋盐课》		改"盐课"为《渔盐志》"盐产"目；改"关市"为《财赋志》"关税"目	
卷十八 志四《学校》（书院附）		删，另作《教育志》，着重载述民国时期的学校教育、社会教育和当时的基层教育行政机构	
卷十九 志五上《军政》		设《军警志》，改"军政"为"军防"，同时增设"警察""保卫团"两目	
卷二十 志五下《军政》（海防附）			
卷二十一 志六《祀典》		虽在《礼教志》中设有"祀典"，但仅名称相同而已	
卷二十二 志七《营建》		改称《营缮志》；删"御书楼"；改"城池"为"城垣"；简化"公署"的内容；增补"善堂"的内容；保留"常平仓""炮台"	
卷二十三 志八《艺文》		缩写为《艺文志》"书目"目	

《定海厅志》的内部结构	《定海县志》的取舍
卷二十四　志九《物产》	保留《物产志》，但内部分类迥异，且甚多删略
卷二十五　志十《禨祥》	删其荒诞难凭之说，改作"灾异"，并附骥于《舆地志》"气候"目之下
卷二十六　志十一上《杂志古迹》	降格为《舆地志》下的"名胜及古迹"目
卷二十七　志十一下《祠庙》	降格为《营缮志》下的"祠庙"目，且形式上以列表为主
卷二十八　志十二《大事志》	改编为纪事本末体的《故实志》
卷二十九　略一《旧志》	虽仍称"旧志"，但附骥于《艺文志》"书目"之下
卷三十　略二《遗文》	删

其次，是因为《定海县志》无论文本、地图抑或表格，皆未能超越《定海厅志》：①《定海县志》固然遵从宁波方志自宋元以来就偏好做原始察终式考述的编纂传统，该书的叙事年限也因此上溯至唐玄宗开元二十六年（738）定海设县之始，下逮民国十三年（1924），但因过分追求简略，故其叙述完整性明显不如《定海厅志》；②陈训正在《定海县志例目》中，曾对《定海厅志》卷一至卷三所列诸图大加鞭挞："案旧志县图，轮廓才具，山高水深，礁滩航线，皆未尝列。分图较详，山川、营建，尚具型范，而标识陈腐，未迨时宜。著宇、祠庙各图，率皆意绘，方位距离，绝少准则。"但此类指责与实情相去甚远，例如《定海厅志》卷二的28张舆地图莫不采用开方计里的"网格绘图法"，加以精心绘制而成：

> 案《康熙志》，县境全图虽具，洋面在内而山海错杂，稽查倍难。今详加考核，除陆路外皆用开方，每方十里，明礁作圈，暗礁作十，而碍于行舟之处则加点，俾阅者瞭如指掌云。下分图二里开方。[①]

反观《定海县志》册首所列23图，不是平面建筑图就是拍摄的照片，较诸《定海厅志》各图，显然不可同日而语。③《定海县志》的147张表格中，诚然

---

① （清）史致训、黄以周等编纂：《定海厅志》卷二，柳和勇、詹亚园校点，上海古籍出版社2011年版，第14页。此外，《定海厅志凡例》亦云："开方计里，推表山川，绘图之法也。……旧《志》县境有图，县治有图，学宫有图，村庄亦各有图，图实较他《志》为备。惟绘之法，尚有未谐。今纂新《志》，专属一人遍历地界，得其纵横广袤里数，缩诸篇幅，而以开方行之，庶不失古人绘图之意。"

不乏诸如"全境船埠一览表""全县盐产地列表""十年以来主要食用品价格比较表"之类的佳构，但仍有不少表格，或如"历代建置沿革表"，因过于简略而不足以全面反映定海行政建制的历史变迁；或如"展茅区祠庙一览表"，理当与其他区域的 20 个"祠庙一览表"合而为一；至如《人物志》设 10 表以分类甄录历代人物的这一措置，更是大可商榷，因为在这十张表格中，人物的籍贯、生卒年、生前行迹等信息都已被省略到难以再省，令人印象深刻的只是诸如"有功德于乡者""列女""游寓"之类的标签。或许也正有鉴于此，余岩（包括章太炎先生）对于陈训正的来信，未尝予以任何答复。

第二节　陈训正方志编纂思想的渐趋完善及其成因

大概就在致信余岩的同时或稍后，陈训正又将《定海县志·例目》邮示其堂弟陈训慈的业师柳诒徵（1880—1956），随即得到柳氏令人讶异的推崇：

> 列志十六，分目七十，表纪传录，若网在纲，大氐袭故者十之二，创制者十之八。……盖虽区区一地之志，驭以龙门、夹漈之识，且究极其所未备，讨征读之，叹观止矣。……斯志特崇民质，旁行斜上，义据通深，撼词述事，兼以笃雅，盖所谓损益得中、质文交胜者也。世有君子，当就是求史裁矣。甲子夏六月，丹徒柳诒徵。①

柳先生对《定海县志》的推崇，是否有助于平息"彼中人士"的质疑，因史载阙如而不得其详，但可以肯定的是，它基本上框定了此后对《定海县志》的评判基调，例如黄侃在作于民国二十年（1931）九月的《陈玄婴先生六十寿序》中，不但断言《定海县志》是一部足以傲视群志且又贻范将来的杰作，更认定陈训正是重修清代国史的合适人选，《玄婴诗辑》录其词曰：

> 数年前，侃始得读先生所撰《定海县志》，观其编制条例，迥异于向来郡书、地里之为。……盖昔之方志，畸于考古，而此则重于合今；昔之方志，质者则类似簿书，文者又模袭史传，此志详胪表谱，位置有方，综叙事实，不华不俚；昔之方志，无过乡间之旧闻，此志则推明民

---

① 柳诒徵：《跋》，《民国定海县志》，第 591 页。

生之利害，使域中千余县皆放此而为之，不特一革乡志、国史之体制，实即吾华国民史之长编。……《清史稿》初出时，偶获流览，颇病其局守旧规而不知变，于清室非信史，于新国为谤书，诚欲考知此二百余里年之事迹，将茫乎无所依准，国家果思垂不刊之文于后，自非征集备三长者以从事，则必无以易前之失。

即便是那位《浙江省立图书馆馆刊》编辑，虽对《定海县志》的内部结构有所异议，却也仍以正面评价为主：

> 全志于列表一道，可谓畅乎其用，惟偏重太过。于《人物》不免阙略，于《列女》亦列表不立传，……然节烈事迹，倘能择尤纪载，要足以存信史而昭激劝，似未可以概从简淆也。至于谊例之精要，载笔之简洁，要足为后来方志学家之楷模。①

与此同时，柳诒徵对《定海县志》的推崇，不但激发了陈训正进一步探求方志编辑理论的热情，而且使得他在短期内成为远近闻名的方志专家。也正是在这种背景下，陈氏于民国十五年（1926）六月接受掖县县长应季审的邀请，负责续编掖县的地方志，②尔后又在民国二十二年（1933）一月被聘为《鄞县通志》的总纂。③

民国十七年（1928）元月，陈训正纂成《掖县新志》20卷。这部方志虽然早在1932年就已被毁于韩复榘与刘珍年这两大地方军阀的武装冲突时，④但从残存至今的《掖县志例目草创》来看，仍不难发现它所运用的编纂原则与陈氏当年撰述《定海县志》时的主张已有所差异。这类差异，一则表现为：陈训正在编纂《掖县新志》时，虽仍大力倡导"会通、趋新、质实"，却已不甚讲求

---

① 案，1934年8月，陈训正以"定海县志序目"为题，将《定海县志·例目》发表在由陈训慈主管的《浙江省立图书馆馆刊》第三卷第四期。刊发时，责编以按语方式在篇首加了这段评论。而在1933年4月，陈训慈刚在该刊第二卷第二期发表《浙江之县志与省志问题》，内称："陈氏《定海志》借鉴《宝山》，自定体例，简以驭博，表以芟繁，既为全志之特色；而如《渔盐》则特辟为志，藉彰民生，《方俗》于备述风俗外，详考一邑之方言，进足以通之于浙东诸邑，尤皆为他志所未见。"

② 陈训正：《北迈集·序》，《天婴室丛稿第二辑》，1934年铅印本。

③ 《鄞县通志》首册《编印始末记》小字注引陈训正《编印鄞县通志缘起》，第2-3页。

④ 案，《烟台晚报》2008年3月23日第18版《稿本〈掖县城区详图〉》云："自民国十五年六月设局，至民国十七年一月，始成底稿二十卷，内附总、分详图二十五张，名曰《掖县新志》。乃于二十一年地方傲扰（1932年韩刘之战），《新志》稿本全被炮燃，毁于兵。"

"简略"：

> 方志之作，以表著地方文物嬗进之迹为先务。改国以还，运殊风变，纪载之道，古不如今，虽章实斋、恽子居复生，不至墨守其义例，势有然矣。民国十余年来，新修县志不下八十余种，然皆例目乖舛，不合于时，无足依据。惟宝山县钱《志》，稍参新例，拙著《定海县志》，更引其绪而广之，穷古往今来之蓄变以会其通，推天行人事之奥衍以治其究，体裁节目，断然创始，要能自成其义例。

二则表现为：在谋篇布局上，陈训正虽仍乐意选用当地新修方志体例，但已更倾向于独立构思，最终在兼取新旧方志"义例"的基础上，将《掖县新志》的内部结构分为《方舆》《政教》《食货》《人物》《艺文》五门，并殿以《文献汇述》：

> 近见《泰安新志·编辑则例》，定为《舆地》《政教》《人物》《艺文》四门，四门中分类别目，要而不烦，洵足示民国县志之范，宜援用之，以为本纂之根据。更参用《定海志》例，增《食货》一门，凡关于人民资生事项之统计，皆入之。要之，编纂大意，务求质实有用、取征后来，叛古之诮，所不辞也。又案《人物》《艺文》两志，指在阐扬，似以博取为当，然为义例所拘，往往不能尽辞。兹别辟《文献汇述》一门，附于志余，亦实斋义例所许也。全志都为五门，其节目条附于后，俾采访有所持循云。[①]

三则表现为：开始真正重视实地调查、采访，并为此在 1926 年 6 月和 9 月先后两度北上，辗转奔波于青岛、掖县等地收集史料，因此留下了《旅次青岛》《掖城怀古》等 23 首记游诗、词。[②]

假如说《掖县新志》的纂成标志着陈训正方志编纂思想的成形，那么，《鄞县通志草创例目》的问世，则就意味着陈氏方志编纂思想的基本定型：①继《掖县新志》五志并列之后，陈训正又将《鄞县通志》的内部结构扩展为"分之则通古今，合之则通人物"[③]的六志，这一谋篇布局及其单独成编、随编随印

---

① 《鄞县通志》首册《编印始末记》小字注引陈训正《掖县志例目草创》，第 4 页。

② 陈训正：《北迈集》，《天婴室丛稿第二辑》（2），1934 年铅印本。

③ 柳诒徵：《鄞县通志序》，《柳诒徵劬堂题跋》，柳定生、柳曾符编，华正书局 1986 年版，第 119 页。

的处置方式，应他是精深评估时局后所采取的未雨绸缪之策：

> 陈训正知此巨著殆非战事爆发以前所能结束，于是商同马瀛，将《鄞志》区为《舆地》《政教》《博物》《文献》《食货》《工程》六志，各自为书，各有起讫，各载序目，使一志编成，急付剞劂，庶不致全功尽废。故《鄞志》体裁，又属新创，不特非寻常县志所可比拟，亦与《定海》《掖县》两志有出入也。①

②基于对"方志之作，与时俱进，无义例可守，且各县地方性未必尽同，人民特殊风趣，今昔迁嬗，往往而异，故志之体裁节目，当随时地为增损，不能划一"②的认知，陈氏既规划创设了《舆地志》"氏族目"、《工程志》等新颖类目，③又将旧式的《食货志》改造成为名称不变但内容全新的门类，诸如此类的构思，尽管后来并未为参纂者悉数承用，却也大体上确立了《鄞县通志》的最终样貌（详参表3-4）。③《鄞县通志》所采用的民间集资、集体编纂、分工合作的运作模式和采访调查、测绘考验、整理统计、编目纂辑、排印校勘的工作流程，④较诸《定海县志》《掖县新志》，不但规划更细密，而且运转更高效。

表3-4 陈氏规划与《鄞县通志》最终样貌之异同 ⑤

陈氏规划	最终样貌	陈氏规划		最终样貌
首册：地图、索引	序、例言等	博物志	3. 矿物	/
舆地志	/	舆地志叙目		4. 杂物	/
	1. 沿革	甲编·建置沿革	/	乙编·工艺制造品

---

① 《编印始末记》，《鄞县通志》首册，第4-5页。

② 《鄞县通志》首册《编印始末记》小字注引陈训正《鄞县通志草创例目》，第5页。

③ 在陈训慈《浙江之县志与省志问题》看来，余绍宋《龙游县志》"氏族一考，广世族之例，撷众谱之英，尤足为志乘之特创"。故疑《鄞县通志·舆地志》中的"氏族目"，大抵受启发于《龙游县志》"氏族考"。

④ 天一阁博物馆所藏《鄞县通志馆收支报告表附单据粘存簿》，对此颇有记载，详参周慧惠：《〈鄞县通志〉编纂详探——以天一阁藏鄞县通志馆收支报告档案为中心》，《浙江档案》2016年第5期，第42-46页。

⑤ 本表取材于《鄞县通志目录》与陈训正的《鄞县通志草创例目》。

	陈氏规划	最终样貌		陈氏规划	最终样貌
舆地志	2. 疆界	乙编•疆界	文献志	/	文献志叙目
	3. 形势	丙编•形势		1. 艺文	戊编•艺文
	4. 山林	丁编•山林		2. 人物	甲编•人物
	5. 海洋	戊编•海洋		3. 选举	乙编•选举
	6. 河渠	己编•河渠		4. 名宦	丙编•职官
	7. 乡区	庚编•乡区		5. 政论	/
	8. 村落	辛编•村落		6. 史事	丁编•故实
	9. 户口	壬编•户口		7. 礼俗	己编•礼俗
	10. 氏族	癸编•氏族		8. 方言	庚编•方言
	11. 土宜	/		9. 风俗	/
	12. 气候	子编•气候	食货志	/	食货志序目
	13. 物产	/		1. 历年食粮统计及食粮价格之升降	甲编•农林
	14. 营建	丑编•营建		2. 历年主要用品价格之升降及其数量	乙编•渔盐
	15. 交通	寅编•交通		3. 历年甬市正辅各币兑价升降及现金贴水涨落之概略指数	丙编•工业
	16. 庙社	卯编•庙社		4. 历年各业工资及其他劳力之代价	戊编•产销
	17. 市集	辰编•市集		5. 历年县产物之供求状况	己编•金融
	18. 名胜	巳编•古迹		6. 舶来品输入种类、数量、价格之概计	庚编•生计
政教志	/	政教志叙目		7. 社会金融历年通滞状况	/
	1. 制度沿革	甲编•历代行政制度沿革		8. 县产历年消长状况	/
	2. 行政	乙编•现制行政		9. 县民现时在籍实在人数及其生殖率、死亡率之比较	/
	3. 财政	丙编•财政		10. 客民现时旅食人数及以后增减之趋势	/
	4. 司法	丁编•司法	食货志	11. 县民各项执业人数比较及其生活状况	/

陈氏规划		最终样貌	陈氏规划		最终样貌
政教志	5. 自治	戊编·自治	食货志	12. 县民贫富阶级概况	/
		己编·公共卫生		13. 劳资纠纷之由来及结果	/
	6. 教育	庚编·教育		14. 近年失业人数概计	/
	7. 实业	/		15. 社会经济衰落状况	/
	8. 交通	辛编·交通		16. 一般之救济论	/
	9. 宗教	壬编·宗教		17. 今昔各种度量衡制之比较	/
	10. 祀典	癸编·祀典	工程志	/	工程志序目
	11. 救济事业	子编·救济事业		/	甲编·建设计划
	12. 党部及人民集合团体	丑编·党部团体		/	乙编·水利工程
	/	寅编·社会现象		1. 市道工程	丙编·道路工程
博物志	/	博物志叙目		2. 公路工程	丁编·公用工程
	1. 动物	甲编·动植矿物类		3. 三塘河浚修工程	戊编·卫生工程
	2. 植物	/		4. 中山公园商会会所等工程	己编·营造工程

末册: 地图 26 张

　　陈训正方志编纂思想的定型，就其成因而论，主要归功于他 1927—1931 年的从政经历。在此期间，陈氏于 1927 年 4 月被任命为浙江省省务委员会委员，[1] 继尔在 1927 年 11 月—1928 年 10 月和 1930 年 12 月—1931 年 4 月间，两度就任杭州市市长，[2] 终乃于 1931 年 6 月任职国民政府文官处参事。[3] 然而，陈氏不但每次任职历时短暂，且其行政作风据说比较保守，也因此备受疵议。

　　[1]《时事公报》1927 年 4 月 22 日《省务委员会正式成立》。需要指出的是，这一任命看似突兀，实则必然，因为当时，其堂弟陈布雷开始受到蒋介石的重用："回首民国十六年四月间，偕其大哥岂怀谒蒋介石于此，当张静江面蒋公称其文婉曲显豁，善于达意。以此因缘，浮沉政海于兹凡二十一年矣。"详参《陈布雷回忆录》民国三十七年条，东方出版社 2009 年版，第 220 页。

　　[2] 赵晨：《国民党统治时期的杭州市市长》，《杭州文史资料》第 5 辑，第 58-65 页。

　　[3] 陈训慈：《陈君岂怀事略》，《晚山人集》，陈训慈整理印行，1985 年抄本。

尽管如此，这五年的宦海生涯，仍不无积极意义——它既丰富了陈训正的人生阅历，又锻炼了陈氏的组织能力，更使陈训正日益清醒地认识到他的才情其实并不适合为官从政，"自是遂息影湖上，以读书著述自娱"，[①] 进而合乎逻辑地将他从官场习得的组织管理经验，运用于对《鄞县通志》的规划和编纂，遂有六志单独成编与随编随印，以及诸如此类的创新之举。

第三节　陈氏方志编纂思想的显著特征

陈训正在编纂《定海县志》《掖县新志》《鄞县通志》的过程中逐渐形成了比较系统的方志编纂思想。对此，柳诒徵先生早在作于 1947 年的《陈君屺怀传》中，就将之概括为"讲求会通""聚焦民生""突显地方特色""重视图表功能""强调明道资治"：

> 修县志三，曰《定海》，曰《掖》，曰《鄞》。起例征故，必其义之大而是邑之特异于他郡县者；彰往察今，断断于生计消息直言之，不尽，则扩以图表，纵午回贯，胥前志未具。一邑也，可方驾异域一国国史，乾嘉以来，名志乘所未有也。……浙东史学炳海宇，史者本于道而达于政，为艺尤阔，承自姬、孔，非浙之私。自章学诚以史才生清中叶，不敢言国史，乃寓其意于方志。君之方志，截然出章氏上。第读其所为方志，犹不足尽。君其"本于道而达于政"，都所著，一也。[②]

柳先生的这一概括虽已相当精准[③]，但至少仍存在两点缺陷。一是概括不够全面，除上列五条外，"崇尚团队分工合作"与"注重实地测绘调查"，其实也是陈氏方志编纂思想的重要组成部分；二是考察不够深入，因而未能觉察到陈氏方志编纂思想既渊源有自，其定型更非一蹴而就。

从历史的角度来看，陈氏方志编纂思想的形成，大体上经历了三个阶段。第一阶段，从 1923 年春到 1924 年末，亦即负责编纂《定海县志》之时。在此

---

① 陈训慈：《陈君屺怀事略》，《晚山人集》附录，1985 年抄本。

② 柳诒徵：《陈君屺怀传》，《晚山人集》附录，1985 年抄本。

③ 附录于《天婴诗辑》的赵志勤《陈屺怀先生平事略》，将之归纳为："志例因而有创，贵在适时，亦复因地而异。"然则较诸柳诒徵《陈君屺怀传》之概括，多有不及。

期间，陈训正由于缺乏相关经验，一方面不得不重点效仿《宝山县续志》，用以组织《定海县志》的内部结构；另一方面也得以避免像当时大多数方志编纂者那样（例如撰写《龙游县志》的余绍宋）深受章学诚方志思想的影响，转而直接采用新式编纂体例，并在此基础上提出了"会通、趋新、质实、简略"的方志编纂理念。只是陈氏的这一理念，不但仅仅着眼于方志的功用，而且在编纂《定海县志》的过程中并未被严格遵循。譬如《舆地志》中的"各区村落列表"与"各村落居民氏族表"有目无辞，固然与修纂经费不足有关，却更该是陈氏未能贯彻"质实"原则而不曾进行实地调查的结果。[①] 正是这类认识上的局限和行为上的失误，使《定海县志》有志"趋新"却又新旧杂陈，意欲"简略"但终究繁简失中。

第二阶段，1926 年 6 月至 1928 年 1 月，亦即负责主修《掖县新志》之时。这部由陈训正独立构思而又独立撰就的方志，虽早已毁于兵燹之灾而难以具体考见其内部构造，却是陈氏方志编纂思想形成过程中承前启后的重要环节。从残存至今的《掖县志例目草创》来看，可知彼时陈氏不仅已然确立了"注重实地测绘调查""讲求会通""聚焦民生""突显地方特色""重视图表功能"等编纂原则，且对《掖县新志》大类目的名称做了较人幅度的调整，其数量也从《定海县志》的 16 个缩减到 5 个（大类目的内涵与小类目的名称、数量和内容，也理当做有相应改变）；至如《文献汇述》的设置，则又充分表明陈训正在坚持"趋新"的同时，开始兼收并蓄章学诚有关方志宜"仿纪传正史之体而作志，仿律令典例之体而作掌故，仿《文选》《文苑》之体而作文征"且"三书相辅而行"[②] 的理念和做法。

第三阶段，从 1933 年 1 月到 1937 年春，亦即负责总纂《鄞县通志》之时。在此期间，陈氏一方面沿着前一阶段的总体思路，从中西、新旧两相结合的角度努力改进《鄞县通志》的篇章结构；另一方面又根据其沉浮宦海的经验，预估时局必将趋于动荡，遂致力于优化编纂、排印等流程，这既使《鄞县通志》在类目设置上更接近于近代学科分类，也为尽快纂成《鄞县通志》指明了方向。

---

① 事实上，陈氏本人亦尝有"异县羁旅之士，足迹未亲三乡，耳食不饱腹中"之抱憾。详参陈训正：《例目》，《民国定海县志》卷首，第 433 页。

② 章学诚：《外篇一·方志立三书议》，《文史通义校注》卷 6，叶瑛校注，中华书局 1985 年版，第 571 页。

就在《鄞县通志》行将脱稿的 1936 年 4 月，陈训正又被委以主持编纂《慈溪县志》的重任，[①] 并随即"综为舆地、政教、文献、工程四志四十五编"，唯因次年"抗日战起，事竟中辍"，[②] 然考其《慈溪县志草创例目》有云：

> 兹依据新修《鄞县通志》立目，……《鄞志》分舆地、政教、文献、博物、食货、工程六门，吾邑可省博物、食货二门，以博物附入舆地门之物产类，食货可附入政教门之财务类，拟定舆地、政教、文献、工程四大目。各大目之子目，亦照鄞例增削。[③]

由此可见，《慈溪县志》即便有幸问世，其编纂体例也因全以《鄞县通志》为蓝本而缺乏新意。这就从反向证明陈训正的方志编纂思想已然定型于总纂《鄞县通志》之时。

据说民国学者之所以普遍关注方志创新，与梁启超对传统史学的猛烈抨击息息相关，尤其深受梁氏"新史学"的核心观念——"进化论"和"地理环境决定论"——之影响。[④] 陈训正对方志编纂理论的探索，是否也与梁氏的"新史学"有关，因史载阙如而不得其详，但可以肯定的是，陈氏确实深受"进化论"这一外来学说的影响，并据此探讨方志的功用及其走向，如其《与余岩书》云：

> ……仆窃以为方志之作，所以表著地方文物嬗进之迹，彰往开来乃其先务。而前人最录，博而寡当，非综核之实，虽以章实斋、恽子居之贤，其所持论，不能无偏，此亦时之风趋使然，不足怪，不足怪！使二贤者居今之世，成今之书，仆有以知其必不尔也。故眊然敢于反古，尽吾所知而务之，虽未敢自谓创作，要其用心之所至，立一时之条例，矫从前之习尚，自不同于应声逐响者流。[⑤]

此外，见诸《鄞县通志》，亦有"脱使土地之上，终古而无人物，则此块

---

① 《慈县重修县志，聘陈屺怀为总编纂》，《时事公报》1936 年 2 月 6 日第 2 版。

② 陈训慈：《陈君屺怀事略》，《晚山人集》附录，1985 年抄本。

③ 陈训正：《慈溪县志草创例目》，《文澜学报》第 2 卷第 1 期，1936 年 3 月 31 日，杭州古旧书店 1987 年影印本，第 5 页。

④ 黄燕生：《傅振伦与民国方志学》，《中国历史博物馆馆刊》1994 年第 2 期，第 8-17、63 页。

⑤ 陈训正：《与余岩书》，《庸海二集》，《天婴室丛稿》第 1 辑（8），第 350-351 页。

然而静者，亦将终古不离犹獉之域，进化云乎哉”^①之论断。然而，尽管陈氏乐于汲取包括“进化论”在内的异域文明，用以填补自身知识的不足乃至空白，但由于语言不通、文字不识等各种缘故，他在涉足方志领域之初对新型方志的了解，并非源自对近代西方科学新知的直接接触，而是主要通过研读《宝山县续志》这类深受“西学”影响的新型方志。

事实上，陈训正非但未尝直接接触近代西方科学新知，而且大致从编纂《掖县新志》开始，一方面坚持辗转了解“西学”并据以探寻志例创新之道，另一方面又日益明显地倾向从传统学术中汲取养分，对“文献”内涵的诠释及其对《鄞县通志·文献志》的构建，就是其中的典型例证：

> 郑玄释“文献”为“文章、贤才”，较朱熹之训“典籍、贤人”，厥谊为长。盖三代所谓“文”，非仅指简策而言；而“献”，即识大之贤者与识小之不贤者，非独性行善也。故“文”之著于文字者，曰典籍，曰金石；“文”之著于语言者，曰俗谚，曰谣歌；“文”之著于周旋动作者，曰典礼，曰风俗。“献”之产于本土者，曰选举，曰列女；“献”之来自异地者，曰寓贤，曰职官，曰名宦；“献”之游方以内者曰人物，“献”之游方以外者曰释道，而以大事纪汇著其遗迹焉。此方志所以详列各门，以供后来者之稽征也。今综核人物、选举、职官、故实、艺文、礼俗、方言七类，而编为《文献》一志。^②

陈氏方志编纂实践的这一动向，与其说暴露了新旧杂陈如陈训正者的保守心态和卫道本相，毋宁谓为民国方志编纂者在熟悉“西学”利弊得失之后，客观理性地探寻方志编纂体例与叙事结构两相平衡的有益尝试（惜乎仅止于中西兼有、新旧杂陈）。事实上，至晚自 20 世纪 20 年代后期起，力求中西集成、新旧结合的认知和做法，非但不止方志一端，抑且不绝如缕。

---

① 《人物一》，《鄞县通志》第四《文献志》第一册甲编上，第 15 页。

② 《鄞县通志》第四《文献志叙目》，页 1。《文献志叙目》虽非成于陈训正之手，但既然《文献志》无论名称抑或框架，均系陈氏所拟定，则《文献志叙目》对“文献”内涵的诠释，自当与陈氏本意相吻合。

第四章　陈训正文学思想刍议

　　协助宁波知府推广新式学堂的清末举人，全程参与辛亥宁波光复的主要功臣，主持编纂民国《定海县志》《掖县新志》《鄞县通志》的方志名家，合作创办并具体负责《宁波白话报》《天铎报》《商报》日常事务的著名报人，抗战时期的浙江省临时参议会议长，诸如此类的身份，使得慈溪人陈训正顺理成章地成为近来不少学者的研究对象，论述其教育观念者有之，评骘其方志成就者有之，意欲全面梳理其生平者亦不乏其人。尽管如此，以陈氏诗文成就为专题考述对象的研究成果，迄今仍付诸阙如。是以不揣浅陋，拟在编列《陈训正年谱》、整理其《天婴室丛稿》的基础上，按时序、分阶段考察陈训正的文学创作轨迹及其文学观念的嬗变流程。

第一节　从政意愿受阻与陈氏早期诗作的特征

慈溪官桥陈氏家族传衍至前清光绪初年，主要通过贩卖茶叶于浙赣两地及与江西本地人合办典当行与钱庄，[①] 得以成长为"中人之家"。[②] 然而，乃祖陈士芳在光绪十二年（1886）的去世，却极大地改变了陈训正的人生轨迹：

> 曾祖……欲府君世其业，议令入宁波某钱肆为徒，已成约矣，而曾祖考又弃养，某肆遽爽前约。时先三叔祖考依仁公甫弱冠，府君才十五龄耳。地多无赖，戚族失援，叔侄茕茕，相依为命。依仁公卒以家事琐屑自任，而命府君专心读书。[③]

据陈训正自叙，可知他在弃贾业儒后，"始从竹江袁先生受《诗》"，[④] 在光绪十五年（1889）八月袁寿彝"旅卒于杭州"[⑤] 后，又改而师事芳江柳镜斋先生（？—1920）。[⑥] 相比较而言，求学袁氏门下虽历时短暂，却不但得以结识陈镜堂（1867—1908）、郑念若（？—1908）两位知己，而且在质疑乃师《诗》说的过程中，陈训正逐渐确立了不乏真知灼见的《诗经》观，其《天婴诗辑·序》云：

> 先生说《诗》主宋儒，诸凡稍涉绮靡之辞，辄曰："此男女相说之辞也，此淫奔者所谓也。"余意孔子放郑声，而于《诗》独不删淫乱之作，是何也？怀疑于心，不敢反问。时刿山陈君晋卿，在竹江门称都讲，余私焉，刿山亦谓朱说非诗人之本谊。既获交郑光祖念若，与同馆席。……见余方治《诗》，谓之曰："读书当自得师，勿为宋人诞妄者所毒！"余知其意在朱氏，因以向疑者质之，念若大喜曰："子真吾友也，可与论《诗》矣！"自是益坚。

---

① 《陈布雷回忆录》民国八年条，东方出版社 2009 年版，第 90 页。

② （清）杨鲁曾：《官桥陈氏义田会记》，《光绪慈溪县志》卷 5《建置四·善举》。冯可镛修、杨泰亨纂：《中国地方志集成·浙江府县志辑》（35），上海书店 1993 年版，第 132 下栏、133 页上栏。

③ 陈建风、陈建斗、陈建尾：《训正行述》，《民国人物碑传集》卷 1，卞孝萱、唐文权编著，凤凰出版社 2011 年版，第 22 页。"十五龄"原误"十三龄"，兹据陈训正生卒年（1872-1943）推算，加以改正。

④ 陈训正：《天婴诗辑·序》，陈训慈整理印行，1988 年。

⑤ 陈训正：《袁先生传》，《哀冰集》，《天婴室丛稿》（4），《近代中国史料丛刊正编》第 63 辑，沈云龙主编，文海出版社 1972 版，第 206-207 页。

⑥ 陈训正：《朱母七十寿诗叙》，《无邪杂著》，《天婴室丛稿》（3），第 168 页。

由此可见，陈训正《诗经》观的显著特征，就是绝不盲从宋儒（甚至汉儒）对《诗经》的诠释，转而直接从《诗经》本身乃至从民间歌谣中发掘其微言大义。由此而导致的结果则是，陈训正的早期诗歌创作既"称情而出"又"好逞怪诞，不尚声律"，也无怪乎"誉之者谓为秦汉杂谣歌辞，毁之者则曰索隐行怪，非大方之作"。[①]

如同绝大多数传统文士，入世事业在陈训正的人生实践当中占据核心的位置，这一价值取向又与当时日益高涨的救亡图存思潮两相结合、交互作用，促使陈训正在继续习经、备考且中举于光绪二十八年（1902）的同时，积极汲取西洋新知，进而大力宣扬"新学"以开启民智；1903 年 11 月，在上海与钟宪鬯等人合作创办《宁波白话报》并任主编，便是其中的显著事例。[②]也因此，陈训正被新任宁波知府喻兆蕃提拔为推行新式教育的得力干将，[③]尔后又在宣统元年（1909）当选为浙江省咨议局议员。[④]而且这一良好的发展势头，虽因陈训正在 1910 年 4 月慈溪毁学事件中处理不当而一度受阻，但在事后不久，因陈氏加入同盟会而峰回路转，最终以同盟会宁波支部副会长兼宁波保安会副会长的身份，全程参与辛亥宁波光复之役。[⑤]事实上，从 1903 年开始协助喻兆蕃推广新式教育到 1911 年 11 月 5 日宁波光复为止，无疑是陈训正宦海生涯中最为得意的岁月；对陈氏来说，这期间创作诗歌，充其量只是业余爱好。

陈训正诗情的勃发，始于辛亥宁波光复后不久。当时，身为辛亥宁波光复主要功臣的他，在宁波军政分府成立后的短短十余日内，甫被举为财政部

---

① 陈训正：《天婴诗辑·序》，陈训慈整理，1988 年抄本。

② 五长：《从〈宁波白话报〉谈到本报》，原刊《宁波人周刊》，今收录于《近现代报刊上的宁波》，第 496-497 页。一九〇三年，原误作"一九〇五年"，兹据蔡乐苏《宁波白话报》改正。蔡氏此文，见载于《辛亥革命时期期刊介绍》（1），丁守和主编，人民出版社 1982 年版，第 431-440 页。

③ 陈训正：《哭萍乡·叙》，《秋岸集》，《天婴室丛稿》（5），第 237-238 页。

④ 《申报影印本》1909 年 6 月 21 日《各省筹办咨议局·初选举开票（浙江·各属）》，上海书店 1983 年版，第 100 册，第 739 页。

⑤ 陈训正、马瀛纂：《辛亥宁波光复记略》；《鄞县通志》第四《文献志》第四册丁编《故实》，宁波出版社 2006 年版，第 1336-1339 页。

长，旋即降为参议员，[①] 尔后又被迫辞职，[②] 于是不得不重操旧业而奔走于上海、宁波之间，或返甬创建（主持）学校，或赴沪主管报纸杂志（详参表4-1），并因此拥有更多的闲暇和更强的意愿去表达内心的感触。换言之，从政以建功立业的愿望在宁波军政分府成立后彻底破灭是促成陈氏诗情勃发的关键。

表 4-1　陈训正 1911—1920 年的主要行迹

时间与地点	行迹	出处
1911 年底宁波	与陈谦夫等人合力筹建效实学会、效实中学	方子长《陈谦夫与宁波的教育卫生事业》（《宁波文史资料》第 8 辑）
1912 年夏上海	与赵家艺等人创设"平民共济会"，发行《生活杂志》	陈训正《赵君林士述》（《塔楼集》，《天婴室丛稿第二辑》(1)）
1913 年 8 月宁波	始任"旧宁属县立甲种工业学校"（原宁波公立中等工业学校）校长	陈训正《工校十年度豫算表书后》（《天婴室丛稿》之六《逃海集》）
1917 年秋宁波	应邀参与筹建佛教孤儿院	陈训正《白衣院屠母功德碑》（《天婴室丛稿》(5)《秋岸集》）
1920 年 12 月上海	协助汤节之等人创办《商报》，并任《商报》总稽核	《陈布雷回忆录》民国九年条

辛亥以来陈氏所作诗歌，虽不乏"里讴野唱之流响"，[③] 但无论形式抑或内容，均呈现出应有的多样性。其中数量最多的诗篇，大概是与冯君木、应叔申（1872—1914）等友朋的唱和与对好友的惦念、祝福、缅怀，例如《谢寒庄叙诗》：

我诗哀苦不堪读，每抱空山坐独弦。

偶欲从君托千古，可能与俗语同年。

声情邈邈栖秋耳，奖借深深入世怜。

①　《申报影印本》1911 年 11 月 8 日《宁波光复记》、1911 年 11 月 20 日《甬军政府选举职员》，第 115 册，第 116、290 页。

②　陈训慈：《陈君屺怀事略》，《晚山人集》附录，1985 年抄本。

③　陈训正：《天婴诗辑·自序》，陈训慈整理，1988 年抄本。

自是高文能起废，肉人应有骨缠绵。①

　至如《杂讽》诸诗对时事的记录和点评，则又有助于后人了解白朗之乱（1911年10月—1914年9月）对百姓生活的侵扰及袁世凯政府的军纪败坏：

三月不雨愁翻河，天枯日老将无那。

西来行客夸异数，为言亲见金嘉禾。

乾雷五日三日风，禾人坐叹崩圩中。

官幸不闻闻且怒，册书乍降褒岁功。

淮南鸡犬尽仙侣，天台鱼鳖都上头。

可怜越王生聚地，无边白骨生莽丘。

劝君莫读五车书，读书徒识忧患字。

人间黄金可买勋，万头争看绣衣使。

金章累累刻文虎，谁知西山虎更痴。

白颠赤额争人食，尔不能仁独文为。

大部发书急军储，末吏捧书喜不如。

上算鱼盐下薪米，榷多令我无宁居。

相公龙钟坐筹边，猛将如云屯边去。

妖妾艳妻那得抛，金珠拥上西征路。

昨日寇围老河口，今日捷报荆子关。

①《无邪诗旁篇》，《天婴室丛稿》（2），第102页。此诗理当作于收到虞辉祖《陈无邪诗序》之后，而虞辉祖（1865-1921）在将《陈无邪诗序》录入《寒庄文编》时，明言该文作于1918年，《谢寒庄叙诗》亦当作于该年。

寇来不得完家室，寇去妻子犹愁颜。

　　征西之军万熊罴，西人壶浆来迎师。

　　岂知穷寇出门日，又见官兵喋血时。

　　三年流转无休息，行贾坐贩相愁叹。

　　去时大水今时旱，来时茫茫更大难。①

　　在应叔申看来，这些被收录于《无邪诗存》的诗作，以"五古最有功夫，乐府亦刬刬出光气，奇警而几于自然，皆足以虎视一时。次为七律，又次为五律。七绝、七古最下，七绝往往失之佻率，七古往往失之散漫"；而徐韬则认定陈氏诗风曾经发生从"拟古"到"仿宋"的转折：

　　　　天婴自谓"三十以前未尝学律，五古、乐府得力于风谣"，读其拟古之作，信之矣！近作稍入宋人具茨、陵阳、眉山诸家。天婴又言"平生实未读宋人诗"，此欺耳，余不敢信。

　　但相比较而言，虞辉祖所秉持的"感时伤物、不能自己而有作"②之说，无疑更为精准。事实上，陈训正的早期诗篇，即便是那些泛泛应酬之作，例如《平阳王子澄谢职鄞县，县人饯于愒园，即席赋呈》，也往往显现出其忧时愤乱的情怀，③无怪乎被誉为近代"甬上诗人之绝出者"④。

---

　　①　《无邪诗存》，《天婴室丛稿》（1），第36-37页。该诗在简述民初（1911.10-1914.9）白朗作乱背景的基础上，既描写了这场动乱对百姓生活的侵扰，更辛辣地讽刺了袁世凯北洋政府的腐朽及其军纪败坏，故当作于这场动乱被镇压之后，亦即1914年9月以后。

　　②　虞辉祖：《陈无邪诗序》，《寒庄文编》卷2，1921年铅印本。例如《嗟嗟有生行，为裘少尉作》（载《无邪诗存》，《天婴室丛稿》（1）），其诗"叙"云："倭人易我以兵，要我二十一事。我弱无可战，竟许之。平陆军少尉裘奋耻之，谓所部曰：'是我军人之辱也。'于是遂自杀。陈子闻而悲之，为赋是篇。时四年六月。"

　　③　按《无邪诗旁篇》载曰："荆公迈绩非寻常，谁其嗣者平阳王。干侯作宰期而已，岂有奇术为官方。不须戴星勤出入，尽日鸣琴坐堂皇。老学于今得治理，千烦百剧俱无当。制履好期足知适，结带贵能腰与忘。……熙宁吏事归手宝，嗟尔有心徒彷徨。不敢十年期是聚，岂知一旦空贤良。攀衣牵肘留不住，王侯竟去秋无光。愒园蒲柳早零落，犹存傲菊当离觞。把侯袂兮酌侯酒，侯不复兮我心伤。"又考《鄞县通志·文献志》丙编《职官·历代职官表一》云："王理孚字志澄，温州平阳人，虞贡，民国五年十二月二十三日任。……王家琦，……民国六年十月二日任。"据此，可断定此诗作于1917年10月2日之前。

　　④　虞辉祖：《冯君木诗序》，《寒庄文编》卷1，1921年铅印本。

第二节　陈氏文学创作重心的转移及其后续动向

陈训正的早期文学创作虽明显偏重写诗，但早在 1903 年就已创作白话文，[①] 而且大约从 1914 年起，又应邀为亲朋好友撰写墓碑、寿词、诗序等各种形式的文章，[②] 并因此而有《郑荇泹先生诗序》《代张寿镛颂人五十寿》诸文问世，[③] 降及 1919 年，更在批判虞辉祖"涓涓"说、张于相"尚洁"论的同时，明确提出了力主博采众长的"浑浑"说：

> 于相之言文也，曰洁而已。余曰洁非尚也，润焉而已乎！……耦乎于相而以洁称者，曰含章虞君。余尝戏之曰："以汝之洁与余之浑，孰胜乎？"含章曰："洁胜。"曰："以汝之涓涓与余之浑浑，孰胜？"含章曰："不可知。"余曰："以汝之涓涓与余之浑浑，则不可知，然则汝之涓涓、余之浑浑，孰函乎？"是含章曰："涓涓者，不可以入也。"余曰："然也浑浑者胜汝矣！"今于相之洁，犹含章之涓涓也。……夫黄河、渤海，导其原者，昆仑也。昆仑之原，未始非涓涓者也。使于相而不以涓涓者是限，则其为黄河、为渤海，而非涧溪之润也！……于相之不能河海，其润之量不足耳！量不足，润不能成河海。仲尼有言："四十五十而无闻焉，斯亦不足畏也已！"于相今年四十，使于相而犹以涓涓者限也，余亦何畏乎于相！[④]

尽管如此，彼时陈训正所写作的文章，不仅数量较少，而且尚未像其诗歌那样，引发时人的广泛关注。

陈训正文学创作重心由诗而文的转移，大抵始于 1920 年 12 月赴沪主持《商报》后不久。就其成因而言，虽与当时陈氏捉襟见肘的经济状况密切相关，

---

① 五长：《从〈宁波白话报〉谈到本报》，可见《近现代报刊上的宁波》，第 497 页。

② 按，陈训正《致沙孟海札》云："孟海老弟鉴：……叔申未葬，乃弟季老本拟稍事烜华，现因季老中风卧床，恐再迟，并棺木亦无处找寻，遂草草埋葬。惟墓碑略题数字，嘱忾亲写。……忾怀自即。"兹据应叔申的生卒年（1872-1914），并据文意，足以确定该文作于 1914 年。详参沙韦之主编：《若榴花屋师友札存》，西泠印社出版社 2002 年版，第 6 页。

③ 前文乃应老友洪允祥（1874-1933）之请，而作于其舅郑廷琛（1859-1915）卒后不久，并以全书之序的形式，被收录在郑廷琛《荇泹遗稿》之中；后文乃受张寿镛（1876-1945）之托，为恭贺虞洽卿（1867-1945）五十大寿而作于 1916 年。分别详参《无邪杂著》，《天婴室丛稿》（3），第 153-154、161-165 页。

④ 《无邪杂著》，《天婴室丛稿》（3），第 160-161 页。

但关键还在于《商报》总稽核这一工作岗位，需要他尽快建立并维持与上海滩各界头面人物的联系，撰写阿谀应酬之文，无疑是当时陈训正最主要的交际手段，在其《答李审言先生书》亦有所交代：

> 国变以还，躁夫竞进，君子道消，益复不敢自放，戢影里庐，日惟樵唱牧讴相和答，白眼青天，更何所冀幸。顾乱世微生，食穷尤难，朋僚垂闵，牵曳出山。旅沪二年矣，媚生谄鬼，卖文求活，蕉萃生涯，汔无长进，琳琅满匦，不投众好，徒以周旋既久，不惜分马俸鸎粮之余以为我畜，此江湖鬻技者所羞也。①

平心而论，那些应酬之作中其实不乏观点新颖、论证有力的佳构。譬如《书粹华制药厂出品目录》，虽意在宣传药品，但有助于后人了解该厂制药工艺的开创性及其历史作用的独特性："药之用虫石五金，非自今始，其由来盖数千年矣。积验以致物，纵非神农氏之旧，要其时必有煮炼之功，特今失其传耳。上海粹华制药厂用欧法煮炼吾国药物而剂合之，试有效矣！将以某月日发行，先时具说帖，传告遐迩。余惧夫闻者之惊怖其事，以为创而亡征也，于是乎言。"②

也就在这一阶段的后期（1925—1926），陈氏又对作词产生了浓厚兴趣，并为此虚心向况周颐（1861—1926）、朱孝臧（1857—1931）这两位新朋友请教作词之法：

> 今年春，游海上，始获交临桂况蕙风太守、归安朱强邨侍郎。二先生者，挽近海内词学大家也。明珠出海，枯岸借辉，余请益焉。自是复动凤好，春夏以来，辄有谣咏，裒得一册，题曰"抹丽"。……乙丑

① 《庸海集》，《天婴室丛稿》（7），第282页。审言先生，即李详（1859-1931）。沈其光《瓶粟斋诗话》初编卷七云："兴化李审言先生，博闻强识，于学无所不窥，享海内重名数十载，晚号鼺叟。其诗大抵源于《骚》《选》，而汪洋肆衍于杜。……民国辛未，年七十三卒。"

② 《庸海集》，《天婴室丛稿》（7），第270-271页。据黄瑛《近代上海著名中医实业家李平书》（刊《中医药文化》2011年第3期）考证，由李平书创办于1921年的粹华制药厂，乃上海第一家现代中药制药企业，其存续虽仅三年，却改变了传统手工加工中药、中成药的方式，可谓是近代上海中药工业化生产的先驱。又考吴承洛《中国之化学药品及化学原料工业》（《经济建设季刊》1943年第一卷第四期）云："以中药制成药水，用时只需混合，不待煎煮，此乃民十一年上海粹华制药厂等之企图。"是知《书粹华制药厂出品目录》作于1922年。

（1925）八月，玄翁识于沪北庸海庼。①

事实上，陈训正在 1927 年 5 月之前所作诸词，除 56 首载于《抹丽词》外，至少尚有《紫荑词》所录 30 首。然而，也正如其《紫荑词》自序所体悟的那样，这些词作虽在格律上日臻完备，却与其精神追求渐行渐远：

> 乙丙之际（1925—1926），踵蹈四方，旅居无惺，辄以词程日，心与声会，失律渐鲜。然人事益工，天事益远，诗人浩荡胸襟至此而极，其变非所喜也。舍其夙好，徇此绮业，辟之博弈，犹贤乎已尔。

实际情况亦复如此，使陈训正得以在 1920 年代中前期的上海文坛占据一席之地的文学作品，并非其"人事益工"的"绮业"，而是那些足以"浩荡胸襟"的"夙好"。

从自今而古的角度来看，彼时上海文坛内外对陈氏文章的评价，大体上可分为两类。一类以骈文大师李详为代表，注重发掘其内在的学术价值，概括陈氏文论特征及其文学创作思路，进而界定其在浙东文学史上的地位：

> 陈君之文，纯正而肆者。其论文，贵乎法古而惩夫下究。所谓下究，指其奉一为师，如子孙之敬礼祖若父，如奴仆之侍其主，不敢稍易视听。……窥君之意，殆欲积理以驭巧，不专怙力与气，轶于埃壒之外，旁薄而无际，则文中仍有君在，不仅如黎邱之鬼、偃师之戏，效其形状而已。……君乃以娴雅绵密，上继西溟，吾知桐城之焰将熸，后有选文钞与文录者，安知不取君为重！②

称陈氏论文"贵乎法古而惩夫下究"的这一概括，其实与陈训正所自持的"浑浑"说若合符节，而将陈氏视为浙东文坛巨子姜西溟（1628—1699）衣钵传人的这一定位，后来更为章门大弟子黄侃（1886—1935）所继承与发扬。③

---

① 陈训正：《末丽词·自序》，《天婴室丛稿第二辑》（3），1934 年铅印本。因而在况氏遗作中，可见陈训正在此期间，既曾与况周颐相互间赋词寄贻，又尝与洪曰湄、冯君木专程前往苏州拜访况氏。详参况周颐：《况周颐集校注》，秦玮鸿校注，上海古籍出版社 2013 年版，第 467、471-472 页。

② 李审言：《读慈溪陈无邪文书后》，原刊宁波旅沪学会《宁波杂志》第 1 卷第 1 期，今可见《民国珍惜短刊断刊·上海卷》卷 21，全国图书馆文献缩微复制中心，2006 年，第 10228-10230 页。此文后被删改为《叙无邪杂著》，并被置于《天婴室丛稿》（3）《无邪杂著》卷首，但文字有所差异。

③ 黄侃：《陈玄婴先生六十寿序》，《天婴诗辑》附录，陈训慈整理，1988 年抄本。

另一类则偏重肯定其社交功能，不但请托吊死贺生者纷至沓来，就连北伐军总司令蒋介石，也曾请陈训正捉刀代笔。

第三节　曲学阿世的治学取向及其负面作用

然而，陈训正其实并不具备足以独当一面的政干吏能，这使得他虽贵为浙江省府委员，但充其量只是签字画押的政治花瓶，[①] 并因此受到张默君汇款案的牵连，[②] 也使之在首次任职杭州市市长后不久，便不得不主动辞职。1929年底，有名曰"寒同"的陈门弟子，在为陈氏诗集《缆石秋草》作"后记"时，既称乃师身居高位实则愧偏，又认定《缆石秋草》所录诸诗折射出陈训正当时进退失据的内心苦痛：

> 此先生十八年秋所作诗也。仆时闻比兴，粗解指归。歌以当哭，知阮籍之途穷；笔而为笺，愧任渊之材短。先生自十六年春莅政浙府，至十七年冬去职，凡十有八月。其时，……三总常务，两权民政。又以杭市草创，同在都会，不别置长，兼以摄行。……彼方谓饰刍灵而事鬼，不必责其似人，奉木偶以登场，所贵牵之由我，而先生不知也。放慈航于人海，时触逆潮；休嘉荫于学林，又逢恶木。心如止水，何来覆水之忧；利欲断金，反实烁金之口。此先生之所以去乎？[③]

但寒同此说似是而非。陈训正在从政期间或许确实曾因壮志难酬而备受煎熬，但在 1928 年 10 月离任之后，其心态已然换作为当年率性辞职而悔恨不已，进而否定之否定，不但欣然接受新任浙江省主席张难先的邀请，于1930年 12 月底再次就任杭州市市长，[④] 而且愈益明显地表现出曲学阿世的治学取

---

① 仅据《浙江省政府公报》加以统计，陈训正在 1927 年 6 月初至 7 月 27 日的短短两个月内，就与马叙伦、蒋伯诚等人联名签署了多达 103 份的各类政令和文件。

② 《时事公报》1927 年 8 月 28 日《张默君汇款按之甬闻》。

③ 寒同：《缆石秋草后记》，《缆石秋草》，《天婴室丛稿第二辑》（8），1934 年铅印本。

④ 陈屺怀：《杭州市政府二十年一月至六月施政方针》，《市政学刊》1931 年第 4 期，第 1-18 页。

向，既曾与毛思诚合作整理蒋介石的个人文集《自反录》，[①] 尔后又从 1932 年夏季起，着力编纂《国民革命军战史初稿》，[②] 用以配合蒋氏强化个人集权的迫切需要。[③]

与曲学阿世取向相伴而来的，则是陈训正心态上的故步自封，《天婴室丛稿第二辑》（4）《炎虎今乐府》后序，无疑正是此一心态之外露，其词云：

> 右杂歌谣尝为弟子辈纂去，登于报端。南海叶玉虎见之，抵书仲弟畏垒，询炎虎何人。盖诧为奇构也。余曾赋《哨遍》答之[④]。今年，玉虎复来书索词稿，云将辑《后箧中词》，而与余始终未晤也。感其意，为志数语于此。十九年三月，玄父书。

而陈氏本人的转变，又连带影响时人对其诗文的评价，由早年应启墀、陈三立等人的客观评判，[⑤] 一变而为黄侃等人的壹意奉承，遂被吹嘘成足以力挽狂澜的文学宗师、同期无出其右的史学巨匠："近代古文正宗，咸曰桐城，祖述其法者盈天下，……非之者未始乏人，唯先生之言镌切最甚。……得先生之说，不独可以救桐城末流之失，……数年前，侃始得读先生所撰《定海县志》，观其编制条例，迥异于向来郡书地里之为。……使域中千余县皆放此而为之，不特一革乡志国史之体制，实即吾华国民史之长编。……如先生者，能

---

① 该书汇集了民初至民国二十年间蒋氏自作及其幕僚代笔的文电、函牍、讲词等，共计两集 12 册。详参万湘容、干亦钤：《民国时期宁波文献总目提要》，浙江大学出版社 2015 年版，第 270 页。又，《古镇慈城》第一辑所载秦十二《"贞社"一段历史》也曾提道："1934 年辛亥老人陈屺怀受北伐军总司令蒋介石委托，汇编北伐期间的文稿和电讯稿，要编一佚《自反录》，由蒋出资在慈湖后面姜家吞建一幢三开间的小洋房，偏屋三间作为厨房、厕所，随将资料运来。陈屺怀在其中花了两年功夫编就，并附有照片。"

② 陈训慈、赵志勋：《热心兴办宁波地方教育的陈屺怀》，《浙江文史集萃》（教育科技卷），浙江省政协文史资料委员会编，浙江人民出版社 1996 年版，第 180 页。

③ 流传至今的档案材料与既有的相关研究成果皆表明：蒋介石自从 1930 年中原大战以来，就以中央集权作为政府改革的基本方向，而在 1932 年初重新上台后，其集权意愿更趋强烈。详参《蒋介石言行录》，上海新民书局，1933 年，第 42 页；《蒋介石日记》（手稿本）1932 年 6 月 30 日、8 月 18 日、8 月 31 日，美国斯坦福大学胡佛研究所藏；刘大禹：《蒋介石与中国集权政治研究（1931-1937）》，浙江大学出版社 2012 年版，第 86-90 页。

④ 此所谓《哨遍》，《紫萸词》中的《哨遍（有见余今乐府者，问"玄翁"何人？戏拈是阕答之）》，《天婴室丛稿第二辑》（5）。

⑤ 详参《诸家评议》，《天婴室丛稿》，第 1-2 页。

为乡史示准绳，即能为国史成型范，此则在位者所未宜忘者也。"①

1920年7月，陈训正在撰写《哀冰集》序时，明确交代了入世事业与诗文创作在他心目中的孰重孰轻：

> 少日自负许，谓士生斯世，诗文而外，自有事业在。故偶有所述，辄弃去，不甚爱惜。今已矣！四十五十，忽忽无闻。自念生平，舍此无复高世，因立斯集，以时次弟，徂春历夏，都得诗文若干首，题曰"哀冰"，识所始也。②

其实也就从1911年底起，对现状的不满和对功名的向往，构成了陈训正内心世界的基本图景。假如说虞辉祖在1917年所觉察到的"其诗多幽沈郁宕之音"，③ 只是反映了陈训正对生存处境的强烈不满，那么，陈氏《国民革命军战史初稿》所谓"仁湖蒋公，缵述宗哲遗志，提师出疆，声讨有罪，正义所昭，阴晦咸豁，东征北伐，所至底功，诸不率者，以次敉平"④ 云云，则又标志着陈训正彻底完成了向御用文人的蜕变。这一角色转换，虽然不可避免地弱化了其诗歌的价值，但对陈氏来说，这是可以欣然接受的代价。

---

① 黄侃：《陈玄婴先生六十寿序》，《天婴诗辑》附录，陈训慈整理，1988年抄本。此外，1931年12月，鄞县县立高级工科中学在恭祝其前校长六十大寿的贺词中，也曾将陈训正誉为当代循吏、海内文宗。详参《陈前校长六十寿言》，《鄞县县立高级工科中学二十周纪念册》附录（2），浙江省宁波市鄞州区正始中学图书馆藏。至如徐震《与陈屺怀先生论文书》，虽重在表达自身对文学的理解，但它对陈氏文才的推崇，亦有夸大不实之嫌。《浙江省立图书馆馆刊》第4卷第5期（1935年10月31日印行）。

② 《哀冰集序》，《天婴室丛稿》（4），第187页。

③ 虞辉祖：《冯君木诗序》，《寒庄文编》卷1，1921年铅印本。卷首目录明言该诗作于1917年。

④ 陈训正编：《国民革命军战史初稿》，《近代中国史料丛刊正编》第79辑，沈云龙主编，文海出版社1972年版，第1页。

第五章　陈训正与近代宁波地方教育

　　鉴于现有研究成果对陈训正教育实践的梳理和教育观念的概括莫不存在这样那样的问题，笔者在细读陈氏所有传世诗文集的基础上，拟结合废科举兴学校制度代谢、甬地政潮起伏之外缘探讨与陈训正心志才情之内缘，按时序、分阶段考察陈氏兴学办校之迹，进而检讨其教育实践的成败得失，剖析其教育理念的渊源与局限。

第一节　力倡新式教育的清末举人

　　尽管陈训正通过攀缘科场阶梯而脱离社会底层，却不但早就认定八股取士制度必将被废弃，更与慈溪县境内的诸多提倡新式教育者，常聚会于三七市的董家和叶家：

　　　　其时维新变法之议甚盛，先考及大哥均以为八股必废，故不欲予先习四子书，而以五经立识字为文之根基。……是时吾乡董、叶二氏为提倡新学之中心地点，叶经伯先生及董子咸、子宜二先生均轻赀财、好宾客，吾邑有志改革之士，如陈山（密）、钱去矜、魏仲车、钱君翮、胡君诲诸先生与大哥等，常常会其家。①

　　从 1903 年 11 月起到次年下半年，陈训正更在与人合办于上海并担任主编的《宁波白话报》上，②通过选刊《小学教育问答》《论女人家应该读书的道理》《论实业的教育》诸文，不但设计出一个比较完整的小学教育方案，而且大力呼吁重视女子教育，甚至提议创办徒弟学堂和实业补习学堂。也正因为陈氏身为举人又热衷于新式教育，故当卢洪昶（1856—1937）等鄞县士绅联名恳请"捐建农工小学，收教堕民"的这一上奏在呈请农商部代奏而于光绪三十年（1904）十月获批，并于次年设立育德初等农工学校之际，他不无偶然却又合乎逻辑地受邀"总持"该校的校务。③

　　主要分布在绍兴、宁波两地的堕民，尽管其起源众说纷纭且至今仍难认定，但它身处社会底层并世代从事诸如捕蛙、编织竹器、剃头、抬轿、充当伴娘之类的贱业，④却是不争的事实。对于这类贱民，清廷早在雍正元年（1723）九月，就已应两浙巡盐御史噶尔泰之奏请而下诏废除其贱籍，⑤尔后在乾隆三十六年（1771），又明令改籍后凡连续四代"本族、亲支皆系清白自守者，准报捐应试"，⑥然而，由于深受传统等级制度和等级观念之禁锢，同时也因为堕民严重缺乏改业从良的谋生手段，因而这两项诏令其实并未贯彻落实。⑦

---

① 《陈布雷回忆录》光绪二十四年条、光绪二十八年条，东方出版社 2009 年版，第 14、18 页。案，陈训正既是官桥陈氏家族的长房长孙，又曾予陈布雷等人以深刻影响，故被称为大哥。

② 邬奇峰：《甬人最早的自办报刊——〈宁波白话报〉》，《宁波帮》2013 年第 4 期，第 76-77 页。据蔡乐苏回忆，《宁波白话报》自 1903 年 11 月创刊至 1904 年 6 月，共计出过 9 册（目前仅存第 2、5、6 册），因未能按时出版，其议论又不大出色，故不得不加以改良（①改旬刊为半月刊；②增广门类，添加教育、实业、格致等方面的内容；③每册篇幅增至 40 页左右；④装帧改为洋装），但即便如此，该报改良后仍仅出版五期而匆匆停刊。详参丁守和主编：《辛亥革命时期期刊介绍》（1），人民出版社 1982 年版，第 431-440 页。

③ 陈训正：《堕民（丐户）脱籍始末记》，《鄞县通志》第四《文献志》第四册丁编《故实》，陈训正、马瀛纂，宁波出版社 2006 年版，第 1334-1336 页。

④ 谢一彪：《城市贱民——宋代以来江浙地区堕民起源述评》，《城市史研究》第 32 辑，张利民主编，社会科学文献出版社 2015 年版，第 124-140 页。对于堕民阶层所从事的职业及其变化，洪正龙考述甚详，详参其《清代贱民阶层中的江浙堕民研究》，成功大学 2004 年硕士学位论文，第 91-106 页。

⑤ 雍正元年九月丙申条，《大清世宗宪皇帝实录》卷 11，华文书局 1964 年版，第 27 页。

⑥ 《食货九·户口丁中》，《清朝通典》卷 9，影印文渊阁《四库全书》本。

⑦ 俞婉君：《社会变迁与浙东堕民的解放和消融》，《浙江社会科学》2009 年第 9 期，第 71-76 页。

或许也正有鉴于此，陈训正在就任育德学堂监督之后，随即对症下药，"首施以人格教育"，[1] 同时又着重课以农工常识。为此，他不但在着手编订国文教科书时特意编入林、王二生分别专研工艺和农学而各自成才的故事，用以激励学生"自力寻求前程"，[2] 甚且亲自编写倡导自由平等的校歌：

> 堂堂亚东，泱泱大风，四明佳气横青葱。闻越中子弟，谁人不是文明种？黑消红灭，何堪父老尚痴聋。撞破自由钟，责任如山压肩重，唤起一间梦。民权挽补天无功，愿同胞大家努力，一雪奴才痛。心肠菩萨胆英雄，福我众生众。[3]

事实上，受聘成为育德农工小学的监督，既使得陈训正有机会实践其教育理念，也因此结识了"壹意提倡教化事务"[4] 的新任宁波知府喻兆蕃（1862—1920），从此成为喻氏的得力干将，并以宁波府教育会为平台，致力于新式学堂建设：

> 萍乡喻公讳兆蕃，字庶三。清光绪某年，以翰林院庶吉士改外，守吾郡。其时吾郡风尚塞陋，民鲜通达，搢绅先生多蔽于举业，而鄞尤甚。……公至一年，广咨博求，得其故，稍进各属士之材者而任以事。时余与同志倡宁波府教育会，请公指。公曰："是不可缓。"为转闻部使者，以明令行之，举中国莫之先也。会既成，竟郡之属，得学校三百六十余所，风且一变矣。[5]

仅鄞县一地，在光绪三十三年（1907）之前，就至少有26所私塾和旧式书院被改造成为新型小学堂（详参表5-1）。

---

[1] 陈训正：《堕民（丐户）脱籍始末记》，《鄞县通志》第四《文献志》第四册丁编《故实》，第1336页。

[2] 赵志勤：《宁波光复前后的陈屺怀》，《浙江辛亥革命回忆录续辑》，浙江人民出版社1984年版，第107页。

[3] 林端辅口述：《宁波光复亲历记》，宁波市政协文史委员会编《辛亥革命宁波资料选辑》，何雨馨整理，宁波出版社2011年版，第7页。

[4] 《鄞县通志》第二《政教志》第四册庚编上《教育一》，第767页。

[5] 陈训正：《哭萍乡·叙》，《秋岸集》，《天婴室丛稿》第1辑（5），第237-238页。

表 5-1 《鄞县通志》所录光绪末年之前鄞县境内小学的新陈代谢 [1]

校名	创办或改建时间	创办人或主持者	始建时校址
龙嘘学堂	光绪三十一年正月（1905）	周生麟等	鄞西龙嘘乡梁圣君庙
开明小学	光绪三十一年（1905）	毛雍祥、鱼跃海、詹大堃等	五台寺旧址
私立张氏启文小学		由张氏书院改建	布政乡张家潭村
文山两等小学		由养正义塾改建	鄞南胡家坟
日湖私立初级小学		陈隆泽等	采莲桥畔日湖义塾故址
鄞县县立高等学堂	光绪三十二年正月（1906）	冯丙然	原鄮山书院故址
东津小学		吴晋祺、孙观宸等	原东津义学旧址
竞进小学堂	光绪三十二年二月（1906）	屠用锡，由屠氏义塾改建	竹林巷
张氏私立三池学堂		张之铭	鄞南石路头张氏宗祠
徐氏私立培才初等小学堂	光绪三十二年四月（1906）	徐兆康、徐原详	徐兆康的别墅
翰香小学堂	光绪三十二年（1906）	由翰香家塾改建	仓基陈氏宗祠之右
星荫初等小学堂		蔡鸿仪、蔡同瑞，由星荫义塾改建	海曙镇蔡家巷
启贤初等小学堂		旅沪绅商孙鹏	北渡
雷山小学堂		汪培经、汪崇幹等	大雷汪氏宗祠
养正学堂		朱炳蕃	朱氏真吾书塾
鄞县蕙江小学校		由三所私塾改建	句章乡鲍氏家内
岐山小学		经谢锡龄等建议，由原书院改建	鄞东瞻岐镇
求精初等学堂		谢天锡、王宸麟等	梅墟前头王
鄞县公立同仁初等小学堂	光绪三十三年（1907）	原为同仁义学	城东南隅君子营侧

---

[1] 《申报》1904 年 1 月 2 日《宁郡官场纪事》载曰："宁波访事人云：本月初九日，新任浙江宁波府知府喻庶三太守兆藩，由沪上挈同眷属来甬，就招商局暂驻襜帷，□日即排导入辕，接印视事。"兹疑□乃"次"字；果如是，则喻氏莅任宁波知府，当始于 1903 年 12 月 28 日。又据《申报》1906 年 11 月 15 日《甬道接篆有期》及 1907 年 9 月 28 日《甬道莅任》报道，可以确定 1906 年 11 月 19 日喻知府卸任后，随即升任宁绍台道，并任职至 1907 年 9 月 26 日。故本表统计范围仅限 1905 年初至 1907 年 9 月底；其统计对象则为《鄞县通志》第二《政教志》庚编《教育·小学沿革表》，第 913-999 页。

续　表

校名	创办或改建时间	创办人或主持者	始建时校址
柯亭小学堂		卢业等人	卢家道头
周氏私立承启学堂		由爱读书塾改建	鄞西新庄村西首
顺德小学堂		由董氏家塾改建	鄞西十三洞桥之滨
王氏继兰义务学堂	光绪三十三年（1907）	王友集	环村王氏旧祠
鲍氏开智学堂		鲍棠等	鲍家埭
私立归正国民小学校		朱积泮、朱横湘等	犊山庙
陶麓忻氏简进小学		忻氏	陶公山大岭墩

与此同时，陈训正又凭借喻兆蕃的赏识，或与近代宁波文教界的又一名角鄞县人张美翊（1857—1924），共同呼吁创建宁波府师范学堂，用以培育当时迫切需要的师资：

> 清光绪三十一年，郡绅张美翊、陈训正等，鉴于义务教育刻不容缓，造就师资，尤为先务，爰谋于宁波府知府喻兆蕃，以湖西月湖书院改为宁波府师范学堂，即以书院基金万元为改建校舍之用，并拨渔团经费五千余元、螟蛹捐三百余元及月湖书院基金之利息为常年经费。翌年四月，校舍落成，乃开学。[①]

或禀请官府变卖广福、慧香两庵，用于补助"经费甚形支绌"的宁波府教育会。[②] 也正是在陈训正的建议下，西门长庚庵从 1906 年 9 月起，被改建为宁波府女学堂[③]。事实上，诸如此类的建言，不但促成了宁波府师范学堂这所特殊职业培训学校在全省范围内的率先创办，[④] 更推动了科举制度废弃后宁波

---

① 《鄞县通志》第二《政教志》第五册庚编下《教育三》，第1074页。张美翊、陈训正的这一建议，虽从一开始就得到喻兆蕃的批准，但此后，不仅"各绅士俱不以此举为然"，更有人直接上门找喻知府"共相辩驳，坚欲改废是议"，这就使得喻氏一度"甚属为难，不知究竟作何办理"（《申报》1905 年 10 月 13 日《阻挠改设学堂》），宁波府师范学堂的建成过程也因此变得相当曲折，直到 1906 年 6 月 13 日才得以正式开学（《申报》1906 年 6 月 21 日《师范学堂开校》）。其余波所及，便是鄞山书院唯恐亦被改建为师范学堂，始则"迭次具禀力阻"，终乃改作高等小学堂（《申报》1905 年 12 月 12 日《鄞山书院改设学堂》）。

② 《禀请将尼庵拨充教育会经费》，《申报影印本》1906 年 8 月 21 日，第 84 册，第 505 页。

③ 《尼庵改作女学》，《申报影印本》1906 年 9 月 6 日，第 84 册，第 663 页。

④ 据说该校乃浙江省内首所师范学堂，比杭州女子师范学堂、浙江两级师范学堂分别早一年和三年。详参胡审严：《清末民初宁波的职业学校》，《宁波文史资料》1990 年第 8 辑，第 55 页。此外，尽管从全省范围来看，宁波府女学堂的创建并不算早，却也时在 1907 年 3 月 8 日学部颁行《女子小学堂章程》之前。

中小学教育体制的快速转型。

第二节　罢课、毁学与陈训正的危机处理

陈训正不但早就呼吁创办师范学堂，而且时至1907年3月，复又"拟在师范学堂内设一休假讲习所，俾各小学、私塾教员得以于每星期研究教育"。[①]然而，尽管陈氏对师范学堂尤为措意，却也曾因为沟通不力、处置失当，致使个别学生对监院孙圣儒个人的反感，迅速恶化并扩大为全校性的罢课风波，幸得喻兆蕃及时出面调停，这才没有酿成非常之巨祸。对此，《申报》在1907年4月29日、5月3日作有比较详尽的连续报道：

> 甬郡师范学堂监院孙圣儒，平素与各学生感情极淡，日前又在友人处谈及简易科学生国文程度低浅，事为某学生所闻，颇滋不悦，遂转告同学于本月十二日全体（完全、简易两科共一百二十人）罢课，往诉校长陈训正，请另举监院。校长不允，遂一齐散堂，于十三日各将箱箧等件搬至郑氏宗祠暂寓，一面即电达提学司暨驻日宁波同乡会请为解决。……甬郡师范学堂学生日前与监院冲突，全班散学一节，已纪前报。兹经宁绍台道喻庶三观察亲自莅堂调停后，各学生除请假回家外，均于昨日一律上课矣。[②]

陈训正受此罢课事件之负面影响，不但从1907年8月上旬起不再担任宁波府教育会会长，[③]更因悲愤不能自已而一度病危，以至于同年十月其友陈镜堂（1867—1908）前去探病时，再三敦请他保重身体：

> 去年当八月，鬼伯入我居。我本幽忧人，生亦何所娱。

---

① 《添设休假讲习所》，《申报影印本》1907年3月24日，第87册，第249页。据江淑文考察，讲习所不但仅招毕业于传习所的在职小学教师，而且偏重教学技巧的训练，详参其《清末民初小学教师专业化的研究——1903-1927年》，东海大学1989年硕士学位论文，第17页。

② 《纪师范学堂冲突详情》，《申报影印本》1907年4月29日、《师范生照常上课》1907年5月3日，第87册、第686页，第88册、第34页。

③ 案，《申报》1907年8月7日《公举教育会长》云："甬郡教育会长陈君训正，现因有事往汉告退，日前由学界中人在高等学堂开会投票公举，闻得占多数票者系盛绅炳纬，遂即举为会长云。"

此时君哭我，咄嗟我道孤。我生蕈未厌，七日复来苏。

苏来报君书，字劣言模胡。模胡不能读，执简长叹吁。

相见十月中，惊我两足枯。形骸虽则具，神色何不腴？

再三相告诫，善宝千金躯。祝胃莫健纳，责杖勿勉趋。

听君诫我语，刻骨苦不殊。岂知我瘳日，君忽离此都。

他乡多厉风，奔走君乃痡。烧肠无弱火，咀髓有沈蛊。

如何半圭药，毕命在须臾。一生复一死，死生真雄庐。

性命为孤注，畴云枭可呼。已矣勿复言，言之增烦纡。①

然而，尽管遭遇如此严重的仕途挫折和身心煎熬，陈训正的组织管理能力却并未因此有所长进；随后在处理慈溪毁学事件时的进退失据，② 即其显著例证。

从历史的角度来看，清末"新政"以来宁波境内日趋高涨的改造新式学堂运动，较为明显地呈现出两大特征：①这些新式学堂不是从私塾、书院改建而来，就是利用闲置的庵庙、祠堂兴办而成；②改造、兴办、维系新式学堂的经费主要是由乡绅出面筹捐而来。这两大特征既是官府财政困难、不得不仰仗民间资本的结果，也使得兴学之举在实际运作过程中不但滋生出劣绅借机挪用经费、侵占庙产之类的贪腐行径，而且经常由于信仰冲突、利益争夺而引发民怨、激成事端（详参表5-2）。相比较而言，发生于1910年4月19日至25日的慈溪毁学事件，无疑是其中破坏程度最大、影响最为恶劣的：

> 宁属慈溪县正始学堂将城内永明寺神像毁弃改设，当时迷信愚民已啧有烦言。本月初十日上午(4.19)，有十数社迎神赛会，乡民由乡入城，相约将该学堂捣毁殆尽，且继火付炬，哄聚数万人，蜂拥前往，持械击

---

① 陈训正：《哭剡山》（五之二），《无邪诗存》，《天婴室丛稿》（1），第12页。

② 自1908年7月11日喻兆蕃再任宁绍台道后，陈训正重又跻身地方文化名流行列，在7月13日召开的宁波府教育会第四次大会中，当选为宁波府教育会评议员，同时被聘为女子学堂的监督。事详《府教育会开会详纪》，《申报影印本》1908年7月15日，第95册，第198页。

破门窗，后又以火油备浇教室，加以炮担所用之火药，纵火而焚，一霎时全校房舍悉毁无遗，[①]……十三日（4.22），焚毁讴浦、进修、龙西三校。十五日（4.24），白龙社之大旗会，将鸡山、无择两校先拆后焚。十六日（4.25），龙东、凤山两校亦被捣毁。[②]

就在这场动乱中，陈训正至少犯了两大错误。一是在动乱爆发后不久（约4月26日），贸然认定"致酿此变"的根源在于慈溪县令吴喜孙"纵匪仇学"，[③]并以宁波府教育会会长的名义与宁波地方自治公会会长刘崇照一道，"特电北京同乡京官及抚学宪，请为查究"，[④]这使他公开置身于吴喜孙的对立面，从而不可避免地成为后者及其党羽的攻击对象；二是面对吴喜孙及其党羽的肆意诋毁，陈氏一味消极退让，始则于6月11日请辞府教育会会长，继而在7月14日至16日，连续三天在《四明日报》发表"启事"，声明业已辞去府教育会会长及府女学经董诸职，[⑤]终乃在该年夏季逃离宁波，赴沪主管由汤寿潜等人创办的《天铎报》，[⑥]也因此受到当时舆论的批评："慈邑陈绅训正，学行素优，热心公益，为阖郡学界所推重，历任府教育会会长、府女学堂经董。莅事以来，群情翕然。四月间，慈邑毁学事起，陈君身为集矢之的，诽谤之者，无所不至。爰于初五日在府教育会开会，宣告以后学务诸职，概不担任，冀图息肩以杜疑谤。该绅素持清议，不避劳怨，今日之辞，固为明哲见机；虽然，其如宁波社会何？"[⑦]

---

① 《慈溪毁学之原因》，《申报影印本》1910年4月27日，第105册，第918页。

② 《慈溪》，《申报影印本》1910年5月1日，第106册，第5页。

③ 《慈溪毁学之原因》，《申报影印本》1910年4月27日，第105册，第918页。

④ 《浙省乱耗汇纪》，《申报影印本》1910年4月30日，第105册，第965页。

⑤ 其中，《四明日报》1910年7月14日《陈训正启示》云："训正戆直性成，不能委屈恭顺，迎合社会心理，徒以诸公谬举，忝长府教育会四年于兹，于吾郡学务，未见增进，而媢嫉之徒，所在皆是，至被迭控彻查在案。训正自被控后，即谢绝沪上诸执事，驰回故乡，静候诸父老处置。至所有府教育会会长及府女学经董各名誉职，已于本月初五日在府教育会例会时，发表意见，概行辞绝矣。此启。"

⑥ 沙文若：《陈屺怀先生行状》，《晚山人集》附录，陈训慈整理，1985年抄本。

⑦ 《明哲见机》，《四明日报》，1910年6月9日。

表 5-2　清末宁波境内的典型毁学事件

编号	时间	地点	简况与出处
1	1905 年 7 月	镇海柴桥	曹赞宸等人在创设芦渎公学时，将停课已十余年的芦江书院资产充公，改作办学经费。郑岱云、曹毓纯等劣绅为把持院产，煽诱乡愚闹事，被知府喻兆蕃制止 《申报》1905-7-29《批饬阻挠学务》
2	1906 年 3 月	镇海霞浦	张兆泰等人在兴立学堂时，借用张氏宗祠什物，遭族人张修槐阻挠，并将什物捣毁 《申报》1906-3-15《族人阻学》
3	1906 年 4 月	鄞县姜山	周家埭南津学堂因为阻止仙岩寺按惯例向参加礼拜会者发放济米，被姜山行会众人捣毁门窗什物 《申报》1906-4-2《捣毁学堂》
4	1906 年 10 月	奉化	某绅议将按亩抽捐若干，拨充学堂经费，引发乡民闹事 《申报》1906-10-13《勒捐学费兆事》
5	1907 年 1 月	奉化	应善庆等拟立紫薇蒙小学堂，有意将族中义田拨作经费。应廷虎以为不利于己，唆使族众加以阻挠 《申报》1907-1-23《禀请查办阻挠兴学》
6	1907 年 2 月	镇海	妙胜寺因住持闻馥等僧不守清规，在刘崇照等人的禀请下被改作两等小学堂校舍，但闻馥率众僧恃蛮抵抗，拒绝搬离 《申报》1907-2-28《寺僧抵抗学堂》
7	1907 年 3 月	鄞县	鄞县乡民因举行朱桑都神会，拟将暂借朱桑都神殿为校舍的江东米业公立明新小学堂的器具搬运他处，遭拒后，群情激奋，捣毁小学堂器具 《申报》1907-3-18《乡民捣毁学堂》
8	1907 年 7 月	定海	岑港七大庄乡民四五千人，反抗官绅勾结、加征粮税，入城捣毁衙署、学堂 《东方杂志》第 4 年第 6 期；《申报》1907-7-6《专电·宁波》、7-8《定海乡民聚众闹事详情》、8-6《舟山乡民事变记》及后续报道（1-13）、10-1《定海乡民暴动纪闻》
9	1908 年 6 月	鄞县密岩	应桂馨父子在密岩创办崇义学堂后，以校舍不足，强占强购族人房屋及坟前空地，并筹资扩建，遂大起冲突

编号	时间	地点	简况与出处
9	1908 年 6 月	鄞县密岩	《申报》1908-6-10《乡民聚众闹学》、8-11《鄞县学界之恶现象》、8-19《崇义学堂翻案》、9-17《宁波府教育会呈道府禀（为崇义学堂事）》、9-23《委查崇义学堂控案》、9-25《崇义学堂预备欢迎之怪象》、9-30《绅界联名上控藉学横行》、10-12《崇义学堂案仍未讯结》、11-5《开会提议崇义学堂案》
10	1909 年 3 月	鄞县	乐显廷等人急欲兴办湖亭学堂，初借桃花渡孙公馆为校舍，五日后又擅自搬入财神殿后房，并雇泥水匠，拟开天窗，从而招致附近商家谷葵生、张香泉等人阻拦，冲突中有近二十张课桌被烧毁
			《申报》1909-3-12《赌棍聚众烧毁学校》、3-22《商学两界冲突始末情形》
11	1909 年 6	奉化畈驻	禁烟令的颁行，在乡民看来，是办学绅士禀请奉化县政府的产物，因而纷纷与学堂为难。6月初，畈驻顽民多人，拥至成志学堂喧闹，并殴打学董陈君
			《申报》1909-6-3《顽民误会闹学》
12	1910 年 4 月	慈溪	对正始学堂借永明寺藏经阁为校舍并毁弃神像之举，乡民非常不满，遂借迎神赛会之机，数日内接连捣毁正始、鸡山、无择等 8 所学堂
			《申报》1910-4-27《慈溪毁学之原因》、4-29《慈溪毁学之原因》、4-30《浙省乱耗汇纪》、5-1《慈溪》、5-6《浙江乡民闹事近纪》、5-17《慈溪毁学案之不堪收拾》
13	1910 年 6 月	慈溪南乡	6月8日，甘溪章某到进化初等小学校持械逞蛮，三位受伤者均系该校发起人的子弟
			《申报》1910-6-13《慈邑毁学之余波》
14	1910 年 6 月	奉化唐村	6月28日，乡民不但捣毁了袁恒元、袁菱舫、袁南绍合办的学堂，而且捣毁了这三位学童的住宅
			《东方杂志》第 7 年第 7 期

　　赴沪主持《天铎报》，虽历时不过数月（自宣统二年夏至次年春），却无疑是陈训正人生道路的一大转折；因为在此期间，他不但正式加入了同盟会，[1] 而

---

[1]　陈训慈:《陈君屺怀事略》,《晚山人集》附录,陈训慈整理印行,1985 年抄本。而沙文若《陈屺怀先生行状》,则以为时在 1908 年。

且毅然剪去了辫子，① 从而完成了从清末举人到革命斗士的角色转换。身份角色的转变，立马扭转了陈训正在慈溪毁学事件中的不利处境，在同年 10 月 19 日宁波府教育会第六次周年大会上，既当选为会长，又使大会决定呈请宁波官府查办慈溪毁学事件、重建被毁各校，10 月 21 日《四明日报》刊载《宁郡教育会开第六次大会续志》曰：

> 兹悉该会于午后续行提议各事件：……（丙）慈溪毁学案善后办法，议由本会公呈府宪，仍请拿办毁学之人，并请筹费建复各校；（丁）选举职员如下：正会长陈训正，副会长励建候，……名誉会计员袁丙熊。及摇铃散会时，已钟鸣五下矣。

而慈溪毁学事件的"反败为胜"又进一步激发了陈训正投身革命的热情，且其从政意愿在辛亥革命前后尤为强烈，其友人虞辉祖在所作《冯君木诗序》中的下列追忆，即其明证：

> 吾少闻陈、冯之名，后遂相遇，与交密。……吾不善诗，二君喜以诗相视。无邪尝欲有为，乱后意有所不乐，故其诗多幽沈郁宕之音；君木意量脩然，虽居困而有以自得，故其诗有萧旷高寒之韵，要皆吾甬上诗人之绝出者也。②

然而，陈氏虽内具强烈的从政意愿，又身为辛亥宁波光复的主要功臣，却在宁波军政分府成立后的短短十余日内，甫被举为财政部部长，旋即降为参议员，③ 随后又被迫辞职；④ 政治身份的这一瞬息转换，既折射出革命党内部争权夺利斗争之激烈，也充分表明陈训正其实并不适合从政。⑤

---

① 陈训正在《告发》《荐发》两诗的序言中自称："庚戌十一月十一日（1910 年 12 月 12 日），余将去发，……不可不辞，爰赋诗以告之。……余既告发，明日同郡赵八、湖州戴季为余落之。越三日，复成《荐发》辞。"详参《无邪诗旁篇》，《天婴室丛稿》(2)，第 61-62 页。

② 虞辉祖：《冯君木诗序》，《寒庄文编》卷 1，冯君木编，1921 年铅印本。

③ 《宁波光复记》，《申报影印本》1911 年 11 月 8 日、《甬军政府选举职员》1911 年 11 月 20 日，第 115 册，第 116、290 页。

④ 陈训慈：《陈君屺怀事略》，《晚山人集》附录。

⑤ 陈训正之所以能在 1927 年国民政府成立后，历任浙江省府委员兼杭州市市长、浙江省临时参议会议长等职务，实有赖于其堂弟陈布雷的眷顾，而非其政干吏能使然。

第三节　陈氏的教育实践与教育理念

陈训正自从宁波军政分府辞职以来，一度与陈谦夫、陈季屏、钱吟苇等人着力筹组效实学会、酝酿开设效实中学，[①] 但在 1912 年 2 月学会成立、3 月 7 日中学开学之后，大概因为既不任职于效实学会又未执教于效实中学的关系，陈训正于该年夏日离甬赴沪，[②] 转而与赵家艺等人创设平民共济会，刊发《生活杂志》，提倡经济建设，其《赵君林士述》叙曰：

> 时国体初更，民气方张，乡豪里滑涂附万计，人人发愤快志，欲以强力盗名势，其尤者，且皮傅人权、自繇之说，用抵冒国法、侮略良细。君乃叹曰："民生雕矣，彼含甘吮滋者，既保自润，宁知天下尚有茹戚之人哉！"因与余及其兄菊椒、三原徐亚伏，创平民共济会，设总部上海，刊发《生活杂志》，抒渫其所负民生主义。[③]

然而，由于《生活杂志》的言论"为当道所忌"，更因为平民共济会所倡导的"贫民自救"规划过于理想化，故"同志渐散，会遂中辍"，[④] 陈训正也因此不得不返甬以另谋生路，并从民国二年（1913）8 月开始，出任"旧宁属县立甲种工业学校"（原宁波公立中等工业学校）校长。

矗立在益智中学旧址上的宁波中等工业学校，乃 1912 年 1 月"宁波临时军政分府筹拨六邑公款"创建而成。当其开办之初，无论师资、生源，抑或收支状况，均已显现出良好的发展势头，[⑤] 但在陈训正接手后，该校的运转经费开始连年短缺且日益严重，早在 1917 年秋，就已沦落到为还旧债新账而不得

---

① 　方子长：《陈谦夫与宁波的教育卫生事业》，《宁波文史资料》第 8 辑，第 16 页。

② 　在《追悼叔申（其四）》诗中（载《无邪诗存》，《天婴室丛稿》（1）），陈氏曾述及其离甬赴沪之因及客居上海之时长："乡国不能容，流落海之涘。……蚩蚩一年余，吾复为人弃。囊笔亡所用，归来课儿子。"

③ 　《塔楼集》，《天婴室丛稿第二辑》（1），1934 年铅印本。

④ 　陈训慈：《陈君屺怀人略》，《晚山人集》附录。

⑤ 　《鄞县通志》第二《政教志》第五册庚编下《教育（三）》，第 1083-1089 页。

不出售校产的地步，[①] 降及 1920 年冬，更是恶化到难以为继，只好拜托浙江省议员张原炜，提议将工校改归省立：

> 吾浙全省甲种工业学校向有两所，一在杭属，由省费组成之，一在宁属，由地方经费及省补助费成之。自杭属甲工改设专门统计，全省工业之独立者，祗此宁属私立一校，……查宁属工校成立于民国元年，……每年不敷六千余元，……现在积负过多，无从筹措，最后办法，惟有将该校停办。当此工战时代，各处方提倡工业，……有此良好已成之学校，坐令以款绌停办，讵不可惜？为此，援据本会暂行法第二十五条提出议案，拟将宁属工校改归省立，由教厅派员接收，并附《预算表》一份。是否可行，惟希公决。

与此一情况颇相类似的是，属值宁波佛教孤儿院"困于资用"而董事傅宜耘"自费赴南洋筹捐"[②] 之秋，陈训正身为该院居士院长，却仅仅采取"卖文补助经费"[③] 的对策。这既是陈氏缺乏组织管理才干的表征，无疑也正是宁波工校在其主持校务期间多年入不敷出的关键所在。

但晚近以来的相关研究成果，全然罔顾此类客观事实，转而全盘肯定陈训正在清末民初的教育实践，同时又竭力归纳总结其教育理念，沈松平《论陈训正的教育实践及其理念》的下列论断，即其显著例证：

> 陈训正兴办宁波地方教育事业，成绩斐然，具体可从普通教育、职业教育、特种教育三个方面来阐述。……从陈训正的办学实践来看，他不仅是一位卓有成绩、闻名全国的近代教育实践家，而且具有独立的教育思想。……首先是倡导西学，尤其是重视实用之学，强调课堂教学与实践相结合。……其次是教育平等思想。陈训正认为人人都有平等接受教育的权利，提倡对学生实施人格教育。……再次是强调因材施教，提

---

① 案，宁波《东南商报》2005 年 1 月 10 日所刊张介纯《一张罕见的民国地契》云："浙江旧宁属县立甲种工业学校校长陈训正，今因本校经费支拙，于民国六年九月二十三日呈奉会稽道尹，转奉省长公署第一二八六号指令，准将民国元年六邑公会议决拨与本校管有旧月湖书院遗产沙地作为壹万伍仟元交价出卖，移充校费在案。……中人：李镜第、赵家荪、费绍冠、冯良翰、郁桂芳、张原炜。"

② 《鄞县通志》第四《文献志》第二册甲编中人物类表第八附录《方外纪略·寂定》，第 620 页。

③ 显宗：《回忆宁波佛教孤儿院》，《宁波文史资料存稿选编》，《宁波文史资料》第 22 辑，2001 年 12 月发行，第 218—231 页。

倡运用灵活多样的教学方法去教育、培养不同的学生。[1]

平心而论，在清末民初的浙东教育界，陈训正确实有其独特的历史地位，这不仅是因为陈氏乃浙东域内最早接触、接纳并倡导新式教育的先行者之一，更由于陈氏在科举制度被废前后，推动了宁波地方教育机构乃至教育体制的新陈代谢。尽管如此，其历史作用仍不宜高估，毕竟在宁波地方教育的近代化进程中，陈氏归根到底只是激情澎湃的配角，而非足以独当一面的将才。尤其需要辨正看待的是，尽管陈训正确实提出过诸如"为教在蒙养，立人必立始"[2]之类的见解，但总结教学经验、探讨教育理论，从来就不是其日常工作的重心，故其教育理念既不完整、系统，又大多并非原创，譬如其"母教之不可以忽也"[3]云云，就很可能受启发于其老友张美翊所主张的"家之兴败，子女之贤否，以女教为先"[4]。

大约 1924 年春，陈训正应省立四师附小主任李琯卿（1891—1945）之请，[5] 为其新著《新教育谈》作序。从《庸海二集》所录内容来看，《书李琯卿〈新教育谈〉》大体上可分为三个部分。其一，便是严厉批判传统教育模式，断言"中国自古无人才教育"；其二，认定当前学校教育功能有限：

> 然则欲教育人才，独可以人力为乎哉？谓人才不可无教育，则可；谓人才必出于教育，则不可也。余参与教育事业二十余年，自小学、中

---

① 张伟主编：《浙东文化研究》（第 1 辑），浙江大学出版社 2014 年版，第 347-349 页。

② 陈训正：《秦润卿索赠，为赋〈绵历篇〉三十四韵》，《无邪诗存》，《天婴室丛稿》（1），第 54 页。此诗乃应秦润卿（1877—1966）之请，为其母七十寿诞而作，其重心却是交代秦氏创办普迪学校的缘起。考《申报》1922 年 5 月 13 日《慈溪普迪学校之成绩》云："慈溪县私立普迪国民学校，为秦君润卿、李君寿山、王君荣卿等所筹设。成立于民国五年，迄今已六载，举行毕业四次。"据此，可以确定此诗作于 1916 年。

③ 陈训正：《书张蔚里〈徐母寿叙〉后》，《庸海二集》，《天婴室丛稿》（8），第 353 页。

④ 张美翊：《蒙绮阁课徒书札·致朱百行 79》，樊英民整理，《新美域》2008 年第 2 期。尔后，张美翊在作于 1923 年的《恭颂诰封恭人王母邱太恭人六秩寿序》中，再次强调了"女教"的重要性："吾乡礼仪之邦，世家之族，所以保世滋大者，必先有贤母而后有令子。"详参其《张騫叟先生文稿》，宁波天一阁藏本。

⑤ 镇海人李琯卿被认为是"五四运动"后宁波小学教育界的革新派旗手，例如刊于 1940 年《上海宁波公报》的曹三《宁波小学教师的变动》就曾提到："'五四'以后，全国的教育宗旨革新了，课本也有迎合时代潮流的意味，冬烘头脑的老学究落了伍，青年们为着生活为着社会，打起精神来研究教育，负教育救国的使命，小学教育于是活跃起来。宁波因有李琯卿、林黎叔等在主持，更有革新的趋势。"

学乃至大学，其间卒业以去者，所见不为不多，而要之拔萃之秀，皆非教鞭所驱而来。此不特吾国然耳，环瀛海各国所称为畸人、为创作家者，亦岂寻常科目所能裁成之哉！

其三，既充分肯定李琯卿所倡导的"自学辅导"，又认为李氏此法乃至舶自美国的"设计教学""道尔顿制"，皆与其所倡导的"天才教育"原理相通、功能相近：

> 教育难言矣，而世顾易言之。主故者不知新，蔽今者昧乎古，其极也，皆足以杀人才。夫教育者，所以成人才，成之不克而反至于杀，此轻言教育者之罪也。……故吾谓就中国论教育，则天才教育近是已。李君琯卿为吾甬教育学者，其为教也，主自学辅导，而于今之所谓设计教学、所谓道尔顿制，尤俨然决然而行之，其识尚矣！盖吾之所称天才教育者，亦犹是云云也。①

姑且不论陈氏对传统教育模式的批判和对学校教育功能的评估是否切中肯綮，可以确定的是，陈氏颇为自得的"天才教育"观，不但无甚新意，而且大抵是对其友钱保杭（1878—1922）相关论说的复述，此则观其所作《钱君事略》即可推知：

> 君讳保杭，……（光绪二十九年，君与叶愈经等人合创于上海之）通社火，资丧，不能继，君归，益发愤读书，凡名哲、政法、教育、医药之籍，旁及故训文艺、排日程课，靡不究其潭奥。如是者数年，乃始膊意教育，每海外新书出，必展转求得之，虽重直不吝。其为教也，主自动，而以有器象者导发其机。尝曰："吾国人有天材，无人材。直者纵其势，曲者畅其生，如是而止矣！必员是规而方是矩，此匠教也，可以施之死物，而不可以施之生人。"所居曰"去矜斋"，宾朋、门弟子日常会，坐无隙席，遇疑难，辄来就谘君，君准情理，陈是非指示，人人率意满去。②

尤其是陈训正将"设计教学""道尔顿制"等同于"天才教育"的这一论调，与其说折射出他对欧美最新教育理论的密切关注，毋宁谓暴露了陈氏转趋

---

① 《庸海二集》，《天婴室丛稿》（8），第337-339页。

② 《庸海集》，《天婴室丛稿》第1辑（7），第293-295页。

保守的文化心理。从当初一味崇尚"西学"①到后来自得于所谓的"天才教育"，陈氏心态的此一转折，与当时业已涌现的文化保守主义思潮，既完全同向又基本同步。

第四节　简短的结语

陈训正生前，先后两次以教育行政管理者的身份涉足新式教育领域。相比较而言，始于 1905 年初、终于 1910 年 4 月的第一次，较诸始于 1911 年 11 月底、终于 1920 年冬的第二次，不但影响更大，而且更成功。

因为种种原因，陈训正在清末民初的教育实践，如今得到全盘肯定，且其教育理念的核心内容也被概括为"重视实用之学""倡导教育平等""强调因材施教"。但事实上，总结教学经验、探讨教育理论，并非陈训正日常工作的重心所在。从传世文献的相关记载来看，陈氏对教育理论的深入思考仅有三次，且在时间上呈间歇式分布。第一次是在 1898 年戊戌变法中，其反思的结果，一则认定废弃八股取士之制乃历史发展的必然归趋，二则认为整个小学教育的核心内容，就是阅读《五经》，用以确立识字为文的根基。第二次是在上海与钟宪鬯等人合作创办《宁波白话报》并担任主编期间（1903 年 11 月—1904 年），通过选刊《小学教育问答》《论女人家应该读书的道理》《论实业的教育》等文章，大力呼吁重视女子教育、创办徒弟学堂和实业补习学堂，同时设计出一套比较完整的小学教育方案。第三次是在 1924 年春应邀为李琯卿《新教育谈》作序时。

由此不难发现，陈训正早年对教育的理论思考，无论是对科举制度的批评，抑或对女子教育、实业教育的倡导，莫不以"改良教学内容"为旨趣，而

---

① 在汲取"西学"养分之初，陈氏一度表现出唾弃传统文化的决绝，遂有对旧礼教的猛烈抨击和对白话文的大力倡导："宁波人在上海出版之刊物，最早的就我所知，要算一九○（五）（三）年出版的《宁波白话报》。……主编就是那位陈屺怀先生（布雷先生的哥哥），内容虽然近乎改良主义，可是文字运用明白浅显的白话（要知那时胡适、陈独秀等还不曾提倡白话文学），对于旧礼教、旧习惯，却肯用力抨击，仔细想来，不仅在宁波文化中是报界先进，就是在中国文化史上，也是难能可贵的一页。"详参五长：《从〈宁波白话报〉谈到本报》，原刊《宁波人周刊》，今可见前揭《近现代报刊上的宁波》，第 496–497 页。

时至 1924 年春，"改进教育方式"显然业已取代"改良教学内容"成为陈氏关注的重心。关注重心的这一转移，折射出陈训正对教育的体认确实并未原地踏步；但与此同时，陈氏对传统教育方式的批判和对学校教育功能的评估，无疑有待商榷，至于其将"设计教学""道尔顿制"等同于"天才教育"的这一论调，更暴露出陈氏当时妄自尊大的不良心态。

他如"母教之不可以忽也""为教在蒙养，立人必立始"之类的见解，也未必由陈氏本人所首创。然而，尽管其教育理念既不完整、系统又多非原创，但陈训正对近代宁波地方教育的满腔热忱与持久付出，有目共睹，并因此早在 1915 年 7 月就已被《申报》誉为"地方志士"，而 1934 年 8 月鄞县正始初级中学从宁波中等工业学校独立成校之时，为纪念这位老校长，特定校名为"正始"，同时号召"凡吾工校校友以及正始诸君子均应知此命名意义，时时体会，并应以陈先生之办学精神为精神，以陈先生爱护工校之热心来热心维护工校与正始，使两校校务共同发展"。要言之，教育事业的进步固然需要不断更新教育理论，但评判教育是非得失的标准，归根结底，并不在此而在彼，在于从业者对教育的热爱与付出。古今中外，莫不皆然。

第六章　陈训正与宁波佛教孤儿院

汉代有乐府歌曰："孤儿生，孤子遇生，命独当苦。"孤儿年小，没有父母亲眷的教育与照顾，在与社会、极寒抗争的同时，会流浪成性。如若不加以引导和教育，他们年长后，或成为流寇匪盗，报复社会；或成为无赖渣滓，流窜街头。因此，历代以来，不少有识之士相当关注孤儿的教育问题。

第一节　陈训正与宁波佛教孤儿院的建立

20 世纪初的中国，常年的战乱与饥荒，造成了许多百姓的伤亡与家庭的破碎。宁波作为近代中国第一批的开埠城市，在恶劣的历史背景下，当地政府很快就面临着孤儿收容与教育的严峻问题。

1917 年秋，宁波江东永丰寺住持岐昌和尚等诸多佛界高僧秉承先德八指头陀敬安（寄禅）上人的遗志，与帀上居士陈训正及其他众多乡绅、商人在宁波城北白衣广仁讲寺商议成立"佛教孤儿院"。此事可见《现代佛教学术丛刊》第 86 册《民国佛教年纪》民国六年条：

> 七月，宁波改组中华佛教会分部，以原设僧小学政办佛教孤儿院，

释歧昌及陈屺怀为院长，圆瑛、太虚、傅宜耘等为董事。[①]

又，显宗《回忆宁波佛教孤儿院》云："佛教孤儿院系在民国六年（1917年），沙门歧昌、谛闲、晙一峰、净心、宗亮、圆瑛、智圆、僧等秉承八指头陀敬安（寄禅）和尚之遗志，邀请甬上居士陈屺怀、张让三、张申之、赵芝室、蔡良初诸君，共同发起，集议于白衣寺内。中华佛教总会鄞县分会，拨助广仁街67号僧立普益学校为院舍。"[②]商议之后，陈训正作为应邀诸士之首，紧锣密鼓地为宁波佛教孤儿院的募集与成立奔走。因为得到了鄞县县长王家琦（字一韩）的大力支持，宁波佛教孤儿院的筹措工作于当年年末得以顺利推进。陈训正为此特作《劝诸山建白衣恤孤院，议数数不决，鄞知事王一韩力争之，遂定议。因奉二绝句，即题其纪念肖象》诗：

> 雄狮一吼佛低眉，多少孤寒诵大慈。
>
> 安得平原千百影，偏将褔襟绣金丝。
>
> 未必人生皆泡影，能留慧相亦前缘。
>
> 香花自是追功事，造像同尊万佛天。[③]

1918年2月11日，陈训正拟就并发布《宁波佛教孤儿院告募疏》。《觉社丛书》1918年第1期刊载：

> 天下无告之民四，而孤为甚。……嗟乎，自国家失仁政，而此四告者，于是益穷。……明州之佛教徒有歧昌、谛闲、一峰、净心、宗亮、圆瑛、智圆、僧腴、太虚者，诸山之先觉，而根性于慈悲以为教者也，概然有见于棣群之道，而议设孤儿院于鄞之白衣寺，……议既成，歧昌等以院事谂于余。余亦孤子也，回忆童昏无告之日，历历犹目前事，敢辞劳焉？遂承其事而述其由如此，并为呼之群。群之人孰不有慈爱之念乎？苟有应者，虽一丝一粟之微，亦被其仁而食其德矣。戊午元旦，慈溪陈训正。[④]

[①] 按，《民国佛教年纪》民国八年条云：九月，"歧昌在宁波逝世，佛教孤儿院改举圆瑛为院长"。

[②] 显宗：《回忆宁波佛教孤儿院》，《宁波文史资料》第22辑，第218-231页。

[③] 《无邪诗旁篇》，《天婴室丛稿》（2），第96页。此诗后又被陈训慈选入《天婴诗辑·续编》。

[④] 可见宁波市政协文史委员会编：《近现代报刊上的宁波》，第584-586页。

1918 年 5 月 12 日，宁波佛教孤儿院以佛教"慈爱普度"为教义，以收容教育孤苦儿童为宗旨，以原先僧立普益学校为院舍，集结宁波宗教界、政界、商界三方力量，在宁波成立。在成立大会上，众人推举甬上居士陈屺怀为居士院长，永丰寺住持岐昌和尚为沙门院长，施祥寺住持智圆和尚为总务主任，同时以温岭人王吟雪为教务主任。宁波佛教孤儿院的成立轰动一时，《申报》在 5 月 16 日对此事进行了比较详细的报道：

> 宁波佛教孤儿院于十二日午后一时开成立会，会稽道尹代表沈嘿庵、警察厅长严友潮、鄞县知事代表刘亭孙、慈溪县知事代表姜可生及各界到者八十余人，僧界六十余人，并有女界慈善家十余人。开会后，首由在院孤儿就佛前行礼；次唱院歌；次孤儿向长官及来宾行敬礼；次唱欢迎歌；次由居士院长陈屺怀、沙门院长岐昌师先后报告组织情形；次警厅长严友潮君登台演说，略云：各国警察调查统计，所列犯罪者十人中，有七八人为幼无父母之孤儿，可知失教养之儿童，常易陷入于不幸之境遇。今有孤儿院为若辈谋教养之方，使将来不至流为乞丐、盗贼，是院之设，直接造福于孤儿，间接实造福于社会与国家云云；次宣读道尹训词及鄞慈两知事祝词；次来宾林瑞甫演说，痛论佛耶两教之兴衰，由其教徒能否实行其教义为枢纽，孤儿院即实行慈悲教义之唯一事业，异于从前僧界以普渡众生为口头禅，毫无实际云云，并对于僧界之意存观望者，加以针砭；次洪佛矢、洪承祁相继演说；次僧界太虚、圆瑛演说；次由孤儿致谢词而散。

又，显宗《回忆宁波佛教孤儿院》云："1918 年 5 月 12 日，佛教孤儿院正式成立。……孤儿院成立之初，推举岐昌和尚(江东永丰寺住持)为沙门院长，慈溪人陈屺怀为居士院长，智圆和尚（施祥寺住持）为总务主任，温岭人王吟雪为教务主任。"实则，陈训正早在清朝末年就已经将教育视野投向宗教界。清逊帝宣统元年，陈训正就与宁波佛教界，如天童寺住持八指头陀寄禅和尚等有识之士组织成立了"宁波僧教育会"。该组织希望以特种教育的形式推动宁波地区寺院僧人的教育事业。为了打消一些佛教人士和僧人对于当局提取私产归公的顾虑，表明致力于帮助僧侣培养德育及谋生技能的教育理念，时任宁波教育会会长的陈训正在成立大会上明确指出"移寺产用于兴学教徒，有益之事，方为保护佛教之正途"① 的办学要求。此后，在陈训正及宁波佛教界人士的多方努力下，宁波逐渐创办了许多佛教学堂，宁波佛教界的众多僧徒开始接受有计划的教育工作。"宁波僧教育会"的成立，为 8 年后宁波"佛教孤儿院"的创办奠定了宁波政界、商界、佛教界合作的基础，从而促使宁波"佛教孤儿院"相对顺利地建设起来。

　　一套完备的规章制度是宁波佛教孤儿院正常运转的前提与保障。宁波佛教孤儿院的成立章程规定，孤儿院以全体董事大会为最高权力机构。全体董事大会设常务董事会，于闭会阶段行使职权。除却上文所提及的人员任命外，还以张让三担任董事长，安心头陀傅耕宜为募捐董事。董事大会主要负责选举安排各部门的任职人员，筹措孤儿院经费，审核经济支出与预算，制定孤儿院的收容方针与教育政策。同时，宁波孤儿院的常务董事会每月第一星期开展常会，必要时则会增加临时会议，要求必须到场董事超过半数方能开会，且年终需指定账目报告，将募捐款项分送各僧院的沙门负责人。而佛教孤儿院的院长则为义务职务，总览孤儿院的一切院务，同时聘请孤儿院主事。主事和全体教职员组成院务会议，是院内最高管理机构，管理院内各类委员的推举及教务方针的指定。同时，保证常务董事会各项要求的执行。总体而言，宁波佛教孤儿院设有教育股、工务股和会计股。不同股设主任一人，教工若干，干事们分别掌握学校的教育、工场、会计等各项事务，对主事和院长负责。

第二节　陈训正与宁波佛教孤儿院的赞助

　　20 世纪 20 年代，由于政府不能资助宁波佛教孤儿院正常运作，故其资金基本上源自民间尤其是商界。其中，一则依靠僧俗大众的筹措与募捐，像岐昌和尚、智圆和尚等是为宁波各名寺住持，他们号召各寺院捐助，以若干寺庵"水陆"经忏的收入作为孤儿院的基金。根据宁波佛教孤儿院的年报等相关文献可知民国十四年（1925）各类寺庵的捐款情况为（以收到先后为序）："施祥寺乐助洋 20 零 6 角 6 分 6 厘、庐山寺乐助洋 60 元、普济寺乐助洋 20 元、罗

---

① 赵志勤：《陈屺怀先生生平事略》，《天婴诗辑》（下）附录，1988 年抄本。

汉殿乐助洋 40 元、看经寺乐助洋 80 元、水月寺乐助洋 40 元、天宁寺乐助洋 80 元、七塔寺乐助洋 200 元、观宗寺乐助洋 150 元、地藏寺乐助洋 10 元、东严寺乐助严 40 元、延庆寺乐助洋 30 元、万寿寺乐助洋 20 元、寿昌寺乐助洋 50 元、观音寺乐助洋 20 元、育皇寺乐助洋 400 元、赭山寺乐助洋 120 元、茶亭庵乐助洋 50 元、接待寺乐助洋 20 元、保国寺乐助洋 50 元、金我寺乐助洋 30 元、龙圣寺乐助洋 20 元、吉祥寺乐助洋 10 元、天井寺乐助洋 10 元、天童寺乐助洋 222 元。"① 由此可见，各地寺庙的水陆捐款实则是保障宁波佛教孤儿院日常经费来源的基础。

二来孤儿院的资助则由常务董事会中的院长陈训正和募捐董事傅耕宜组织外出募集。陈训正作为宁波佛教孤儿院组建的带头人，除却得到各方人士的支持外，自身也是卖文恤孤，有"礼俗既敝，文事隧繁，寻常歌泣，动辄庆吊，征索无已，余颇厌之。爰立酬格，籍资恤孤。必我求者，请如左约：一，墓志铭表碑记 300 元；二，寿文哀诔 100 元；三，籍祝隧喜。慈溪陈训正"② 的公开卖文广告。安心头陀傅耕宜作为宁波地区的米商，义无反顾地投身慈善事业。在宁波佛教孤儿院建设之初的 1919 年，他就自愿以"募捐董事"的名义自费前往印度尼西亚、马来西业等华侨聚集之地，向当地的佛教信众劝募，一度解决了孤儿院初建时期的经费问题。其先后五次经河汉流域，三渡南洋，为宁波佛教孤儿院筹募了总共 4.5 万多元经费善款，给予宁波佛教孤儿院的发展以巨大的帮助，1922 年傅耕宜在北平法源寺剃度为僧，受戒于宝点石庵，法名寇定。他主持白衣寺后："愿将本寺常住每年一切收入提出十分之三捐助宁波佛教孤儿院教养经费。并愿将千佛功德堂每功德主所出银 120 除 20 作常住香火费用外，余 100 亦一并悉数拨充该院基金。此系永远拨助，子孙不得违背。"③ 据记载，安心头陀傅耕宜常年光着脚，每日只吃一顿饭。一袭旧袖，托

---

① 《宁波佛教孤儿院第七年报告册》，转引自李建平《民国时期宁波孤儿院研究》，宁波大学 2010 年硕士学位论文，第 22-23 页。

② 宁波佛教孤儿院教育研究会编：《孤儿教育》第 1 期，转引自李建平《民国时期宁波孤儿院研究》，宁波大学 2010 年硕士学位论文，第 28 页。

③ 《宁波佛教孤儿院第七年报告册》，转引自李建平《民国时期宁波孤儿院研究》，宁波大学 2010 年硕士学位论文，第 22-23 页。

着钵，到处募捐化缘，被民国的慈善界称为"宁波的武训"。1920年，陈训正遂作《赠傅老叙》以志其事迹：

> ……鄞傅老宜耘，居廛六十年，有子克其家。傅老曰："吾于家亡虑，吾将虑世，顾世何事而当吾虑耶？"闻余与诸山兴白衣院收恤诸孤无告之民，喜曰："此吾事也。"走就余，会院中资未集，余与诸山方皇皇无措手，傅老曰："是何难！"𢇁装囊私金别余去，之南洋列岛，投某寺，受五戒，发誓愿徒行告募，遍叩吾国人之侨其地者，期年得二万金归。行旅舟车饘粥之需，计亦千余金，皆身取之，无与于院。……（傅老）以象著之年，忍嗜欲，别妻子，……出其数十年劳汗所得，抱慈悲教义，赴万里荒远不测之乡，效佛者所为，投门乞食，为穷民诸无告者谋所以养，……非见理明更事多者，孰肯奋而为之？……天如不废吾院，他日者，吾两人得见吾院婴婗之儿皆壮强成立，各抱吾子之心，赴义四方，则虽尽天下之孤而院之不难也。然此亦安能必得者，姑与子张言之。[1]

后来由于宁波佛教孤儿院的发展逐步壮大，其开始逐步收到银行、钱庄等机构的捐款，据《宁波佛教孤儿院第七年报告册》记录宁波佛教孤儿院有："中国银行、上海银行、大陆银行、金城银行、交通银行、江苏银行、晋和庄、元丰庄、同益号等每年乐助四元"。[2] 除此之外，当然还有其他各界人士

---

① 《秋岸集》，《天婴室丛稿》（5），第233-235页。对傅氏此一善举，《时事公报》曾多次详加报道，如1922年5月14日《傅宜耘再为孤儿请命之成绩》云："宁波佛教孤儿院院董傅宜耘（字砚云）君，前为该院孤儿日益增加、经费不敷，再赴南洋群岛筹募基金，于夏正二月二十日带同教育家吴铭之及孤儿院生沈孝耕（系赴南洋习业），自甬搭轮启行，于三月初二日至香港候船，初九日始趁燕南号轮赴星加坡，于十五日抵埠，即寓该埠丹戎巴葛路普陀寺内，休憩数日，即出募款。……又今日适为该院五周纪念，并傅君六十生辰，故院中举行游艺大会，以志庆贺云。"又如1922年10月2日《孤儿院董赴南洋募捐之经过》曰："宁波佛教孤儿院院董傅宜耘君，重赴南洋，□募院款，所有逐次报告捐数，及不日返甬各节，已迭志本报。兹闻傅君于未曾赴南之前，曾觅得宁波黄道尹、前孙监督、金检厅长、姜知事、张让三、陈屺怀、赵种青、沙孟海、葛夷谷、张辟方、蒋东初、蒋履贞女士，……书画诗联多种，……携往南洋，分赠与慨助巨款之人，……惜因抵南以后，适值商市衰落，致所集捐项，未能满愿。"又，1922年10月17日《孤儿院生欢迎傅院董返甬》载曰："宁波佛教孤儿院董傅宜耘君，前由南洋来函，谓于八月初旬准觅轮回国等情，已志本报。兹闻傅君业于前日抵沪，略将所筹捐项，接洽一切，即于昨日趁□宁绍轮返甬，该院教职员等，闻此消息，……爰率同全体孤儿，抵埠迎迓，军乐洋洋，导之进城云。"

② 《宁波佛教孤儿院第七年报告册》。

对其的大力资助。如陈训正在 1920 年时就有作《白衣院屠母功德碑》《书屠母碑后》两篇，用以感谢鄞县人屠用锡对佛教孤儿院的赞助。《白衣院屠母功德碑》云：

> 民国六年秋，四明僧之高者，称其先德天童敬安上人之遗志，议于城北白衣广仁讲寺建院收恤孤儿，用推其教义，而又以余之淑，其人也，诿主其事？既举三年，六邑之孤者来益众，所会材不苟于用，院且废隳，余与诸山戚戚忧之，方以为莫之继也。一日，鄞屠君赍千金来，称曰："用锡不能事亲，奔走四方，无得于晨夕。今岁吾母七十，用锡始念母之劳劬，将会朋僚姻娅，谋所以为娱，顾以母命，不许靡靡踵俗之所为，而责用锡能效于群者务之。用锡不敢违，谨奉千金以致，盖母志也。"余于是乃率诸孤者，拜辱贤母之赐，……众曰："是功德，不可忘。"乃磬石碑于院，而余为之文。……九年某月，慈溪陈训正记。[1]

又，陈训正《书屠母碑后》载曰："余友屠君康侯，笃于事亲。母氏张，贤而知礼，年七十矣。屠君欲为循俗举庆，母不可，曰：'必不能已，毋效靡靡者之为也。'请其意，曰：'吾闻城北白衣院收恤孤儿，且众赞不举。恤孤，吾意也。'于是屠君遂移其宾客宴会之费千金，将母命来致。呜呼！此可谓情至者无备礼，敬至者无备辞也。屠君远矣，可以风国俗。既为立石纪功德于院，复申论其事如此，盖所以咏叹屠君母子之德靡已也。"[2]据悉，1923 年宁波佛教孤儿院经费拮据，陈训正只能寄期望于甬上富室相助，故作《白衣恤孤院第六周报告端言》：

> 余长是院六年矣，一篑之覆，苟合始基，吾止吾进，每用自策，然荒荒日月，变迁方长，陵谷桑海，实滋疑惧。前者沿门托钵，赖有傅老长舌，今傅老已祝发沩山，弃余而去，余亦以饥驱故，奔走道路之日多。由今以往，是院前途之明黑，惟视后来善心人之弘愿何如，余孱不能胜重也。……傅老为僧后，屡有书来商院事。最近一书，尤为挚切。书言："吾悔不在三年前着手募金，尔时吾甬人经营信交事业，各有所获，起家数十万百万，交游中大有其人。人能稍损游戏、饮食之费以为

---

① 《秋岸集》，《天婴室丛稿》（5），第 229-230 页。《白衣院屠母功德碑》，《鄞县通志》第四《文献志》第七册戊编下《艺文三》题作"佛教孤儿院屠（用锡）母功德碑"。

② 《秋岸集》，《天婴室丛稿》（5），第 232 页。康侯，乃屠用锡之字。

吾助，吾院当可百年矣。电光泡影一转瞬，便了去来空空，吾早见及，但不料兴败若是之速。……吾甬尚不少巨室，愿公广播我言，传之道路，万一有看破金钱之人，援助我院，成全功德，老衲此书不虚发矣。"傅老书到，适吾院方印六周报告，因转述之，以识其端。傅老悟道之人，其言具有菩萨性，当有闻而感乎者。癸亥十二月，慈溪陈某题。①

除却向外的募捐与筹款活动，宁波佛教孤儿院在陈训正和佛教人士的带领下，积极拓展孤儿院的资金来源，他们在院中自行创办各类工场，由工务股相关部门的主任和职员负责，开展对外的商业活动。今可见其广告："宁波佛教孤儿院工场谨启：我院有各种工场：（一）印刷工场；（二）裁缝工场；（三）纸工场；（四）制鞋工场。如蒙委托制造，或选择购用，既为提倡工艺，亦即嘉惠孤儿。尚希诸公赐鉴！"又有广告曰："振孤商店启事：专售本院工场出品兼营日常用品，为孤儿学习商业上之普通知识起见，由孤儿轮值经营，院员任指导之责。对于惠顾之客，当格外克己，竭诚欢迎！"②与此同时，宁波佛教孤儿与《孤儿教育》杂志的创立与宁波佛教孤儿院西乐队的组建，在宣传宁波佛教孤儿院慈善事业，陶冶学生音乐知识和性情之余，也为孤儿院的发展带来了不少的收益，是宁波佛教孤儿院持续运营的保障。

第三节　陈训正与宁波佛教孤儿院的建设

宁波佛教孤儿院在 1918 年建立之初，就规制了一套较为完备的孤儿收养标准。首先，孤儿在年龄上必须符合 7 岁至 12 岁的年龄要求；其次，孤儿需由亲属、当地名绅、善士介绍担保或由官署或地方公众机关备文移送；最后，入院孤儿还必须接受孤儿院的身体检查，身患恶疾，残废者不被接收。初建之时，孤儿院拟收养 60 名孤儿，但因为社会动荡，请求入院者众多，第二年即增添了 10 个名额，改为 70 名。第三年增为 80 名，第四年、第五年皆达到 100 名。后因早前收养孤儿毕业或外出从业，加之孤儿院经济资助出现危机，

---

① 《庸海二集》，《天婴室丛稿》（8），第 336-337 页。

② 宁波佛教孤儿院教育研究会编：《孤儿教育》第 1 期。

故而始终保持在100名的收养名额。当然除却此孤儿院规定的名额外，亦有大善士认助教养的孤儿，以常年经费60元加收的名额，故而《宁波佛教孤儿院第七年报告册》中记载的第七年中孤儿院收养孤儿达到127名之多（详参表6-1），其中27名皆为各界大善士资助增添名额。据悉，以后宁波佛教孤儿院收养孤儿数额一直维持在100名左右。

表6-1　1924年宁波佛教孤儿院院生姓名录（部分）

姓名	年龄	籍贯	父母存殁	入院时间	保证人	备注
董长寿	16	慈溪	父母殁	1921-04-23	陈建雷	练习生
叶祥夫	16	象山	父殁母存	1919-08-11	智圆上人	六年级西乐队
李德裕	15	镇海	父殁母存	1918-07-20	胡振煜	六年级西乐队
郭志华	15	鄞县	父殁母存	1923-03-14	张于相	六年级西乐队
汤锡藩	15	慈溪	父母殁	1920-03-01	费敬甫	六年级西乐队
应元翘	14	鄞县	父殁母存	1920-03-21	汪崇干	练习生裱画工场
柳哲夫	15	鄞县	父母殁	1920-03-22	范楚三	六年级西乐队
赵云翔	15	鄞县	父殁母存	1918-09-10	周嘉后	六年级西乐队
李德芳	16	鄞县	父殁母存	1918-02-25	胡蒙云	西乐队
陈经畬	15	鄞县	父母殁	1922-06-11	傅砚云	六年级印刷工场
朱汝成	15	鄞县	父殁母存	1921-02-27	冯木	六年级印刷工场
李梅生	16	鄞县	父母殁	1921-02-27	王源大号	四年级西乐队
黄文彬	13	余姚	父母殁	1920-12-24	妙山上人	五年级裁缝工场
郑保康	15	奉化	父殁母存	1919-02-06	孙表卿	五年级烹饪队
张孝炎	14	鄞县	父母殁	1921-02-27	傅绍亮	五年级裁缝工场
林孔清	14	天台	父母殁	1921-02-27	圆瑛上人	六年级西乐队
方大信	11	鄞县	父母殁	1921-12-29	张辟方	五年级西乐队
严慧贞	13	镇海	父母殁	1921-02-27	严慧峰	五年级裁缝工场
金理根	11	鄞县	父殁母存	1922-03-29	江韵琴	四年级裁缝工场
俞祥林	13	鄞县	父殁母存	1920-04-03	傅砚云	六年级西乐队
徐光清	13	鄞县	父殁母存	1920-10-17	陈师母	六年级西乐队
宣镇奇	14	诸暨	父母殁	1920-12-25	严师母	六年级制篾工场
蒋宝环	14	乐清	父殁母存	1922-03-05	赵芝室	五年级裁缝工场

续　表

姓名	年龄	籍贯	父母存殁	入院时间	保证人	备注
乐师毅	14	定海	父母殁	1923-08-18	胡友莲	四年级
王春年	7	黄岩	父殁母存	1924-01-20	陈子泉	一年级

传统的孤儿院系统和宗教性组织，对于孤儿问题的解决往往停留在收抚层面，以维持孤儿的生命为最高目标，一旦抚养成人则不再管教。不成系统的教学与管理很容易使收容的孤儿产生一系列的问题，乃至在回归社会后成为社会的寄生虫，对国家和社会造成危害。宁波佛教孤儿院在收容教学方面有了规整和创新，在收养的同时高度重孤儿的教育工作。

首先，以陈训正为代表的学者群体帮助孤儿院引进了一大批职业教师，他们大多毕业于正规的师范类院校（详参表6-2），有着较为先进的教学理念和较高的教学水平。同时亦有一大批职业教师帮助孤儿进行职业性的培训与锻炼。除却上文所提及的各类工场、商店的创办和乐队的组建，孤儿院更给学生提供进入当地各类实业工厂工作的途径和机会。此外，担任教务主任的王吟雪在主持院务后，大规模施行其设计的教学法，成立了孤儿教育研究会。对修身、国语、音乐、美术、工艺、园艺等课程进行改良和创新。[1] 其丰富孤儿院的教学科目内容，大幅度提高了孤儿院的教学质量。孤儿院还组建了阅报部、讲演部、运动部、整洁部、管训部、交际部等学生部门，每个部门都有专门的老师和干事进行管理和教学。孤儿修满各学科及各业时经考试及格者给以毕业证书。毕业后也有机会由孤儿院介绍派往各地实业工厂进行工作。宁波佛教孤儿院成立以后，因办学成绩突出，受到《时事公报》的特别关注。《时事公报》1921年1月5日《保荐孤儿习工商业》云：

> 宁波佛教孤儿院由陈屺怀、圆瑛等创办以来，已有三年，收养孤儿原定六十名，去年因入院者之要求，乃增加至八十七名。兹闻该院从去年到今春，保荐孤儿赴各地学习工商业者，计有十七人，调查其姓名及学习地点如下：李保德，上海咸茂米行；周声甫、祝昌良、俞品、郑传荣，上海振丰棉织厂；吴世昌、王文安，上海中华图书馆；郑祥寿、张根法，上海姜宝兴洋衣店；李树德、沈孝耕，宁波工厂；徐清瑞，宁波

---

① 《时事公报》，1922年4月4日。

裕大；王宝根、邬春苗、申丰沛、王祥金、戎瑞华，上海商报馆。

由此亦可得见，陈训正担任宁波佛教孤儿院院长期间，除却凭借寺院收容宁波大量的孤儿外，亦通过商业途径为孤儿们提供了商业学习的基础，使孤儿长大后能自谋生计。同时，孤儿院还根据孤儿的学习成绩、爱好、体格等条件予以职业的介绍和工作的安排。这一切正体现了陈训正独特的新型职业教育的办学理念。故而宁波佛教孤儿院为中国近代民族资本和革命事业提供了大批优秀的人才，如曾担任宁波市公安局局长的邵一萍、中国人民解放军大尉洪哲泉等。

表 6-2　宁波佛教孤儿院职员考

姓名	籍贯	职务	任职年月	履历
陈训正	慈溪	院长	1918-01-01	宁波工业学校校长
禅定	江宁	院长	1923-01-01	前宁波观察宗寺方丈
孙绍康	鄞县	院医	1923-01-01	宁波生生医院院长
王吟雪	鄞县	主事	1918-01-01	浙江省立第四师范学校毕业
马志千	鄞县	事务主任	1919-02-04	前宁波工业学校事务主任
骆秉镳	诸暨	会计主任教员	1924-03-01	浙江省两级师范学校毕业
王景芬	奉化	教务主任教员	1921-08-25	浙江省立第四师范学校毕业
王定纶	鄞县	工务主任教员	1922-01-02	浙江省立第四师范学校毕业
沈家蔵	鄞县	教员	1924-06-01	宁波斐迪大学毕业
孙自修	奉化	养护主任教员		
刘金龙	杭县	西乐教员		
马骥良	鄞县	事务助理		
高全福	南汇	印刷工场专工教师		
姚虞法	临海	制鞋工场专工教师		

1927 年 5 月 13 日，陈训正与马叙伦等 17 人被南京国民政府任命为浙江省常务委员。同年 7 月 25 日，浙江省政务委员会改组为浙江省政府。陈训正被任命为浙江省政府委员，并出席浙江省政府委员会第一次会议。7 月 27 日召开的佛教孤儿院董事会特许陈训正无需负责孤儿院的相关事务。《时事公报》1927 年 7 月 29 日《佛教孤儿院董事会纪》云：

宁波佛教孤院，因有各种院务，亟待各董事商确，特定七月二十七日，召集董事会开会讨论，……议按如下：①孤儿升学办法。……②孤儿限年出院。……③惩奖孤儿办法。……④院长负责院务按。……院长陈岂怀先生现任省政务委员，禅定和尚现任天童寺方丈，咸因路途较远兼有重大职务，不能如期到院，暂不负责外，当场各董事面恳赵芝宝先生、智圆和尚二院长，订期到院，以利院务；⑤催缴水陆捐。

1928 年 11 月 21 日，陈训正卸任杭州市市长一职，根据显宗《回忆宁波佛教孤儿院》的相关记载，陈训正在辞官前就再次被推举为宁波佛教孤儿院的居士院长：

1928 年，组织常务董事会，以沙门禅定、智圆、莹戒，居士张申之、李霞城、蔡良初、周子材、徐镛笙等八人为常务董事，公推张申之为董事长。是年改推陈岂怀为居士院长，安心头陀为沙门院长。①

可见，陈训正仅有一年时间由于政务问题，未有时间参与宁波佛教孤儿院的发展与建设。1947 年，奚谷作《记陈玄婴先生追悼会》一文，详细报道了陈训正追悼会的情况。从中可见陈训正一生为宁波近代教育事业贡献之巨。民国《宁波日报》1947 年 4 月 22 日载：

陈玄婴先生，他以艰苦的革命精神，坚忍的创学毅力，感召着后代的继起。他逝世虽已三年多了，但他的精神不死，千万个人，为着他伟大的胸襟，不辞劳瘁助人的好心，以及创立事业的精神仍怀念不已。三十六年四月廿日。（宁）波工业学校，效实中学，正始中学，佛教孤儿院等四团体，趁先生灵柩自杭州径回原籍，将于四月廿三日举行安葬时，特发起追悼会，假效实中学大礼堂举行……挽对挂满在礼堂的四周，正中是蒋主席的"人伦坊表"，旁边是高工的挽联："兴学化英才雨沾岂惟我校，居官持大体仁风自是乡贤。"其次是效实的"人之云亡邦国瘁，魂兮归来旌旗扬"，再次是正始的"坐春风沐化雨甬□难忘侍杖日，蓄道德能文章四明痛失老成人；著作养身一代咸推大匠，哀荣备至后生顿失人师"。佛教孤儿院的"发菩萨愿现居士身极千百失怙儿同离苦海，存平等心行方便事度万亿颠罗堕共出迷津"。其他还有于右任的"早为人类争平等，晚以词宗老战场"，陈佑华的"白苏政绩湮祀千载，李杜文章

---

① 显宗:《回忆宁波佛教孤儿院》,《宁波文史资料》第 22 辑, 第 218-213 页。

光焰万丈"。追悼会开始了，先由佛教孤儿院和尚上供，后由赵芝室主祭燃香，由陈书莊读祭文，……继由周嘉俊先生报告今天纪念陈玄婴先生的意义及生平事略，……最后，我要说：先生的时代并未过去，后来者真需要继续努力！三十六年四月廿日夜于宁波。

以宁波佛教孤儿院一事而观，陈训正不但联合商界与宗教界在民国动乱的时代背景下解救了一批失亲的孤儿，更为社会和国家培育了一批术业有专攻的人才。今天，从《时事公报》的大量报道不难看出，宁波佛教孤儿院俨然如一设施制度完善的小学，其高质量的教学与崇高的社会责任心是当时社会的典范。陈训正作为宁波近代教育事业的代表人物，其对社会和国家的贡献是不可估量的。

第七章　陈训正与宁波中等工业学校

　　陈训正虽缺乏原创性的教育理念，但他在宁波开展的教育实践值得充分肯定。他参与创建并担任十几年校长的宁波中等工业学校（详参表 7-1），实开宁波近代职业教育的先河，被认为是"宁波教育史上第一所职业技术学校"[①]。通过爬梳仅存的史料，回顾那段创校历史，究明在怎样的时代背景下陈训正得以创立该校，又为学校的发展做过何种努力，当有助于我们更清楚地把握陈训正在宁波近代教育史上的地位，从而对其人、其事业做出更为公允的评价。

表 7-1　1912—1931 年"宁波工校"校名变迁及历任校长姓名

起讫年月	校名	校长姓名	起讫年月	校名	校长姓名
① 1912-02 —1913-07	宁波公立中等工业学校	林端辅	⑤ 1927-08 —1927-09	宁波市立工业学校	王思城
② 1913-08 —1923-08	旧宁属县立甲种工业学校	陈训正	⑥ 1927-09 —1930-07	宁波市立工科职业学校	

---

　　① 周达章：《宁波教育史上第一所职业技术学校办学历程的回顾》，《宁波教育学院学报》2013 年第 4 期。

起讫年月	校名	校长姓名	起讫年月	校名	校长姓名
③ 1923-09 —1926-08	旧宁属县立工业学校兼附设初级中学	陈训正	⑦ 1930-08 —1931-01	宁波市立工科高级中学	王思城
			⑧ 1931-02 —1931-03	鄞县县立工科高级中学	
④ 1926-09 —1927-07	旧宁属县立工科职业学校		⑨ 1931-03起	鄞县县立高级工科学校	

注：本表取自《鄞县县立高级工科中学二十周纪念册》之《校名沿革及历任校长姓名表》。

第一节 破局：突破瓶颈的实业教育尝试

19世纪末20世纪初，在与西方的持续接触中，国人渐渐意识到在我国与西方的巨大差距中工业的落后尤其悬殊，因此兴起一股实业救国的热潮。宁波作为最早的"五口通商"的口岸之一，较早地引进西方先进生产技术和经营方式，兴办新式工商、金融、交通运输和邮电等企业组织。1900年到1912年，宁波先后创办了和丰纱厂等18家工厂。[①] 不断发展的工商业实际上蕴含着更多的工商业人才的需求，而实业人才的培养则必须借助教育。这不单纯是宁波一地的特殊状况，而是近代中国民族工业发展的普遍需求，因此在清末新政后，政府颁布癸卯学制，并特意设初、中、高三级实业学堂以实现逐步进阶，而且强调"农工商各项实业学堂以学成后得治生之计为主，最有益于邦本"。[②] 由此实业教育被纳入国家的教育体系。而1905年陈训正参与创立并主持校务的德育初等农工学校正是受此种思潮影响的尝试。然而德育初等农工学校虽然开展了职业教育，但是还并非完全实施职业教育的学校，仍属开展读书、认字等基础教育的学堂性质。不过这也显示出陈训正较早就对实业教育有所关注。到1911年，宁波先后共创办实业学堂8所，以教授商业、农业技术为主，培养了一批宁波近代工商业发展需要的教育、政法、金融、工商等技术和管理人

[①] 张菊霞、任君庆：《近代宁波职业教育的发展特征及启示》，《职教论坛》2014年第10期。

[②] 谢秀琼：《近代宁波职业教育的发展历程及其特征》，《职教论坛》2017年第28期。

员。① 这样，宁波的实业教育得以在不断增长的经济需求与教育改革发展需求双重动力推动之下开展。

此外，相较于商业而言，工业发展相对薄弱的实际情况也使得宁波一地的有识之士希望实业教育能有所发展。由于毗邻上海、杭州这两座城市，近代宁波人才外流严重。上海作为近代全国经济中心，更是吸引了大量的宁波移民。"据统计，到清末，在上海居民中宁波籍人士已达40万人，约占当时上海居民的三分之一。他们不少人移资金于上海，从事金融业、航运业等，而不在本地发展。因此，宁波近代民族工商业固然有一定的发展，实际上基础工业薄弱，规模较小，机械化程度低，其行业结构几乎是轻纺食品行业的天下，而且深受上海市场的影响。"② 这就限制了宁波工业的进一步发展，工业发展薄弱，工业人才不足似乎已成为限制宁波发展的瓶颈。为改变这种状况，推动民族工业的进一步发展，宁波的有识之士认为必须在本地培养通晓技艺的人才，而实现途径就是开展实业教育。

如前所述，参与创建育德初等农工小学的陈训正实际上早已对实业教育有所关注。担任学校监督的陈训正重视对学生进行农工常识教育，希望学生能有一技傍身而可自寻前程。实际上1901年陈训正东渡日本时就格外重视对实际生产有用的实用之学，"先生游日本，专意访求科学图书仪器，并得蚕桑良种，携以俱归"③。这样一贯对实业教育有所关注的陈训正终于在民国成立后迎来了机会。如果说晚清的学制改革仍然不可避免地保留了较多保守的封建色彩，因此实业教育难以深入的话，那么民国的成立终于可以更彻底地发展实业教育了。1912年1月，时任宁波教育学会副会长的陈训正积极奔走，联系一批有识之士，与北京京师大学堂教授何育杰，上海钱保杭，以及同乡挚友赵家艺、范贤方等共同筹款，以宁属六邑公会公款创办了宁波公立中等工业学校，并以光绪年间镇海李氏所设益智中学旧址为校舍，聘林端辅为校长。1913年8月林端辅辞职，正值陈训正在上海创办平民共济会受挫不得不返回宁波之时，

① 张菊霞、任君庆：《近代宁波职业教育的发展特征及启示》，《职教论坛》2014年第10期。

② 纪立新：《宁波近代教育初探——以国人自办教育为考察对象》，《宁波大学学报（教育科学版）》2006年第4期。

③ 张原炜：《陈无邪墓志铭》，《天婴诗辑·续编》，陈训慈整理，1988年抄本。

故而便自任校长。

第二节　模式：学习加生产的课程设计

民国初年政府颁布壬子癸丑学制，该学制仿照日本 1900 年学制中设立甲种职业学校和乙种职业学校的思路，将国内的实业学校分为实施完全的普通实业教育的甲种实业学校和实施简易的普通实业教育的乙种工业学校。因此，在陈训正接任校长的第二年（1914 年），宁波中等工业学校改名旧宁属县立甲种工业学校。按照规定，学生入学须读预科一年、本科三年。学校的课程设计实质上也非原创，而是紧跟政府规定。根据壬子癸丑学制，工业学校须开设金工、木工、土木工、电气、染织、应用化学、窑业、矿业、漆工、图案绘画、藤竹工这些专业。[1] 建校之初仅设机械科（后改称金工科）一科，后来广招大学的工科毕业生为学校老师，才在 1916 年 8 月添设土木科，1927 年添设汽车道路科。[2]

然而值得肯定的是，学校针对不同专业仍然较有针对性地设计了课程。学校教学内容按各专业特点，设置有必修课、选修课。如金工科所设必修科目有：党义、军事训练、国语、英语、理化、算学、机械制图、工作法、力学、材料力学、机械构造、水力学、汽机、煤油机（柴油机）、机械设计、机关车、电工学、体育等 18 门。体育课每周一次，计时一小时，课间操 15 分钟，课后练习运动 50 分钟，都按学分制考核，每学期体育课的学分合并计为 6 分。除了学习专业知识，还安排实习，三年共 60 次，每学期 10 次，计有学分 30 分。建筑科必修科目有：党义、军训、国语、英语、理化、算学、地质学、工作法、机械画、力学、材料力学、水力学、图法力学、测量学、道路学、桥梁学、建筑材料学、机工大意、建筑画、铁道学、房屋构造、河海工程、卫生工程、铁筋水泥、体育、实习等。总计 161 学分，204 节课时，三个学年完成。汽车道路科所设必修科目有：党义、军训、国语、英语、理化、算

---

① 夏英：《在挣扎中前行：中国近代职业教育课程史》，南京师范大学 2015 年博士学位论文。

② 《鄞县通志·政教志》第五册。

学、地质学、机械制图、工作法、力学、材料力学、建筑画、应用材料学、机工大意、汽车电气学、汽车学、测量学、道路学、桥梁学、体育和实习等，总计 204 节，158 学分，三年学完。[1] 由课程可见如理化、算学、力学等科目三个专业都作为基本的科学知识而必须加以学习，显示出对西方科学知识的认识和学习已经渐渐深入。但是课程设计所呈现的问题也是明显的，不同专业的必选课程有重大的重合，如建筑科与金工科重合设置的科目有 12 科，与汽车道路科重合科目居然有 17 科（实习课未算入），均在半数以上，这表明尚在探索阶段的工业学校所开设课程的专业化程度远远不够。这实际是因为学校所开设课程是由壬子癸丑学制所规定的，而专业类课程重合度高则是民初学制的固有弊端，[2] 因此严格遵循学制规定开设课程的旧宁属县立甲种工业学校也未能跳出窠臼。

工业学校自然离不开实际的操练，因此我们可以看到学校的三个专业都开设有实习课。尤其在新的学制颁布实行以后，实业学校设立的目的更为明确，就是应社会实业发展的需要，满足个人的就业之需。因此较之理论学习，实习当占有相当重要的比重。事实上，1913 年颁布的壬子癸丑学制也首次规定了实业学校的实习课程比例当在 40% 以上。[3] 政府对学生实际操作能力的重视可见一斑，因此宁波中等工业学校规定，在课堂之外学生每周需有四个下午的时间到工厂实习。但是或许囿于经费紧张，学校成立之初仅能通过借用宁波工厂以供学生们实习之用，并没有自己的工厂，这样自然会有诸多限制，因此身为校长的陈训正为改变这种情况，在 1918 年学校正值经费困难的情况下依旧决定勉力为学生添设工厂"前此实习借用宁波工厂诸多不便，下学期决计添设金工科实习工厂一所"。[4] 而且，学校附设的工厂不仅仅用来培训学生的技能，也培养了学校工厂生产所需的诸多技工。学校在搞好教学的同时，也生产了社会所需的机械设施，如校附属工厂生产的铁壳汽船、救火机、碾米机、织布机、汲水机和柴油引擎（机）等，这些产品直销市场，有时还接纳直接订货

① 周达章：《宁波教育史上第一所职业技术学校办学历程的回顾》，《宁波教育学院学报》2013 年第 4 期。

② 夏英：《在挣扎中前行：中国近代职业教育课程史》，南京师范大学 2015 年博士学位论文。

③ 夏英：《在挣扎中前行：中国近代职业教育课程史》，南京师范大学 2015 年博士学位论文。

④ 《工业学校之进行》，《申报》1918 年 6 月 13 日。

业务。这样既不耽误学生的实习，又能在实习之余充分利用工厂设备，通过产品的销售一定程度上或可补充学校运营所需费用。

由上可见，该校无论课程设置还是预科一年、专科三年的学制，实际都非陈训正诸人的首创，而是遵循既定的制度，在宁波一地开展的实践活动。反而是资金、教学人员不足等状况导致学制规定的某些项目并不能完全的实现。陈训正的贡献在于积极推动了宁波一地职业教育开展的实践，而非在诸如职业课程设计上的理念贡献。

尽管课程设计上存在不足，但作为近代宁波首所职业教育中学，陈训正等人创立的宁波中等工业学校已经初具规模，至少已经根据政府出台学制的要求尝试开展学习加实习的实业教育办学模式。本就推崇实用之学的陈训正又曾东渡日本，因此他应该远较常人更熟悉日本学校的情况，而政府颁布的学制又是大规模借鉴日本，所以理论上讲陈训正的办学事业应当更为顺利，但是，事实并非如此，陈训正毕竟是一介文人，组织管理实非他所长，故而接任校长之职后，学校经营反而陷入了一直难以摆脱的困境。

第三节 运营：债务重负下的艰难办学

宁波中等工业学校得以创建的启动资金主要是靠 1912 年 1 月 "宁波临时军政分府筹拨六邑公款"[①]。当其开办之初，无论师资、生源，抑或收支状况，均已显现出良好的发展势头（详参表 7-2）。但在 1913 年陈训正接手后，该校的运转经费开始连年短缺且日益严重，在 1917 年秋竟已沦落到为还旧债新账而不得不出售校产的地步：

> 浙江旧宁属县立甲种工业学校校长陈训正，今因本校经费支拙，于民国六年九月二十三日呈奉会稽道尹，转奉省长公署第一二八六号指令，准将民国元年六邑公会议决拨与本校管有旧月湖书院遗产沙地作为壹万伍仟元交价出卖，移充校费在案。……中人：李镜第、赵家荪、

---

① 《鄞县通志》第二《政教志》第五册庚编下《教育（三）》，第 1083 页。

费绍冠、冯良翰、郁桂芳、张原炜。[1]

表7-2　1912—1913年宁波工校校情统计

年度	教员数	职员数	当年招生人数			当年毕业生人数	年度收支结余	年度资产统计（元）			
			机械科金工科	预科	合计			工厂器械室添造房舍	校具	教具	合计
元年	11	5	37	65	102		-520元				27000
二年	11	7	71	52	123	金工科11	2881元	23500	4000	2000	29500

备注：本表数据取自《鄞县通志》第二《政教志》第五册庚编下《教育三》，第1083-1089页。

降及1920年冬，更是恶化到难以为继，只好拜托浙江省议员张原炜提议将工校改归省立。[2]但该提议并未如陈训正所期待的那样顺利通过，而是遭到了省议会的否决：

> 宁波工业学校校长陈训正前以该校经费支绌，势难支持，缮具请愿书，于本年上届开临时会时，请予提议，改归省立。当经宁属议员李镜第、张原炜、郭景汾、徐志鸿、洪承祁、王栋、屠士恒、裘光炽等向会提出付议一节，已迭志前报。兹闻该按于本届开常会后，业由庶政股审查报告到会云：查宁波私立工校开办以来，成绩卓著，如因经费支绌，中途停办，殊属可惜。该校陈请该归省立，似可照准，然恐其他私立学校援例陈请，则省税有限，将何以对付？故认本按不成立，但该校经费无着（前具《请愿书》时已亏负八千余元），事属实情，若不予以相当补助，其停办也，可立而待。此岂公家提倡教育之道？故拟酌加常年补助费若干元（按照《补助学校费规程》第五条应得补助费五千余元），藉资维持。查《浙江补助学校经费规程》第四条，请求省费补助之。县立及私立学校经省长核，与第二条规定相合者，酌定补助费额，编入省地方预算书，交由省议会议决补助之规定。本按既非省长交议，无从增加，似应由该校呈准省长另按办理。是否有当，仍请公决。[3]

---

① 张介纯：《一张罕见的民国地契》，《东南商报》2005年1月10日。

② 《甲种工业学校改归省立之动议》，《时事公报》1920年11月2日。

③ 《工校省立案之查报》，《时事公报》1920年12月18日。

虽然政府每年对学校进行一定程度的资助，但是这并不能从根本上解决学校经费困难的问题，于是如表 7-3 所示，1920 年以后依然是入不敷出、连年亏损。尤其 1922 年学校遭受台风，本就捉襟见肘的学校财政更是雪上加霜，被毁的校舍与设备的修缮及购进共需七千五百元，时间又在开学前夕，故而校长陈训正只能多方求助，除求助教育厅厅长外又向会稽道尹申请资金，真可谓"皇皇无措"。[①]

表 7-3　1912—1922 年"宁波工校"收支一览（元）

年度		元年	二年	三年	四年	五年	六年	七年	八年	九年	十年	十一年
收入	六邑公会拨款	6896										
	学费	1142	1133	1066	919	871	980	1000	898	1124	1328	1772
	杂入	321			204	29					80	
	江北马路工程捐	1375	1375									
	工厂出品	865	1613									
	各庄息借	4299	4375	6077								
	公款		8795	3590	3479	1375						
	捐款	500	1000	1000	1000	4675	4025	3000	1550	1400	1300	1300
	产息租息			500	700	800	800	800	800	800	800	800
	省补助费				3000	2250	3000	3000	3000	3000	4000	4000
收入	合计	15398	18291	12233	9302	10000	8805	7800	6248	6324	7508	7872

----

① 《甲工校开学之为难》，《时事公报》1922 年 8 月 17 日。

	年度	元年	二年	三年	四年	五年	六年	七年	八年	九年	十年	十一年
支出	俸给		9175	8750	9237	8738	9316	9793	8580	7596	7620	7700
	办公		748			606	1385	1365	1415	1296	1458	1385
	消耗		684									
	杂费		85	1173	1083	1392	1090	1099	1240	600	1062	910
	工厂（实习）用费		2455	2060	681	800	800	800	700	600	800	1100
	设备购置		2263		268	175	1800				180	
	还旧欠			250	500							
	庄息及洋水				387	465						
	修缮						500					2000
	十周年纪念会用费										600	
	合计	15918	15410	12233	12156	12176	14891	13057	11935	10092	11720	13095
年度结余		-520	2881	0	-2854	-2176	-6086	-525710	-5687	-3768	-4212	-5223
总负债数		32902										

　　备注：①本表资料取自《鄞县通志·政教志》第五册庚编下《教育（三）》，第1086—1089页；②民国元年度系自民国元年三月起，至二年八月止；③民国二年实收18291元，原本误作18297元；民国五年实际支出12176元，原本误算为12221元；民国七年实际支出13057元，原本误作13055元；民国十年实际支出11720元，原本误作11800元；民国十一年实际支出13095元，原本误作12095元。

　　陈训正执掌该校期间，财政问题始终不能得到很好的解决，故而宁波中等工业学校实际上一直在窘迫的财政状况中艰难维系。观察陈训正执掌的其他学校，无论是早期的育德初等农工小学还是佛教孤儿院都存在资金短缺的情况，这固然是因为得不到充足的教育资金，但是同样难以否认的是作为文人的陈训正虽然对宁波的教育事业有一腔热情，但是管理运营实在不是他所擅长的，故而每每执掌学校总是难有解决资金问题的有效途径，只能通过不断向政府机关申请资金来暂时渡过一个个难关。此点陈训正本人应当也心知肚明，所以在1931年工校成立二十周年校庆时，陈训正将自己比作治水但未曾收到实效的鲧，而将在他之后继任的王思城校长比作禹，认为多亏他的苦心经营、矫正过失方可使该校维系。[1] 应当说虽不无自夸的成分在，但陈训正对自己的这一评价整体上还是公允的，其对于工校的开创之功的确远胜于对学校的运营。不过应当承认，虽然陈训正经营能力有限，但是他毕竟是在重重负债之下使学校得以保存，为学校留下了进一步发展的生机。

第四节　变迁：时代激荡中的生存之途

1927 年陈训正卸任之后，由王思城接任校长之职。1931 年宁波市政府改校名为鄞县县立高级工科中学，同年 8 月，为改善生源质量，宁波中等工业学校决定创办附属初中部，由陈训正等人负责筹集经费。1934 年因为工校要改归省立，不能再附办初中，故而该校得以独立，即正始中学。直至此时，陈训正在任时试图将工校改为省立的意图终于得以实现。

但是工校并没有能够在和平环境中进一步发展，抗日战争的爆发使得该校不得不在战争环境中艰难生存。1937 年 11 月 12 日，日军飞机第一次轰炸了宁波城区。混乱的时局使得学校不能正常开展教学活动，不得不搬至鄞西凤岙镇诚应庙。1939 年秋因学生增多，学校在附近蒋山村设立分校。[2] 1940 年底，接浙江省教育厅通知，工校迁址至浙南丽水县城继续办学。时在校学生尤其是已就读近三年，将近毕业的学生和全体师生经奉化，新昌、仙居，经过整整十天的步行，几乎每天要赶路 90 里，终于到达丽水县城。[3] 第二年，学校刚刚安顿下来，日军的飞机又接二连三地来轰炸丽水县城，学生白天根本上不了课，师生随着丽水的老百姓一起逃到仙居县高建村，上山避难。当时尚有 11 个班级，233 名学生，设土木、水利、机械等科，在仙居四年，招收三届新生。由于宁波工校办学经费缺乏，日常生活粮食奇缺，这段日子学校到了山穷水尽的地步。1943 年，经省教育厅同意，有学生要离开丽水的，就一律发给盘缠，

① 《鄞县县立高级工科中学二十周年纪念册》，1931 年 12 月刊行。

② 宁波市教育委员会编：《宁波市校史集》，宁波市教育委员会，1989 年，第 47-48 页。

③ 周达章：《宁波教育史上第一所职业技术学校办学历程的回顾》，《宁波教育学院学报》2013 年第 4 期。

安全送他们回宁波。对于毕业班学生，毕业文凭一律等日后补发。1944 年暑假学校迁至临海县大田镇，时任校长是沈伦。1945 年 8 月抗战胜利，学校终于迁回宁波，先借鄞西接待寺为校舍，聘任焦震为校长。次年 4 月起，学校陆续迁至宁波江东大河路，仍聘王思城为校长，租用民房为校舍，有学生二百余人，教职工三四十人，因民房狭小，校舍分散四处，共计面积 2000 平方米。1950 年学校奉令迁往杭州，与杭州高工、大陆、高测等校合并，改为浙江工业干部学校，当时学校有 15 个班级，326 名学生，52 名教职员。① 其后又与杭州纺织工业学校合并为杭州工业学校，是今浙江工业大学前身之一。

至此，工校完成了自己的历史使命。回顾宁波中等工业学校的历程，可以看到在实业救国热潮推动下，以及立足宁波本地实际需要而创立的工校，在多大程度上推动了宁波地区工业的发展因为史料阙如已难详考，但是因为办校时间较长，学制较短，则其培养了一定数量的工程技术人才则无可怀疑。在陈训正 1926 年起草的一份文件中多少可以看到工校为地方社会培养了不少实用人才且颇受社会欢迎："至职校前此之办甲种实业学校，所有历届金工、土木毕业学生，群在汉阳铁工厂、上海慎昌洋行以及宁波市政筹备处、旧宁属各县垦放局、宁波合群建筑公司。办事成绩，颇有可观，多年来各公司各机关，以及各工厂之来函招聘技士及测量员者不一而足，即就地人士之欲令其子弟习金工土木而前来探询、前来请求者，实繁有徒。"② 而作为创始人的陈训正确实为该校的创立倾注了心血，且在财政困难的情况下依然勉力维系，使得学校能继续存在以发挥作用。作为宁波地区最早的职业学校，陈训正等人开宁波职业教育的先河，虽然并未在理念上带来多少创新，但是他们的尝试依然值得充分肯定。

---

① 宁波市教育委员会编：《宁波市校史集》，宁波市教育委员会，1989 年，第 47-48 页。

② 《宁属工校呈请改办中》，《时事公报》1926 年 7 月 5 日。

第八章　陈训正与效实、正始两校

　　成立于 1912 年的效实中学至今已有逾百年的历史，始终在发挥其培养人才的作用。而创于同期的宁波中等工业学校，虽自诞生之初便自觉肩负为宁波培养实业人才的重任，却在 1950 年的合并中早早地结束了自己的历史使命。然而脱胎于工校的正始中学却在变幻无常的时代中得以幸存并延续至今，不能不说这正是历史的吊诡之处。无论是效实中学还是正始中学，它们的创立都和陈训正——这位为宁波近代教育出力颇多的人物脱不开关系。本书选取向来为学界关注较少的效实中学、正始中学作为研究对象，考察两所中学建立的缘由以及陈训正在其间发挥了何种作用，由此则恰好可以观察陈训正推动宁波教育发展的另一种路径——不同于工校的亲自参与管理，而是以相对外部的形态助力学校发展。因两中学成立初期的情况资料稀有，故而也在整理后一并呈现。

第一节　陈训正与效实中学

　　效实中学的创立源于辛亥宁波光复后中学教育出现空洞的状况。辛亥革命后政局初定，旧宁属六邑的各公立学校当时大部分都已停办，当时宁波能够正常授课的公立中学仅有浙江省立第四中学一所，自然无法容纳众多急需上学的小学毕业生。而其他的私立中学又多是教会所建，实以传教为其主要目的，自然缺乏健全的学科体系。同时曾投身革命的名士文人此时才从革命洪流中退出，开始将目光转向新式教育。面对这种状况，宁波一地的有识之士普遍认为有成立一所学科体系健全的中学的必要。

当时陈训正已辞去宁波军政分府的财政部长职务，向来关注宁波地区教育的他在1912年听到钱保杭提议建立一所中学时自然与之一拍即合。《陈布雷回忆录》中有这段历史的记载：

> 效实中学者，盖吾郡教育界鉴于六邑小学毕业生日多，公立之第四中学办理不甚完善，而郡城其他私立中学，皆外国教会所主办，意在传教，学科均不充实，故认为有自办一完美的中学之必要。此议创于钱吟苇、赵林士、芝室、李霞城、陈谦夫、蔡琴孙诸君，而大哥亦力赞之。会鼎革后北都骚扰，北京大学陷于停顿状态，陈季屏（祥翰）、何旋卿两师及叶叔眉（秉良）、何吟莒两君闲居无俚，（逐）（遂）约集同人为效实学会，假育德小学为校舍，而李云书先生慨然移赠益智中学之全部校具及仪器，由学位聘季屏先生为校长，招收学生三班，以正月二十日开学。

从北京各大学回乡的何育杰、叶秉良这样年轻的大学生和参与革命的当地名流陈训正、钱保杭等人的合作下，效实中学得以创办。参与创办者无论是年轻大学生，还是参与革命的人士，实际都接受过新思想的洗涤，故而所定校名也可充分体现他们办学的初衷。"效实"二字出自严复所译《天演论》中"物竞天择，效实储能"的名句，取"责效于实，期在可行"之意，奉行"以施实学为主旨，作鼎革之先声"的办学宗旨，从此，"热爱学校，勤奋教学，注重实学，讲求实效"成为效实中学的校训。[①]

1912年3月效实中学开学招生，然而草创之初学校境况颇为艰难。选择已经停办的西门育德农工小学旧址为校舍，仅楼屋两间，学生62人，分为三个年级，学制四年。因为学生人数少，所以学费收入有限，故而办学经费极其艰难。[②] 学校办学经费是由效实学会筹措的，李镜第被推为会长并直至去世。

---

① 李庆坤：《宁波效实中学简史》，《宁波文史资料》第2辑，第102-103页。
② 李庆坤：《宁波效实中学》，《浙江文史资料》第45辑，第201-205页。

为解决效实中学办学经费紧张问题，他将由李家捐建、当时已经停办的益智中学的全部教具、图书、仪器全部移赠给效实中学，不独如此，他还承诺每年向效实中学捐款5000元，即便是1927年家产被抄后依然信守承诺。直至1932年去世，坚持20多年每年向效实中学捐赠5000大洋从未间断，这也使其身后背负了70000大洋的债务。1913年春，得知宁波六邑公会有一笔公款通知各县分领，每县可领银圆11000元，陈训正抓住机会趁机游说慈溪各界人士，使他们同意将这笔钱捐作效实中学的创校基金，条件是每年由慈溪县选送免费生16名。① 这样陈训正游说而来的这笔钱加上益智中学的捐赠，效实中学终于能够部分地解决创校之初的经费问题。因为效实中学是私立学校，所以经费问题是永恒的话题，而经费经常性不足也是那个时期私立学校的普遍问题。数据显示1913年学校经费也不过3000元，而即便情况较好的1923年，日常费用支出需1.3719万银元，收入仅1.6379万银元，若遇上需要加建校舍，买进设备等要求的话，那就极容易背负债务。②

效实中学立校之初，不仅陈训正为建校资金的筹措奔走出力，另一名与他有关系的人也曾助力学校的发展。此人便是陈训正的堂弟陈布雷。才华横溢的陈布雷本在上海《天铎报》工作，但是他因锋芒毕露而遭到总编辑李怀霜的妒忌，在该报只干了半年就只能被迫辞职返甬。1912年，返回宁波的陈布雷就回到了由其兄参与创办的效实中学任教，成为效实中学第一任教职员之一。当时效实中学的教职员总共13人，其中从事会计、书记、庶务工作的有3人，任课教师10人。校长陈祥翰兼任历史、博物、德文教员，冯开任国文教员，何其枢教国文、法文、地理，陈布雷教英文和历史，何育杰教数学、英文和物理，冯度教化学和数学，叶秉良教英文和地理，图画教员有涂敏恒和虞放，林端辅任体操教员。

不仅如此，1916年陈布雷还曾被推选为效实中学校长，《陈布雷回忆录》民国五年条载其事曰：

> 是年夏，何旋卿先生辞效实校长，学会同人举余承其乏，余辞不

① 沈松平：《陈训正评传》，浙江大学出版社2015年版，第105-106页。
② 陆冰扬：《宁波民办教育的历史回眸》，《宁波教育学院学报》1999年第1期。

获，又不能离家，乃任其名义，而以副校长属健之表兄，负实际责任。

文中的何旋卿先生即为继任陈祥翰之职的效实中学第二任校长。但是因为陈布雷父亲 1914 年 6 月去世，所以他只能秉承父命在家主持家务与族事，居家长达六年之久，所以 1916 年被选为校长不过是名义上的，身在老家的陈布雷并不能真的主持学校事务，所以此期间学校事务实际是由副校长负责。1920 年陈布雷重新返回宁波，继续在效实中学任教。此外，陈训正的另一位堂弟陈训慈也和效实中学颇有渊源：

> 1924 年春，我已读毕大学学分，受上海商务印书馆编译所之聘，任译书工作半年。秋，为家人欲其较近本乡可兼顾家务，应聘任母校效实中学史地教员共三年，其间又在省立第四中学兼课年余。①

因为陈训正最早参与筹划成立了效实中学，所以后来机缘之下，陈布雷与陈训慈都和效实中学产生了联系，这样因着陈训正的关系，陈氏三兄弟都曾为效实中学的成立与发展助力。

从上文所述效实中学第一任教员便可以看出该校的师资力量很强，且课程设置全面，诸如数学、化学、物理、地理、历史、国文等基础学科全部开设。尤其对语言教育极其重视，除英语外尚有德语、法语可供学生们学习，充分显示了其造就全面人才的渴望。或许正是强大的师资队伍和科学的课程设置，效实中学成立不久就因为其高质量的教学而闻名遐迩。《陈布雷回忆录》民国二年条记载道：

> 是年夏为效实甲班生六七人补习心理、论理、英、法文等各学科，志尚亦来校担任补习物理，（钱）吟苇先生及大哥等均来同寓，课暇谈燕无虚日，凡一月余而罢。盖是年北大招考，效实诸生提早毕业，往应入学考试，故为指导预备也。试验结果，汪焕章、冯中及大侄孟扶均录取，吾郡之学界，始渐渐知效实中学之程度。

1913 年 7 月，北京大学招生，效实三年级有 9 名学生（当时学制四年）

---

① 浙江图书馆编：《陈训慈百年诞辰纪念文集》，第 576 页。

去报考，结果录取 5 人。消息传来，轰动宁属各地。[①] 其后效实中学更是凭借其办学质量高歌猛进，1917 年，上海复旦大学、圣约翰大学等先后和效实中学签订永久性协议，凡效实中学的毕业生，全部可以免试入学。1933 年和 1934 年在浙江省举行的全省毕业生会考中，效实中学的初、高中毕业生连续两届双双名列第一。

然而抗战全面爆发后，效实中学丧失了和平发展的机会。学校被迫迁至鄞西高桥，以庙宇做校舍，坚持办学，虽设备简陋、生活艰苦，但依然努力保持着较高质量的教学。1941 年宁波沦陷后，学校停办。其时，部分教师和学生在上海创立效实中学分校（后改名储能中学）。1945 年 10 月 25 日，效实中学正式复校。复校仅仅一年，浙江大学便主动与学校签订协议，每年高中毕业成绩在前六名者，允许保送三名免试入学。1956 年学校正式由国家接管，并改名宁波第五中学。1959 年，被省人民政府确定为省重点中学，1980 年，重新恢复了效实中学的校名。[②] 长期以来，北京大学、清华大学、上海交通大学、浙江大学等高校都把效实中学作为优秀的生源地。

第二节　陈训正与正始中学

成立于 1912 年的宁波中等工业学校至 1931 年已经发展将近十年时间，但是这期间实际一直存在生源质量得不到保证的问题：

> 初中毕业生，常识既具，个性斯分，因之升学之志趣不无纷歧，其性近文理者，多转入他校，高中文理各科统计升入工科者，为数反不及半。而详查本埠已举办高中之各校，惟文科学生为数独多，因之职校试办高中工科时，原有学生固少，外来学生亦不甚发达。[③]

在 1926 年陈训正写给教育厅的文件中已经提及这个问题。工科学校自然

---

① 纪立新：《宁波近代教育初探——以国人自办教育为考察对象》，《宁波大学学报（教育科学版）》2006 年第 4 期。

② 李庆坤：《宁波效实中学》，《浙江文史资料》第 45 辑，第 201-205 页。

③ 《宁属工校呈请改办中》，《时事公报》1926 年 7 月 5 日。

希望所招学生能具备一定程度的数理基础，但是现实的情况是宁波一地的学生向来偏重文科，故而升学之时大量学生转入文科学校。仅留的学生还有一部分初中毕业后就在原校升入高中，这是因为当时宁波的中学大都是完中，学校兼有初中与高中。这样，在外来学生极少的情况下，当地可以进入工校学习的学生自然少之又少且质量良莠不齐。

这个问题得不到解决必然直接影响工校毕业生的质量，并且随着工校的逐渐发展，好生源稀缺的问题必然越发严重。到1931年已经到了必须想办法解决不可的地步，而解决的途径就是自办初中：

> 为确保学校生源，1931年4月26日，经宁工校友大会决议，于1931年8月起附办初中部。推选陈训正等7人负责筹集经费，于年6月27日报请鄞县县政府转呈浙江省教育厅备按核准，先后两次招收初一新生37名，于8月25日正式开学，是为宁工附中成立之始。[①]

俞光透的记载说明附中的成立目的非常明确，就是希望能够用以解决工校生源质量不高的问题。于是通过工校校友大会的决议后，宁工附中的筹建工作正式展开，而牵头解决资金问题的正是陈训正。工校得以建立离不开陈训正的努力，且1913年到1927年他一直任工校校长，此时又是该校校董会主席，在宁波教育界颇有声望，因此为工校发展计，他牵头解决最为棘手的建校资金问题也属情理之中。加之，1930年12月陈训正得以第二次出任杭州市市长之职，政治身份的加持必然使其结交广泛，筹措资金比之常人要容易很多。

果然，事情进展顺利，省教育厅迅速批准此事，并在同年招初一新生37名，全部为男生。[②]当时的宁波工校校长王思城兼任附中校长，因此他同陈训正一样是正始中学的早期创始人之一。王思城校长与工校渊源颇深，1914年毕业于宁波公立中等工业学校机械科一班，从北京大学土木系毕业后回到母校执教。1918年任金工、土木两科教务主任，1927年任工校校长。[③]此外学校又聘请王兴邦为初中部主任，襄助校务，并兼任事务主任。戚才敏兼任教务主

---

① 俞光透：《鄞县私立正始初级中学》。

② 汪盛科：《宁波高工的艰辛发展历程》，《宁波大学报》2012年4月10日。

③ 正始中学七十周年校庆筹委会编：《七十春秋文史集（1934-2004）》，第139页。

任，周嘉后兼任训育主任，林世钦任舍监。开设国文、教学、英语、理化、体育等课程。①

为了使学校能够更好地发展，1932 年附中成立校董会，陈训正被推为校董会主席：

> 1932 年 5 月，成立宁工附中董事会，陈训正、林端辅、赵芝室、冯度、马涯民、冯蕃五、屠士恒、刘元攒、冯莼馆、张崇祉、张屏庵、曹孝葵、王思城、戚才敏、周嘉后、范履吉、王诗塘、姜韬、王兴邦、周维畅、吴理卿等人为校董，推选陈训正为主席校董，冯度、冯蕃五、王思城、戚才敏、周嘉后为常务校董。②

值得注意的是，工校的三任校长林端辅、陈训正、王思城均为附中校董会成员，而陈训正则因为其对工校与附中两所学校创立所做出的贡献，以及他的影响力而理所当然地成为主席校董。

1932 年，宁工附中决定继续招生，共招初一新生 115 名，初二插班生 14 名。开设课程也更加规范，根据学校制定的《暂行学则》规定，开设党义、国语、英语、历史、地理、算学、自然、生理卫生、体育国术、图画、音乐、工艺等课程，各学科实行学分制。附设初中开始时与高工同处一个校舍，同住宿，同膳食，统一钟声上、下课，两者俨然一体。当时的校舍是一幢东西走向狭长的二层洋式楼房，两端各有一个大厅，一为大礼堂、一为餐厅，西面是一排厂房，操场与教学楼平行。初进校园的学生，给校园环境编了一个顺口溜："工业学堂，棺材洋房，进门礼堂，对面饭堂，后面厂房，外边姚江"，尽得风趣。

1933 年 4 月，附中校董会增选张莼馥、俞佐宸、朱旭昌、陈南琴四人为常务校董，5 月，成立宁工附中建造校舍添置设备资金征募委员会，经校董会常务会议推定，时为鄞县县长陈宝麟任队长，城防司令王文涵任副总队长，下设 28 个征募队，开始募集捐款。宁工校友也纷纷解囊捐款，其中王兴邦先生 5 年合计共捐款 1096 元，为宁工校友之最。是年 8 月，举行新校舍奠基礼。

---

① 周达章：《宁波教育史上第一所职业技术学校办学历程的回顾》，《宁波教育学院学报》2013 年第 4 期。

② 俞光透：《鄞县私立正始初级中学》。

12 月 15 日，附中新校舍落成，为一字形二层楼房，共 17 间。为了感谢附中董事长周宗良先生的赞助，命名为"思周堂"。

历经三年苦心经营，各项校务逐渐开展，继新大楼落成后，又新建高平屋 14 间，教学硬件初具规模，时初中部教师达 20 余人、学生 200 余人，教学秩序井然，特色鲜明，成为当时宁波地区令人向往的一所初级中学。北京工业大学校长樊恭烋、西北导弹试验部政委张侗、宁波工程学院（宁波高专）首任校长王兴廉、长沙黄埔同学会会长葛顺荣、上海图书馆研究员、著名藏书家李庆城等都曾为宁工附中的学生。[①]

创立三年后，经过陈训正诸人的努力，宁工附中终于初具规模，然而1934 年浙江省教育厅的一纸文书却使该校面临夭亡的危险：

> 1934 年 4 月 29 日，浙江省教育厅发文，宁波高工收归省立，不能继续附办初中，宁工附设初中部面临夭亡的危险。为此召开全体校董会第三次常务会议，决定姜附设初中部与高工分离，单独建校，定校名为鄞县私立正始初级中学。[②]

宁波高工收归省立至少能使该校一直难以摆脱的债务危机得到妥善的解决，但是不能继续保有初中部让人始料未及。历经三年方才有起色的附中当然不能就这样白白放弃，为此紧急召开的校董会议决定将该校脱离宁波高工独立，以求得学校的保存。同年 8 月 5 日，另组校董会，由陈训正、赵芝室、周宗良、张申之、俞佐宸、俞佐廷、魏伯桢、张莼馥、朱昌焕、冯度、冯蕃五、刘元瓒、王思城、阮葭仙等 14 人组成。正是在这样的情况下，正始中学诞生了。学校由范履吉任校长，呈报鄞县县政府转呈浙江省教育厅备案。

王思城在其《由工校附中改组为正始中学》这篇文章中写道：

> 本中学由工校而产生，工校之得以艰辛维持迄于今日，胥由陈校长训正屺怀先生之力，吾人饮水思源，不能一时或忘。此次本中学独立以后，定名正始，盖即所以纪念陈先生也。凡吾工校校友以及正始诸君子

---

① 此上所引用的资料取自周达章：《宁波教育史上第一所职业技术学校办学历程的回顾》，《宁波教育学院学报》2013 年第 4 期。

② 俞光透：《鄞县私立正始初级中学》。

均应知此命名意义，时时体会，并应以陈先生之办学精神为精神，以陈先生爱护工校之热心来热心维护工校与正始，使两校校务共同发展，两校校誉共同光大，两校规模共同扩充，以告慰陈先生。

正是为纪念陈训正为正始中学成立所做的贡献，所以校名取"训正作始"之意。其校歌《正始颂》更是牢牢铭记着陈训正对该校的重要贡献：

> 有生之初，童童蒙蒙。履端于始，惟学是从。忆本校之始创兮，实附庸于宁工。顾睹名而思源兮，更难忘乎陈公。化育时雨，融沐春风。巍巍大国，蒸蒸日隆。纪独立于斯兮，应发愤而自重。争发扬光大兮，祝前途之无穷。[1]

正始中学虽脱离宁工而独立举办，但社会人士仍视两者相关，他们送子女入正始，大都怀有毕业后能升入宁工的志愿。而且正始中学教职工大多也是宁工校友。正始中学也以宁工校庆日 12 月 14 日作为学校纪念日。

抗战以后，正始中学迁到鄞县横溪坚持办学。1941 年宁波沦陷，日军进驻横溪，正始中学被迫解散，以甲南补习班为名，在甲村六房祠堂、十二房祠堂办学，以之为教室、老师办公室以及男生宿舍，女同学则借住在甲南小学一栋简易的平房内。为避免引起日方注意，最初两年学校只开办国文、数学、理化、英语等课，后来则得以开设诸如美术、音乐、体育等课。[2]1946 年 2 月学校重返横溪，并办学至今。

效实中学和正始中学这两所学校能在激荡变化的历史洪流中幸存下来，并且依然使今人受益，使得我们不得不感叹其生命力的顽强。回顾学校建立之初，虽然陈训正都参与其事，但他并没有直接参与这两所学校的教学或者管理，而是以校董的身份为学校的发展筹划、助力。应当承认，两所学校的成立，或许他不是最关键的人物，但是无论是为两个中学的成立筹备资金，还是在其影响下吸引优秀的人才来校任教，他因自己的影响力和行动而不能让人忽略。这或许是陈训正推动近代宁波教育发展的另一个侧影，虽未直接、深度介入，却又处处有其活动的影子。

---

① 正始中学七十周年校庆筹委会编：《七十春秋文史集（1934-2004）》，第 20 页。

② 正始中学七十周年校庆筹委会编：《七十春秋文史集（1934-2004）》，第 156-158 页。

第九章　陈训正年谱简编

　　陈训正作为从传统文士转化而来的首批新型知识分子，在近代晚期的浙东历史场景中，从事着不那么风光却又着实推动浙东历史发展进程的工作。这就注定了他的事迹，往往只能留存在个人的诗文集、友朋的回忆录和地方志的零星记载之中。如能结合其传世诗文而稽考其生前行迹，探讨他在社会转型和个人身份转换过程中的言行取舍，进而梳理、总结这位浙东乡贤的学术遗产，不但有助于深化对这类新旧杂陈的知识分子的认识，尤能彰显特定时空背景下学术与社会互动的体制和机制。与此同时，我们又倾向认定：系统化的理论建构固然必不可少，但在现有理论尚不足以合理诠释中国历史发展多样性的当下，潜心整理传世文献、编列历史人物年谱的这种学术取向尤其值得嘉许；更何况，现有研究成果之所以存在着这样或那样的问题，其关键就在于缺乏对陈训正生前行迹的细致梳理和对其传世诗文的字斟句酌。《陈训正年谱简编》即因此而作。

第一节　1872—1911：从商家之子到辛亥宁波光复功臣

清穆宗同治十一年（1872）壬申　一岁

◎ 11 月 30 日，陈训正出生在慈溪金川乡官桥。

　　按，陈训慈：《陈君屺怀事略》云："君讳训正，字屺怀，晚以字行，浙江慈溪人。先世于明季自奉化迁慈溪金川乡之官桥。……君生于清同治十一年（公元一八七二年）壬申十月三十日。"[1] 相关记载，又可见沙孟海《陈屺怀先生行状》[2]、柳诒徵《陈君屺怀传》[3]、赵志勤《陈屺怀事迹述略》[4]。

清德宗光绪六年（1880）庚辰　九岁

◎乃父儒珍公（1843—1881）卒，陈训正居丧有礼。

　　按，陈建风等《陈训正行述》云："府君讳训正，……祖考克介公，……考儒珍公，……府君生而岐嶷，聪明天授。九岁，先祖考即世，居丧有礼，无殊成人。"[5] 陈训慈：《陈君屺怀事略》、沙文若《陈屺怀先生行状》皆谓陈训正十龄丧父，此说实误。其有力反证，便是陈训正《先妣讣状》的下列记载："先公殁，不肖正，方九岁，二女弟尤幼。"[6] 其《答李审言先生书》亦尝明言："正九载失怙，育于寡母。"[7]

光绪十二年（1886）丙戌　十五岁

◎乃祖克介公（讳士芳）卒。也因此，陈训正弃商从儒。

　　按，陈训慈：《陈君屺怀事略》云："祖克介公，始以行商往来江西，

---

① 陈训慈：《陈君屺怀事略》，《晚山人集》附录。

② 沙孟海：《陈屺怀先生行状》，《晚山人集》附录。

③ 柳诒徵：《陈君屺怀传》，《晚山人集》附录。

④ 赵志勤：《陈屺怀事迹述略》，《宁波文史资料》第八辑（1990 年），第 58-59 页。

⑤ 陈建风、陈建斗、陈建尾：《陈训正行述》，《民国人物碑传集》卷 1，第 22 页。

⑥ 陈训正：《塔楼集》，《天婴室丛稿第二辑》（1），1934 年铅印本。

⑦ 《庸海集》，《天婴室丛稿》（7），第 282 页。

渐以所获置产，遂捐己田之半计百亩为义田，以赡族之鳏寡、孤独、贫困无告者。克介公三子，长儒珍公，是为君之父，不幸早逝。君……十龄丧父，十五岁，祖父亦弃养。"相关记载，又可见陈建风等《陈训正行述》、沙文若《陈屺怀先生行状》。

光绪十四年（1888）戊子　十七岁

◎陈训正始从竹江袁寿彝先生（？—1889）学《诗》，并因此结识陈镜堂（1867-1908）、郑念若（？—1908）等人。

　　按，陈训正《天婴诗辑·自序》云："余少耽荒嬉，不知学问，……年十七，始从竹江袁先生受《诗》。"① 又，其《袁先生传》云："袁先生讳寿彝，字劼甫，原讳濂，字絜夫，号粹庵，慈溪诸生，宋大儒燮之后。……治文章有声，弟子著籍者尽一乡之隽。训正事先生最晚。"②

光绪十五年（1889）　己丑　十八岁

◎八月，业师竹江袁寿彝先生客死杭州，陈训正转师事芳江柳镜斋先生（？—1920）。

　　按，陈训正《袁先生传》云："袁先生讳寿彝，……宋大儒燮之后。……生若干年，以某年八月旅卒于杭州。"③ 又，其《朱母七十寿诗叙》云："始余从竹江袁先生游，……明年，袁先生殁，余事柳先生于芳江。"④ 据《天婴诗辑·序》，可知陈氏"年十七，始从竹江袁先生受《诗》"，故系之。

光绪十九年（1893）癸巳　二十二岁

◎陈训正入县学，娶妻魏氏。

　　按，沙文若《陈屺怀先生行状》云："清光绪十九年，入县学。"（并

---

① 陈训正：《天婴诗辑·自序》，陈训慈整理，1988 年抄本。
② 《哀冰集》，《天婴室丛稿》（4），第 206-207 页。
③ 《哀冰集》，《天婴室丛稿》（4），第 206-207 页。
④ 《无邪杂著》，《天婴室丛稿》（3），第 168 页。

见陈训慈：《陈君屺怀事略》）又，陈建风等《陈训正行述》云："岁癸巳，入邑庠，先姚魏太夫人来归。"据《陈布雷回忆录》光绪二十六年条，可知魏氏名"思德"。

光绪二十三年（1897） 丁酉　二十六岁

◎陈训正与同县诸挚友合创"剡社"，后又改称"石关算社"。

　　按，陈训正《百字令·自题诗卷》小字注云："少时与陈山密、郑念若、冯汲蒙、君木、应叔申、钱（中）（仲）济、胡君诲、魏（中）（仲）车结社讲艺，推山密为长；山密居剡隩，故名'剡社'。后改称'石关'，亦山密所居地也。"① 考陈训正《钱君事略》云："君讳保杭，……自少有用世之志，为学务通核，年十九，成诸生，与其兄飙群、同县叶念经、董承钦、孝钦、陈训正，读书于金川乡繁露祠，治名器之学数年。"② 兹据钱保杭生卒年（1878-1922）推算，系其事于本年。

◎陈训正因为专研科学并考得向日葵多种用途的关系，受到《农学报》的关注。

　　按，《农学报》1897年第5期《种葵用广》云："慈溪陈君屺怀，精究化学，近来考得向日葵为用极广，多种可以避疫，其子可以榨油，若作乳哺婴，胜于牛乳，其秸及叶，干后烧灰，则可为极好胰皂；又闻西人将葵秸用化学提炼，可以抽丝，光泽不损蚕丝，是其利用，又在胰皂之上矣。"③

光绪二十四年（1898） 戊戌　二十七岁

◎陈训正预计八股取士之制必将被废弃，故而认为陈布雷无须研习四书。

　　按，《陈布雷回忆录》光绪二十四年条云："其时维新变法之议甚盛，先考及大哥均以为八股必废，故不欲予先习四子书，而以五经立识字为文之根基。是年，清廷果下诏废八股，改以策论课士，旋复诏复其旧，

---

　　① 《秋岸集》，《天婴室丛稿》（5），第225页。是知"剡社"创办于前，而"石关算社"改名于后，而陈训慈：《陈君屺怀事略》、沙文若《陈屺怀先生行状》，则皆误称先集为"石关算社"，后又结"剡社"。

　　② 《庸海集》，《天婴室丛稿》（7），第293-294页。

　　③ 宁波市政协文史委员会编：《近现代报刊上的宁波》，2016年，第313页。

大哥以为八股之运命必不久，且本为高明者所不屑为，何必以是苦童子，先考深韪其言，徐（尔康）先生初不信，大哥力陈其理，亦释然。"

光绪二十五年（1899） 己亥 二十八岁

◎农历四月，陈训正为陈布雷传授议论文的做法。

按，《陈布雷回忆录》光绪二十五年条云："四月，大哥阅余课文，乃以《增广古今人物论》一册授余，教以议论文作法，自是始稍有进步。"

◎秋，陈训正荣获宁波辨志文会秋季课案"舆地"超等第一名。

按，《申报》1900 年 1 月 22 日《宁郡辨志文会秋季课案》云："〇舆地超等：陈训正、杨毓恽、陈汉章、李口、谷达李、厉延年、寿椿禧、侯鸿锡、陈廷杨、施仁沈。"根据《申报》所刊三篇有关"宁郡辨志文会课案"的报道，可以认定"宁郡辨志文会秋季课案"实乃"宁郡辨志文会己亥秋季课案"。

◎冬，陈训正荣获宁波辨志文会己亥冬季课案"舆地"超等第七名。

按，《申报》1900 年 4 月 28 日《宁郡辨志文会己亥冬季课按》云："〇地舆超等：陈汉章、王绍翰、李志荣、王璘、陈得森、钱保杭、陈训正、杨毓辉、施仁纯、程起鹏。"

光绪二十六年（1900） 庚子 二十九岁

◎夏，陈训正同时荣获辨志文会庚子夏季课案"舆地"超等第一名和"词章"特等第一名。

按，《申报》1900 年 9 月 22 日《宁波辨志文会庚子夏季课案》云："〇舆地超等：陈训正、周震隆、孙海环、程起鹏、陈汉章、江起鹏、钱保杭、王振声；……〇词章超等：应起墀、毛雍祥、黄启麟、马伺章、童梁；又特等：陈训正、董策三、盛炳坤、江起鲲、董灏。"

◎冬，陈训正开始引导陈布雷学习英文字母。

按，《陈布雷回忆录》光绪二十六年条云："是年有拳匪之乱，每闻大哥归家与先考谈时事，始知中国国势之大概，亦常自大哥处得阅《时务报》等刊物，虽在可解不可解之间，顾独喜阅之。冬月某日，大哥嘱大嫂（魏思德）治食，邀余往食汤团，食毕，课予以英文字母，盖大哥望余成学之切有如此者。"

光绪二十七年（1901） 辛丑 三十岁

◎陈训正为东渡日本而至上海，候船期间，得知镇海籍商人洪益三捐献巨资赈灾却又坚辞朝廷赏赐之义举，认定好人必有好报。

> 按，《无邪杂著》所录《赠洪君序》云："当光绪二十七年，关中大饥，淮徐又被水流，骸骴相藉。时余适以事过沪，沪之人曰：'子乡人有洪某者，诚侠士也。今醵金二十余万，振灾两省，无希微德色。例捐金十万以上，得以二子赐举人。当道为之请，洪君曰：余之务此，岂为子孙地耶？力辞不受。'余当时尚未识君，谓其人曰：'若然，洪氏其大乎！'"①

◎陈训正东渡日本，着力访购科学图书、仪器，并得蚕桑良种归国。

> 按，张原炜《陈无邪墓志铭》云："辛丑和约以后，外力侵凌益甚。后二年，先生游日本，专意访求科学图书仪器，并得蚕桑良种，携以俱归；里人闻风景从，始有稍以余力从事近代科学者。"②类似记载，可见陈训慈：《陈君屺怀事略》。

◎冬，陈训正在为陈布雷授课之余，勉力翻译、钻研购自日本的《养鸡全书》。

> 按，《陈布雷回忆录》光绪二十七年条云："冬日，徐先生以病请假，大哥来代课。时大哥已习日文，方游日考察农业归，每日挟《养鸡全书》一厚册，且课读且翻译焉。"

◎某日，陈训正特去鸡西村造访冯毓翚，从此二人成为莫逆之交。

> 按，陈训正《哀冰叟五十八均并序》："忆昔君生日，与君坐唏戏。

---

① 《无邪杂著》，《天婴室丛稿》（3），第173-174页。

② 张原炜：《陈无邪墓志铭》，《天婴诗辑·续编》附录，陈训慈整理，1988年抄本。

君言我三十，过汝鸡西庐。问年汝犹少，咳唾矜万夫。"① 兹据陈训正年
岁而系其事于本年。

光绪二十八年（1902） 壬寅　三十一岁

◎陈训正将日本访书所得，交予"通社译书局"，加以翻译出版。

　　按，陈训正《钱君事略》云："训正东渡，访书日本，君送之上海，
谆谆以沟通文化相慰勉。乃合（叶）念经、（董）孝钦、胡良箴、陈镜
堂、洪允祥、冯保谦等走上海，创通社。训正获书归，分类迻译，成
《通社丛书》数十种。"② 类似记载，又可见陈训慈：《陈君屺怀事略》、沙
文若《陈屺怀先生行状》、赵志勤《陈屺怀事迹述略》。

◎陈训正与慈溪县内诸多提倡新式教育者，常聚会于三七市的董家、叶家。

　　按，《陈布雷回忆录》光绪二十八年条云："是时吾乡董、叶二氏为
提倡新学之中心地点，叶经伯先生及董子咸、子宜二先生均轻赀财、好
宾客，吾邑有志改革之士，如陈山（密）、钱去矜、魏仲车、钱君颾、胡
君海诸先生与大哥等，常常会其家。"

◎陈训正独游大宝山朱贵祠，作《过大宝山》诗："是何感慨悲凉地，六十
年前问劫灰。行路至今有余痛，谈兵从古失奇才。荒荒岁月天俱老，历历山川
我独来。一角丛祠遗恨在，夕阳无语下蒿莱。"

　　考朱绪曾《武显朱将军庙碑记》云："将军姓朱，讳贵，……二十二
年正月二十七日，奕揆帅命领陕甘兵攻取镇海，……大营驻长溪岭，……
而将军独据大宝山，……二月初四日卯刻，夷数千人自大西坝蜂拥上岸，
将军亲执大旗，麾所部迎击，……是战也，将军以所领九百人，敌夷万
众。将军以身殉国，夷亦大衄，……于是慈士民思将军完保城邑，威灵
显赫，咸欲出赀建祠，以申报飨。……祠庙乃成，自将军以下皆得祀。"③
由道光二十二年（1842）下推 60 年，即本年，故系之。

---

　　① 《哀冰集》，《天婴室丛稿》（4），第 188 页。

　　② 《逃海集》，《天婴室丛稿》（6），第 295 页。

　　③ （清）朱绪曾：《武显朱将军庙碑记》，《光绪慈溪县志》卷 14《经政三·坛庙上》，《中国地方志集成·浙
江府县志辑》（35），第 326 页。

◎ 10月，陈训正中辛壬并科举人。

> 按，柳诒徵《陈君屺怀传》："君氏陈，讳训正，……秉世德，擅文誉，为诸生，中式壬寅科乡举。"并见张原炜《陈无邪墓志铭》、陈建风等《陈训正行述》，而沙文若《陈屺怀先生行状》、陈训慈：《陈君屺怀事略》皆误称陈训正中举于光绪二十九年。

◎ **农历十一月，二妹陈又香与表弟叶德之喜结连理；是时，陈训正宴请友朋，手书一副文字比较通俗化的对联。**

> 按，《陈布雷回忆录》光绪二十八年条云："八月，大哥举于乡。十一月，二姊归叶表兄德之。其时大哥提倡新学，以自然科学之研究相倡导，又同情于颠覆满清之革命思想，既中（学）（举），友人群以相谑。大哥于二姊于归时张筵会宾客，揭一贴子于书室曰：'问新贵人以何为目的？处旧世界也算有面光。'盖已有文字通俗化之趋向矣。"

光绪二十九年（1903） 癸卯 三十二岁

◎陈训正与陈镜堂等旧友集资创办的"通社"，因邻店失火而被迫迁址，随后停办。

> 按，陈训慈：《陈君屺怀事略》云："廿七年，东渡至日本，……次年走上海，约两社旧友……集资设通社译书局，择西洋科学名著，分别译印公世，流传甚广。惜次年毁于火，社遂停办。"[①] 沙文若《陈屺怀先生行状》亦称："逾年，社焚于火，乃罢。"

◎ 11月19日，陈训正与钟宪鬯合作创办《宁波白话报》并任主编。

> 按，蔡乐苏《宁波白话报》云："《宁波白话报》由慈溪人陈屺怀任主编，以'开通宁波民智，联络同乡之感情'为主旨，自1903年11月起创刊至1904年6月，一共不定期地出过9册。……这九册既不能按时出版，议论又不大出色，所以从1904年6月起，将其大加改良，增广门类（如历史、地理、教育、实业、格致等），改订洋装，每期40页左右，

---

① 《出版史料》2009年第1期所刊柳和城、刘承合写的《上海通社与〈通社丛书〉》，根据通社刊登在《中外日报》的两篇广告及其刊登时间，断定通社创建于1903年3月，停办于1904年8月。该文结论之所以迥异于陈训慈：《陈君屺怀事略》、沙文若《陈屺怀先生行状》，其因可能就是《中外日报》只收广告费，不问广告内容是否属实。

每月出两期。改良后由第一期出至第五期后停刊。"①

光绪三十年（1904） 甲辰 三十三岁

◎农历十月二十二日，卢洪昶等鄞县士绅联名恳请"捐建农工小学，收教堕民"的这一上奏，在呈请农商部代奏而获批。此后，陈训正受邀协助卢洪昶创办育德农工小学堂。

按，《堕民（丐户）脱籍始末纪》云："堕民之目，不知起自何代，相传为宋罪俘之遗。元称怯怜户，明太祖定户籍，扁其门曰'丐'，故亦称丐户，不与齐民齿，男女自相配偶，为人执猥下役以活。……清光绪间，鄞人卢洪昶者，见而怜之……农商部左丞王清穆与洪昶遇，洪昶告以故，王曰：'何不以捐建农工学校名义具呈本部，本部可专本具奏，请特旨开放，较呈抚转奏为捷。'洪昶大喜，即如所言呈请，……于是两郡堕民，自元明相沿六百余年之特殊苦遇，至是始革，时光绪三十年十月事也。……洪昶又商请慈溪陈训正总持校务，首施以人格教育，矫拂其品性，使传统的积习以渐泯化。"②类似记载，又可见陈训正《鄞隐居卢君传略》③、陈训慈：《陈君屺怀事略》、沙文若《陈屺怀先生行状》、赵志勤《宁波辛亥光复纪实》④。

光绪三十一年（1905） 乙巳 三十四岁

◎9月12日，宁波府教育会成立，陈训正任副会长，致力于推进教育事业。

按，沙文若《陈屺怀先生行状》云："宁波府教育会始立⑤，陈训正被推为副会长。时萍乡喻君兆蕃方知府事，深相引重。喻君为政，素以育

---

① 蔡乐苏：《宁波白话报》（林华国帮助定稿），《辛亥革命时期期刊介绍》（1），丁守和主编，人民出版社1982年版，第431-440页。

② 民国《鄞县通志》第四《文献志》第四册丁编《故实》，第1334-1336页。

③ 陈训正：《鄞隐居卢君传略》，《近代鄞县史料辑录》下编，天津古籍出版社2013年版，第515页。

④ 赵志勤：《宁波辛亥光复纪实》，《宁波文史资料》第1辑。

⑤ 详参《教育杂志》第1期，《宁波教育会历史之第一时期》，陈钟祺主编，上海启文社1906年11月15日发行。

才为急。教育会会长鄞张君美翊与先生又皆负一时物望，三年间，凡兴建中小学校百余所，前与张君创立师范学堂，与镇海钟君观光创立女学堂，造就尤众。"类似记载，又可见陈训慈：《陈君屺怀事略》、赵志勤《陈屺怀事迹述略》、赵志勤《赵林士系年要录》1905年条。

◎在陈训正、张美翊（1857—1924）的建议下，宁波知府喻兆蕃同意在原月湖书院旧址建造宁波府师范学堂。

按，《鄞县通志·政教志》云："清光绪三十一年，郡绅张美翊、陈训正等，鉴于义务教育刻不容缓，造就师资，尤为先务，爰谋于宁波府知府喻兆蕃，以湖西月湖书院改为宁波府师范学堂，即以书院基金万元为改建校舍之用，并拨渔团经费五千余元、螟蜅捐三百余元及月湖书院基金之利息为常年经费。翌年四月，校舍落成，乃开学。"①

光绪三十二年（1906）　丙午　三十五岁

◎6月5日，陈训正与宁波师范学堂、育德学堂两校师生七十余人，到太白山采集植物标本。

按，释敬安《宁波师范育德学堂教员偕诸生入太白山采集植物祝词》序云："光绪丙午闰四月望前一日，宁波师范学堂教务长兼理科教员钟君宪鬯、庶务长冯君友笙、监学员张君申之、东文兼图画教员顾君麟如、体操教员应君惠吉、算学教员叶德之，育德学堂监督陈君屺怀、体操教员林君莲村，偕学生七十余人，入太白山采集植物。"②

◎6月，陈训正与诸同志力倡树立乡约，以期维持地方秩序。

按，《申报》1906年6月20日《树立乡约》云："慈溪县举人陈训正等拟筹集款项树立乡约，藉以卫御地方。日前具禀宁府，已经喻太守准词立按，谓乡约即警察先声，业已札饬慈溪县妥为保护。"

◎8月，陈训正禀请将尼庵拨充教育会经费。

---

① 《鄞县通志》第二《政教志》第五册，第1074页。

② 释敬安：《八指头陀诗文集》，梅季校点，岳麓书社2007年版，第402-403页。

按，《申报》1906年8月21日《禀请将尼庵拨充教育会经费》云：
"甬郡所创教育会经费甚形支绌，日前有职员陈训正具禀宁府，请以甬
江东发封广福、慧香二庵拨充该会以作经费。府尊喻庶三太守批其牍尾
云：教育会因经费不充，以致调查编译各项虚有其名，亟应筹集常款照
章举办。所请拟以发封尼庵拨给补助，以一郡公产济一郡之用，事可准
行。惟两庵未便并拨，应以广福禅院先行充教育会经费，并由诸绅会同
变卖，得值若干，即报备查。"①

◎9月，在陈训正的呈请下，西门长庚庵被改作宁波府女学堂。

按，《申报》1906年9月6日《尼庵改作女学》云："宁波西门长庚
庵向有女尼住持，现经教育会长陈训正具禀宁府，请将该庵充作女学堂
之用，已经喻守批准。业将该庵发封，庵内住持女尼，谕令绅等给发徒
资，限日迁让。"

◎陈训正为作《教育杂志发刊辞》（署名"无邪"）。

按，《教育杂志》第1期（11月15日发行）云："乡者，吾中国亦
尝言教育矣，而其旧不可讳，不得不杂采各国教育之制以革新之，吾谓
此犹匠人改马为龙之日也，于是乎失为马，继而知旧蹊之不可化，乃变
化而为龙。龙，想象之物也，其真不可见，于是乎失为龙，此吾中国近
今教育之概况也，固不第一隅如是也。丙午之岁，为吾宁波府教育会成
立之第二年。其时，吾郡人之学为龙者日益众，而皆不得其龙之真，同
人以为忧，谋所以模范真龙，而为吾郡人之学为龙者式，并为吾国人之
学为龙者式，于是有编辑《教育杂志》之议。近世之辑教育杂志者多矣，
而以《教育世界》为最早，故其时期亦最久。彼之教育记者非尽叶公也，
然终不免于画龙之诮，抑亦时为之乎？今则异其时矣，吾同人固将龙其

---

① 两庵被发封前，曾有意将名下祀田捐给天童寺，此则释敬安《致康侯先生信》言之甚详："康侯先生
大人阁下：径复者，昨接尊函，云广福庵冒用鄮寺户名。……此盖天童寺历蒙各大宪恩免各项差徭，故各寺
置田，多附于天童户下，则不独一广福庵耳。至谓该庵田多抵押与鄮寺者，诚如尊示，实属子虚。惟数日前
广福、回香庵托人来山，向衲云伊等有祀田（回香庵其田四十亩，广福庵未言多少），今两庵已发封，充作
公费，伊等各须觅地栖止。惟此祀田不便分析，今伊等公议，愿将其捐入天童，其祖先牌位，求附入功德
堂，庶香火不绝，祭祀有存，问鄮寺肯受否。衲曰：'该两庵既已发封充公，此田未必仍为伊等所有。然祭祀
存孤，亦无不可。但事已经官，理合禀明太尊，转商学界，是否可行，不敢擅专。'嘱其牌位暂寄下院，不必
来山，俟衲月底来城，请办理，如不准，其牌位当寄别处。此衲对付该两庵来人所言如是。叨在厚爱，据实
奉闻。肃此祗请台安。"详参《八指头陀诗文集》，第397-398页。

说以为吾杂志光。虽然，吾惧甚龙之形可得而见也，龙之变化则不可得而见，吾惧吾杂志之不以化龙名，吾尤惧吾郡人、吾国人之谈吾杂志者之不以化龙视。呜呼！吾所以不能无言于吾杂志也以此。"

光绪三十三年（1907） 丁未 三十六岁

◎ 3月，陈训正提议在师范学堂内设立休假讲习所，以便各小学、私塾教员研究教育，随即获批。

按，《申报》1907年3月24日《添设休假讲习所》云："教育会员陈训正现拟在师范学堂内设一休假讲习所，俾各小学私塾教员得以于每星期研究教育，业已奉道署批准矣。"

◎ 陈训正因不同意罢免师范学堂监院孙圣儒而遭学生申诉。其后，经宁绍台道喻庶三亲自调停，师范学堂于5月2日复课。

按，《申报》1907年4月29日《纪师范学堂冲突详情》云："甬郡师范学堂监院孙圣儒平素与各学生感情极淡，日前又在友人处谈及简易科学生国文程度低浅，事为某学生所闻，颇滋不悦，遂转告同学于本月十二日全体（完全简易两科共一百二十人）罢课，往诉校长陈训正，请另举监院。校长不允，遂一齐散堂，于十三日各将箱箧等件搬至郑氏宗祠暂寓，一面即电达提学司暨驻日宁波同乡会请为解决。"

《申报》1907年5月3日《师范生照常上课》云："甬郡师范学堂学生日前与监院冲突，全班散学一节，已纪前报。兹经宁绍台道喻庶三观察亲自莅堂调停后，各学生除请假回家外，均于昨日一律上课矣。"

◎ 7月，陈训正呈请会稽道署拨款接济师范学堂。

按，《申报》1907年7月9日《拨款接济师范学堂》云："甬郡师范学堂亏欠各款急应筹付，日前由教育会会员陈训正具禀道署，拟以崇实学堂乘款拨垫。奉喻庶三观察批示云：师范学堂现尚有欠款，自应筹还。据请将崇实学堂乘洋二千余元通融拨给，更有所余，尾数充作日余补习所经费，以公济公，应准照办，着即具状，认领可也。"

◎ 8月初，陈训正卸任教育会会长一职。

按，《申报》1907 年 8 月 7 日《公举教育会长》云："甬郡教育会长陈君训正，现因有事往汉告退，日前由学界中人在高等学堂开会投票公举，闻得占多数票者系盛绅炳纬，遂即举为会长云。"

◎农历八月，陈训正一度病危；十月间，其友陈镜堂前来探望，并一再敦请陈训正保重身体。

按，陈训正《哭剡山》（五之二）云："去年当八月，鬼伯入我居。我本幽忧人，生亦何所娱。此时君哭我，咄嗟我道孤。我生蘖未厌，七日复来苏。苏来报君书，字劣言模胡。模胡不能读，执简长叹吁。相见十月中，惊我两足枯。形骸虽则具，神色何不腴？再三相告诫，善宝千金躯。"[1] 而从诗末陈训正自述来看，所谓"去年当八月"，即是指本年八月。

光绪三十四年（1908） 戊申 三十七岁

◎春，陈训正作《黑窑蟆》。

按，《黑窑蟆》之序云："戊申春，北京某门外有巨虾蟆数百万头，负子戴孙，自黑窑出，徐徐横度京汉车道，入三里河，衔贯不断，凡三日夜始尽。尝读秘谶云：'虾蟆西方金气，徙居，主其地有杀戮。'因作歌志异，且以验将来。"[2]

◎ 2 月（农历正月），友人郑念若（？—1908）卒，陈训正作《哭郑念若》。[3]

按，陈训正在所作《哭剡山》（其三）中明言"正月哭郑生，八月君又死"，而诗末所附 1912 年 4 月 20 日自述，又云"剡山之死，在戊申八月"[4]。据此推算，其时必当作于该年正月。

◎据载，3 月间，陈训正偕宁波府教育会全体会员致电邮传部和日本东京

---

① 《无邪诗存》，《天婴室丛稿》（1），第 12 页。

② 《无邪诗存》，《天婴室丛稿》（1），第 25-26 页。该诗后又被选入《天婴诗辑》。戊申春，《无邪诗存》原作"二年春"，兹据《天婴诗辑》改正。

③ 陈训正：《无邪诗存》，《天婴室丛稿》（1），第 11 页。

④ 《无邪诗存》，《天婴室丛稿》（1），第 14-15 页。

宁波留学者，吁请支持宁波民众争路权。

按，《申报》1908 年 3 月 11 日《宁波学界仍争路权》云："府教育会致邮部电：邮传部列堂钧鉴：浙抚奉旨商办，人民只知自款自造，借款二字无论直接、间接均不承认。乞大部坚拒，勿弃东南。宁波府教育会会长陈训正、冯丙然全体会员八百七十五人同叩。又致日本留学界电：东京宁波府会诸公鉴：路事大变，代表撤销，乞设法合力坚拒，府教育会缴。"

◎农历四月，陈训正应冯君木之请，作《冯君木诗序》。

按，《冯君木诗序》云："伏四明有病夫三，宿昔以诗相性命。戊申四月，三病夫不盟而会于冯。冯，三病夫之一也。其一应子悔复，其一余也。……去之日，冯子捉余肘曰：'子不可无言夫吾诗。'予曰：'诺。'因仿佛日者情事，文而荐之，至量其诗度，则冯子尝有言曰：'悔复才而隽，天婴才而奇，才而雅乎，吾其不古人弱也。'呜呼，冯子固自信之矣，余乃不口。"[1]

◎农历六月，陈训正依然卧病宁波，其友陈镜堂再次来访。

按，《哭剡山》诗末所附陈训正自述云："剡山之死，在戊申八月，……剡山死前二月，自杭州假归，道过甬上，视余于寓斋。时余病犹未瘳。"

◎7 月 13 日，陈训正当选为宁波府教育会评议员，同时被聘为女子学堂监督。

按，《申报》1908 年 7 月 15 日《府教育会开会详纪》载其事曰："宁波教育会，于十三日午后，开第四次大会。……举冯丙然为正会长，章述汶为副会长；张传保、陈训正、励延豫、孙绍康、叶懋宣、马鉴、范贤芳、郁桂方、冯毓孳、冯良翰、章崇藩、张琴等十二人为评议员；……女学堂事，喻观察拟聘陈君训正为监督，众赞成。"

◎8 月底，陈训正被推举为即将成立的宁波僧教育会的绅会长。

按，《申报》1908 年 8 月 31 日《定期开办僧教育会》云："甬郡僧教

---

① 《无邪杂著》，《天婴室丛稿》（3），第 143-145 页。

育会遵奉宪批，邀请就地僧学两界并各寺僧人悉心妥议，公推天童寺住持敬安为僧会长，陈君训正为绅会长，租定城内白衣寺为会所，经育王寺住持济生等厘正章程，呈请各宪核明立按，准予九月初三日开办。"①

◎农历八月，友人陈镜堂卒，享年四十二（1867—1908）。陈训正先作《吊剡山》，②入土后，又作《哭剡山》诗五首以悼之。

按，《哭剡山》（其三）云："正月哭郑生，八月君又死。"而该诗末所附陈训正自述则又明言："呜呼！剡山死五年矣。剡山之死，在戊申八月，距其生之年四十有二。……剡山名镜堂，字晋卿，一字山密，姓陈氏。壬子四月二十日，玄婴自写诗稿至《哭剡山》篇，泫然书此。"而从《哭剡山》（其五）的下列诗句来看，不难推知该诗当作于陈镜堂入土之后："剡山何高高，石关何屹屹。……月色多苦辛，照见穷士骨。青草三尺坟，灵魂倘未没。"③

◎秋，陈训正作《书应叔申诗集后》。

按，《书应叔申诗集后》云："戊申之夏，余冒暑陟城，存应子。应子劳矣，出其诗，字呼余曰：'无邪亦知吾之所以劳乎？此蠢蠢者是已。……吾劳，脱不起，将以赴，于后人不可无辞焉。必子先之。'嗟夫应子，何言之喟也？余既百其口以导其堋、解其娆，复欲无负乎所属，而为之文。……别二月，又闻应子咯血将死矣。……今应子幸逃于祟，不自戢，反益纵之，为后人祟后人，而应子也，被其祟者不訾矣。"④

◎秋，八指头陀作《和陈屺怀秋夜一首，即次其韵》以赠陈训正。

按，《八指头陀诗文集》光绪三十四年条载其诗云："卧看沧海欲扬尘，忍泪悲天更悯人。黄土青山骨未冷，白云苍狗复何频！兴亡气运谁能识？文字之交老渐亲。古火光中吾与子，且留来去自由身。"⑤

---

① 《现代佛教学术丛刊》第86册尘空《民国佛教年纪》民国元年条云："民国前四年，各省遂纷纷成立僧教育会，每会设会长二人，僧绅各一，并办小学一所或数所，颇具权威。"

② 《天婴室丛稿》之三《无邪杂著》载曰："呜呼晋卿，自古闻人，辄无良死，吾勿谓信，乃见吾子。……恍兮惚兮，望空泣涕。……哀哉！"

③ 《无邪诗存》，《天婴室丛稿》（1），第13-15页。

④ 《无邪杂著》，《天婴室丛稿》（3），第145-146页。

⑤ 释敬安：《八指头陀诗文集》，梅季校点，第314页。

◎农历十月，陈训正向张美翊（让三）呈示冯君木所作《应悔复诗序》。

　　按，张美翊《溪上诗人三病夫一狂夫歌》云："戊申十月，由赣回甬，溪上陈子天婴示余以冯君木《应悔复诗序》。"[1]

◎ 11 月 28 日，从弟陈训懋病卒，年仅十七岁（1892—1908）。约廿余日后，陈训正作《怀从弟彦及》，[2] 寄与陈布雷。

　　按，《陈布雷回忆录》光绪三十四年条痛述其事云："冬十一月，三弟勉甫殁于家。三弟少余两岁，而厚重笃实，自幼言动若成人，资性敏慧，尤有治事才，……本年突患冬瘟症，自校请假归家，乡间无良医，误于药，遽于十一月初五日殇，合家痛悼。吾父初不令予知之。……（余知其事）盖距弟之丧已二旬余矣。大哥寄余诗曰：'朔风生道路，吾弟近何如？为寄数行泪，相怜一尺书。意将依汝老，迹渐与人疏。无限穷居况，萧条逼岁除。'"

◎ 12 月 3 日，陈训正当选为慈溪县教育会会长。

　　按，《申报》1908 年 12 月 5 日《慈邑教育会劝学所成立》云："慈邑教育会劝学所尚未成立，该邑学界爰于前日在学署明伦堂开会组织，到者一百余人。先出发起诸君宣布开会宗旨，并通告教育会及劝学所章程，当即投票公举陈屺怀为正会长，钱吟华为副会长，并选定洪北鏖、孙莘墅、冯君木、宓莲君、柳镜斋、凌受益、葛望云、胡良箴、钱吟瑾、周家甫为评议员；次提议设立劝学所，亦用投票推定俞绅季圭为总董，俞和美、葛望云、童梧邻、袁汉卿、陈渠清为劝学员，又演说员一人、调查员一人尚未选定，一切办法另行会议。"[3]

清逊帝宣统元年（1909）　己酉　三十八岁

◎陈训正返归故里，作《过从弟勔夫葬处》诗。[4]

---

　　① 张美翊：《溪上诗人三病夫一狂夫歌》，《天婴诗辑·续编》，陈训慈整理，1988 年。

　　② 陈训正：《怀从弟彦及》，《无邪诗存》，《天婴室丛稿》（1），第 16 页。

　　③ 《陈布雷回忆录》光绪三十年条云："是年夏，吾邑成立县教育会，钱君鏚、王容子、林黎叔、俞叔桂等均热心与其役。"

　　④ 《无邪诗存》，《天婴室丛稿》（1），第 18 页。此诗后又被陈训慈选入《天婴诗辑·续编》，且选入时，"勔夫"被改作"勉甫"。

按，该诗自序云："劻夫名训懋，为人静穆寡言，务学不懈。年十七，以劳得疾，殁葬麂山，余实未过也。明年往视，墓草已宿矣。不胜悲怆，遂赋此篇。"

◎八指头陀作《论道一首，次陈屺怀孝廉韵》赠陈训正。

按，《八指头陀诗文集》宣统元年条载该诗云："石烂松枯懒问年，龙眠虎卧各安然。固知静者心多妙，莫怪山僧语太颠。大地平沉犹是妄，虚空粉碎未为禅。欲参最上真乘法，百尺竿头进步前。"[1]

◎农历二月，八指头陀来访。

按，《八指头陀诗文集》宣统元年条录有头陀所作《己酉又二月，由甬江乘舟至官桥浦，过陈屺怀孝廉居二首》诗[2]。

◎农历三月，张美翊寄来《溪上诗人三病夫一狂夫歌》。

按，张美翊《溪上诗人三病夫一狂夫歌》云："戊申十月，由赣回甬，溪上陈子天婴示余以冯君木《应悔复诗序》，文甚奇。三君皆善病，故号病夫，读其诗尤奇。余谓慈溪尚有一狂夫，则洪君佛矢是。其文奇、诗奇、人奇，与三病夫同也。久不见四君，歌以讯之。宣统己酉三月蹇叟。"[3]

◎农历四月，陈训正作《挨刀歌》。

按，《挨刀歌》序云："己酉四月，余在海上，客有述都下市儿《挨刀歌》者，惝恍有古意，因申其辞。"[4]

◎6月，陈训正在浙江省咨议局议员宁波初选中入围。

按，《申报》1909年6月21日《各省筹办咨议局·初选举重开票（各属）》云："慈溪第二次选举实到投票人五百二十七名，以二十六票为当选。兹将姓名录下：陈钟瑞、陈鼎年、李钟鼎、洪曰湄、钱保杭、葛崇黼、任企尹、陈鸿逵、陈训正、阮丙炎、叶愈经。候补当选五名：孙文

---

① 释敬安：《八指头陀诗文集》，梅季校点，第318页。

② 释敬安：《八指头陀诗文集》，梅季校点，第320页。

③ 张美翊：《溪上诗人三病夫一狂夫歌》，《天婴诗辑·续编》，陈训慈整理，1988年抄本。

④ 该诗原本见录于《无邪诗存》，《天婴室丛稿》(1)，后又被选入《天婴诗辑》。己酉，《无邪诗存》作"二年"，此从《天婴诗辑》。

柱、郑起凤、胡美脮、童祥春、俞斯珺。"

◎ 6月，陈训正被指定为省咨议局宁波复选监察员。

　　按，《申报》1909年6月24日《各省筹办咨议局·复选举开票（宁波）》云："宁波府属各厅县初选举业已告竣，即须预备复选举事，所有管理等员早经登录。兹将派定监察员姓名录下：（定海）丁中立，（鄞县）盛炳纬、陆廷黻、范翊，（慈溪）陈训正，（镇海）刘崇照，（奉化）王序宾，（象山）王予衮。"

◎ 7月，陈训正在省咨议局议员宁波复选中当选候补议员。

　　按，《申报》1909年7月22日《各省筹办咨议局·复选举再开票》云："宁府复选举当选议员姓氏已录初三日专电，兹将详情录下：复选监督刘守先于初一日上午八时邀同管理各员至法政学堂内监视投票。本届有选举权者一百十人，内有盛绅炳纬因守母制，不克到场。初二日上午八时开票，以五票为当选。初三日再投票，选举候补议员，当选六名：张美翊二十票、唐凤翔十二票、盛炳纬十一票、冯丙然十一票、陈鼎年八票、陈训正五票。"

◎ 陈训正当选为浙江省咨议局议员。同时当选的友朋，尚有慈溪柳镳斋①、慈溪钱保杭②、定海丁紫垣③、鄞县张传保④。

　　按，陈训慈：《陈君屺怀事略》云："宣统元年，浙省咨议局成立，君被举为议员。"而沙文若《陈屺怀先生行状》误系其事于宣统二年。

◎ 友人陈夏常（1880—1945）来告，他有意听取吴莲艇（1880—1940）医师的建议，在慈溪筹办西式医院。

　　按，陈夏常《组织保黎医院缘起》云："戊申春，莲艇返里省亲，访余益智学校。余止之宿，谈心竟夕。叩其所志，莲告余曰：他日当在桑梓自立医院，以济贫病。余心然之。去年余为研究地方自治，就学省垣，道经禾城，访莲艇。莲艇复告余以泰西医术之灵验，而又言桑梓医

---

　　① 陈训正：《柳先生述》，《哀冰集》，《天婴室丛稿》（4），第214页。
　　② 陈训正：《钱君事略》，《庸海集》，《天婴室丛稿》（7），第296页。
　　③ 陈训正：《舟山丁艇仙先生七十寿叙》，《缆石幸草》，《天婴室丛稿第二辑》（9），第13-15页。
　　④ 陈训正：《张君生圹志》，《缆石幸草》，《天婴室丛稿第二辑》（9），第16-17页。

院之不可不立也。余抵省后，乃以莲艇之志达之陈君屺怀，并函告钱吟苇，联合同志，开会筹资，速莲艇来慈，设院施诊。……庚戌十二月记。"①

◎8月，陈训正为育德农工小学堂设法集资以置金工、木工、图稿绘画三科。

> 按，《申报》1909年8月4日《育德小学遵添实业要科》云："兹据该校经董陈绅训正来称，刻拟遵章定设金工、木工、图稿绘画等三科，正在设法集资，商请校董卢绅洪昶置备机器工厂，实地练习，并拟由陈绅前往各处调查实业学堂办法，以求完备而符定章。"

宣统二年（1910）庚戌 三十九岁

◎陈训正作诗二首寄八指头陀，头陀次韵答之。稍后，头陀又作《寄天婴子》。②

> 按，《八指头陀诗文集》宣统二年条录有八指头陀所作《陈天婴以题龚定庵词二首见寄，次韵答之》诗二首。③

◎4月，陈训正作为宁波教育会会长与地方自治公会会长刘崇照，联名电请抚学两宪采取相应措施，制止毁学之举。

> 按，《申报》1910年4月27日《慈溪毁学之原因》云："宁属慈溪县正始学堂将城内永明寺神像毁弃改设，当时迷信愚民已啧有烦言。本月初十日上午，有十数社迎神赛会，乡民由乡入城，相约将该学堂捣毁殆尽，且继火付炬，……并连日接续捣毁鸡山、无择、讴浦、龙西、进修等学校。十二日九点钟提辕派吕爱堂率队百名抵慈镇慑。下午府委赵二尹亦莅慈，会同绅士熟商办法。遂由该府地方自治公会会长刘君崇照、教育会会长陈君训正等电请抚学两宪，饬提道设法保护，以安地方，略

---

① 《甬商办医：宁波帮与近代宁波慈善医院史料集》，宁波市政协文史委员会编，宁波出版社2014年版，第28-29页。在钱保杭的积极运作下，保黎医院于1909年顺利开诊。事详陈训正：《钱君事略》，《庸海集》，《天婴室丛稿》（7），第296页。

② 《八指头陀诗文集》宣统二年条录曰："天婴亦是可怜人，大海风涛集一身。正眼观来成一笑，微云那掩太虚真？"

③ 释敬安：《八指头陀诗文集》，梅季校点，第333页。

谓：慈溪赛会，正始、鸡山、无择、讴浦、龙西、进修城乡六校，连日接续焚毁，吴令纵匪仇学，致酿此变，现人众未散，公团教堂均岌岌可危，乞分电提道，设法保护并派员赶办，以安人心。"其相关记载，并见《申报》1910年4月29日《慈溪毁学之原因》《申报》1910年4月30日《浙省乱耗汇纪》。

◎ 6月11日，陈训正请求辞去府教育会会长一职。

按，《四明日报》6月9日《明哲见机》云："慈邑陈绅训正，学行素优，热心公益，为阖郡学界所推重，历任府教育会会长、府女学堂经董。莅事以来，群情翕然。四月间，慈邑毁学事起，陈君身为集矢之的，诽谤之者，无所不至。爰于初五日在府教育会开会，宣告以后学务诸职，概不担任，冀图息肩以杜疑谤。该绅素持清议，不避劳怨，今日之辞，固为明哲见机；虽然，其如宁波社会何？"相关记载，又可见《四明日报》6月11日《会长暨常驻员后先辞职》。

◎ 7月14日至16日，陈训正连续三天在《四明日报》发表启事，声明已辞去府教育会会长及府女学经董等名誉职务。

按，《四明日报》1910年7月14日《陈训正启示》云："训正憨直性成，不能委屈恭顺，迎合社会心理，徒以诸公谬举，忝长府教育会四年于兹，于吾郡学务，未见增进，而媢嫉之徒，所在皆是，至被迭控彻查在案。训正自被控后，即谢绝沪上诸执事，驰回故乡，静候诸父老处置。至所有府教育会会长及府女学经董各名誉职，已于本月初五日在府教育会例会时，发表意见，概行辞绝矣。此启。"

◎夏，陈训正至上海，在汤寿潜创办的《天铎报》任主管。

按，陈训慈：《陈君屺怀事略》云："宣统元年，浙省咨议局成立，君被举为议员。议长汤寿潜（蛰仙）与君契，于次年筹资创立《天铎报》于上海，俾君董其事，所延执笔政者多知名士，倡导革命，为一时推重。"类似记载，又可见沙文若《陈屺怀先生行状》。

◎陈训正加入同盟会。

按，陈训慈：《陈君屺怀事略》云："宣统二年，正式加入同盟会。"沙文若《陈屺怀先生行状》则系其事于1908年。此从前说。

◎ 8 月间，慈溪县正始学堂开始搜集证据，用以反击若干"阻学"之人对陈训正的造谣诋毁。

按，《四明日报》8 月 22 日《捏名可恶》云："自三月间毁学后，一二阻学之人集会于明伦堂，反对府会会长陈绅屺怀，历禀层宪，诋毁陈绅，且污蔑被毁各校，送兹本报。兹据学界传说云，自此禀揭晓后，正始等校以禀内所列之郑绅豫、郑绅观法素称公正，又皆鹤阳学堂校董，断不反对学务，首先具函往询。兹得二郑覆函，极称八校被毁之冤，且以不能协力维持为歉。又云对于陈君素所推服，此禀实不知情云云。现正始代表冯绅毓犨等，拟将所列之九十七人中公正者次第函询，俟得有来函，汇呈府宪，以为查按之条件。"

◎ 8 月 25 日，陈训正以府教育会会长的身份与费绍冠、范贤方等联名电禀浙江巡抚，请求留任浙江铁路公司总理汤寿潜，使之续成其事。

按，《四明日报》农历七月二十三日《宁波绅商学界电禀浙抚文》云："杭州抚宪钧鉴：十九日电旨，蛰公革职，不准干预路事，商民聚议惶骇。浙路恭奉先朝谕旨，商款商办。总理系由公举，为商民所信用。今杭嘉早竣，宁绍开工，诸事吃紧，全路劳动界几以万计，农工两界投贲附股尤多，设易总理，恐滋纷扰。蛰公言论虽稍激直，办路实著勤劳，人望所归，必宜俯顺舆情以安秩序。诚知朝旨严切，未敢竟望收回成命，惟有恳请电奏，仍留总理，责成始终路事大局幸甚。宁波商会总办费绍冠，自治公会会长范贤方，府教育会会长陈训正、冯丙然，法政学堂监督王齐曾，中学堂监督王绍翰，师范学堂监督孙绍康，鄞县自治事务所坐办张存禄，教育会会长张原炜、陈绍源，劝学所总董梁锡瓒，劝业员郭景汾，高等小学堂长励延豫等叩。"

◎ 10 月 19 日上午，陈训正以会长身份，主持召开府教育会第六次周年大会。

按，《四明日报》10 月 20 日《宁郡教育会开第六次大会志略》云："昨日府教育会开第六次周年大会，邓太尊暨六邑会员到者六十余人。先由会长陈屺怀君宣布开会秩序，次张苞龄君报告本会经费情形及单级小学事件、艺徒学堂款项、府立各学校经费、植物园事情（决议常会讨论），次提议中等以下各学校教员缺课问题，……当场议毕，时已十二点钟。休息，午膳，午后续会，提议各种事件及选举职员。"

◎ 10月19日下午，在府教育会第六次周年大会上，陈训正仍被选为会长；大会同时决定呈请宁波府查办慈溪毁学事件、重建被毁各校。

按，《四明日报》10月21日《宁郡教育会开第六次大会续志》云："十九日，府教育会开第六次周年大会，大略情形已志昨报。兹悉该会于午后续行提议各事件：……（丙）慈溪毁学按善后办法（议由本会公呈府宪，仍请拿办毁学之人，并请筹费建复各校）；（丁）选举职员如下：正会长陈训正，副会长励建侯，常驻委员张世杓，特别评议员范贤方、郭景汾，评议员冯丙然、孙绍康、叶懋宣、张琴、韩禹梁、王绍翰、施国祺、林端辅、王齐会、章述浚、周骏彦、徐家光，名誉会计员袁丙熊。"

◎ 10月27日，陈训正自上海返回慈溪，倡议筹办冬防以御盗贼。

按，《四明日报》1910年10月30日《慈溪乡村之冬防》云："慈邑本年入秋以来，劫按迭出，……官场玩忽，久悬未缉，以致乡民咸有戒心。现该邑陈绅屺怀，有鉴于此，前日自沪返慈，即倡议筹办冬防以御盗贼。已经商定大略，不日成立，庶几慈邑民人得安枕而获守望相助之益矣。"

◎农历十一月十一日，陈训正作《告发》诗，次日剪去辫子，三日后又作《荐发》。

按，陈训正自称："庚戌十一月十一日，余将去发，鼙镜与发别，发差差以雪矣。余半世悴廑，发若识之，以嘲余焉者。今将弃，不可无辞，爰赋诗以告之。……余既告发，明日同郡赵八、湖州戴季为余落之。越三日，复成《荐发》辞。"①

宣统三年（1911） 辛亥 四十岁

◎春，因《天铎报》改组，陈训正辞职回宁波。

按，陈训慈：《陈君屺怀事略》云："宣统元年，浙省咨议局成立，君

---

① 《无邪诗旁篇》，《天婴室丛稿》（2），第61-62页。

被举为议员。议长汤寿潜（蛰仙）与君契，于次年筹资创立《天铎报》于上海，俾君董其事，……明年春，报社改组，君辞归宁波。"

◎农历六月，陈训正作《胡卢谣》16首。

按，《胡卢谣》序云："冉初子夜饮于市，醉索壁书杂谣一十有六章，旨谲词隐，多不可解。或叩之，曰：'此余从胡卢中得来，遂名《胡卢谣》。'时辛亥六月。"①

◎农历七月，陈训正任宁波同盟会副会长，积极参与谋划革命。

按，陈训慈：《陈君屺怀事略》云："辛亥七月，宁波同盟会支部成立，君为副会长（赵任会长），于宁波之响应义举，与家艺及范贤方（仰乔）等同负重任（今按：君与辛亥革命关系，详见一九八三年《宁波文史资料》第一辑《宁波辛亥光复纪实》一文）。"

◎农历九月上旬，陈训正参与谋划宁波之光复。

按，《辛亥宁波光复记略》云："清宣统三年八月十九日，革命军起义武昌。警至，甬市骚然，……保安会成立，公推江鲁经为会长，陈训正副会长，……凡政军一切事务付会决之。十五日第一次会议，（范）贤方主即日宣告独立，（赵）家艺主俟沪讯乃动，守（陈）其美教也，训正附和之。贤方大怒，出恶言不下，（卢）成章见势将破裂，……乃捉训正肘，示意私退席，出至西城育德学校，召所教子弟百数十人，将之循城墙突趋东渡门，手'保商安民'帜，潮涌而进，大呼'党军来，党军来'。市民仓卒莫辨，人人扎白臂归诚。须臾，满街皆白旗矣！成章旋又以计据电报局，伪为杭电，告省已下，送保安会。于是家艺不复言，而贤方、炯即挥尚武会会员及商团、民团千余人，建白旗，直入道署，众干事毕至，乃以保安会名义，出示安民。"②

又考赵志勤《陈屺怀事迹述略》云："溯陈训正早年闻中山先生革命大义，即向往反清大业。及辛亥革命之役，事先则宣传策划，武昌起义后即积极响应，既频繁与上海同盟会联系，又尽力与当地各界谋划，实负宁波光复之重任。"③但揆诸《辛亥宁波光复记略》所述，似有夸大不实

① 《无邪诗旁篇》，《天婴室丛稿》（2），第63页。
② 《鄞县通志》第四《文献志》第四册丁编《故实》，第1336—1339页。
③ 赵志勤：《陈屺怀事迹述略》，《宁波文史资料》第8辑，第61—62页。

之嫌疑；张原炜所谓"辛亥九月宁波光复，君与有劳"[1]，则得其实也。

◎ 11 月 5 日（农历九月十五日）宁波光复后，陈训正被任命为宁波军政分府财政部长。

> 按，《申报》1911 年 11 月 8 日《宁波光复记》云："九月十五日午刻，宁波人民以民军已到，道县均已逃逸，故衙署学校店铺民居以及各种机关一律悬挂白旗。当经临时保安会派员谕令不庸惊扰，照常贸易，一面立出示安民，力维秩序。军、警、民、商各团分班梭巡，严行防范，城厢内外安靖如常。……十五晚八时保安会议决各条如左：一、议决保安会名义取消，准用军政分府名义，公推刘询为都督，常荣清为副都督。军政分府之组织：一、举赵家艺为参谋部长，二、举江耆经为民政部长，三、举陈训正为财政部长，四、举卢成章为外交部长，五、举范贤方为执法部长，另举张世杓为都督府总务部长。"相关记载，又可见沙文若《陈屺怀先生行状》、陈训慈：《陈君屺怀事略》。

◎在宁波军政府选举中，陈训正等十二人被选为参议员，未久，辞职。

> 按，《申报》1911 年 11 月 20 日《甬军政府选举职员》云："宁波军政分府于二十六午后二时在分府内投票选举职员，……财政部长张传保，副部长费绍冠；外交部长卢成章，副部长袁礼敦；民政部长江耆经，副部长章述浗；执法部长徐家光，副部长王序宾；参议员十二名：陈训正、励延豫、张世杓、余镜清、陈滋镐、叶懋宣、郭景纷、范贤方、林端辅、孙绍康、赵家艺、冯良翰。"又，陈训慈：《陈君屺怀事略》云："分府成立后，为参议，旋即谢去。"

第二节 1912-1926：奔波于申甬两地的落魄文人

民国元年（1912） 壬子 四十一岁
◎正月二十日，陈训正与钱保杭、陈谦夫等人合作创办的私立效实中学正式开学。

---

① 张原炜：《陈无邪墓志铭》，《天婴诗辑》。

按，《陈布雷回忆录》民国元年条云："效实中学者，盖吾郡教育界鉴于六邑小学毕业生日多，公立之第四中学办理不甚完善，而郡城其他私立中学，皆外国教会所主办，意在传教，学科均不充实，故认为有自办一完美的中学之必要。此议创于钱吟苇、赵林士、芝室、李霞城、陈谦夫、蔡琴孙诸君，而大哥亦力赞之。会鼎革后北都扰攘，北京大学陷于停顿状态，陈季屏（祥翰）、何旋卿两师及叶叔眉（秉良）、何吟莒两君闲居无俚，（逐）（遂）约集同人为效实学会，假育德小学为校舍，而李云书先生慨然移赠益智中学之全部校具及仪器，由学位聘季屏先生为校长，招收学生三班，以正月二十日开学"。相关记载，又可见《鄞县通志·政教志》①、方子长《陈谦夫和宁波的教育卫生事业》②、李庆坤《宁波效实中学简史》③、陈训慈:《陈君屺怀事略》、赵志勤《陈屺怀事迹述略》。

◎ 3月19日，陈训正与钱吟苇等30人被慈溪城乡联合会选为代表，到宁波谈判撤销统捐局之事宜。

按，《申报》1912年3月23日《宁波罢市续纪》云："宁波因统捐激成罢市已纪昨报，兹又悉慈溪各铺户商众每家各举一人于十九日（旧历二月初一日）晚潮特雇乌篷船十五只星夜上甬，到北门局请求撤销统捐局，而城乡联合会又公举代表陈屺怀、钱吟苇等三十人，诚恐肇事，特各乘舆赶赴捐局劝解。不料局长郑衡避匿不见，约半小时忽有兵队数十人到局前开枪示威，于是商民船户大动公愤，誓必拆毁局所，形势汹汹，幸各代表分头劝谕，一再开导。局员当将捐局名牌及旗张撤下。商民以为捐验既停，静候诸代表与局长商办。待至下午四时，讵巡丁等依然仍向来往船只索捐，于是众商又哄，其势较上午尤急，郑局长始牌示局门（局长晋省邀请免捐先行停办云云）。现已由商民、船夫等向各代表乞查开枪兵士，并闻各代表当拟晋省呈请撤销云。"

◎陈训正作《感遇三十二韵呈萍喻艮麓先生》，用以宣泄壮志难酬的苦闷。

按，《感遇三十二韵呈萍喻艮麓先生》云："忆自卯角游，不识忧与喜。颇颇媚古学，谓兹道可市。晚知道所华，乃为愚之始。三十不成名，遂饱饥寒耻。……悠悠十年来，昨非今岂是。……平生感知遇，如

① 《鄞县通志》第二《政教志》第五册，第1102-1103页。
② 方子长:《陈谦夫和宁波的教育卫生事业》，《宁波文史资料》第8辑，第16-22页。
③ 李庆坤:《宁波效实中学简史》，《宁波文史资料》第2辑，第102-103页。

公亦仅然。……鸡鸣发宵寤，遥忆艮山趾。思托烟与雾，氤氲逐千里。千里不可见，徒云其室迩（余主愒园，所居室曰喻斋，以公名也），诵公私我言，偏颇非伦比。……愿极焦桐心，为公宣郁志。"① 据"三十不成名……悠悠十年来"，大抵可以推定该诗作于陈训正不惑之年。

◎夏，陈训正与赵家艺等人在上海创设"平民共济会"，刊发《生活杂志》，提倡经济建设。②

> 按，陈训慈：《陈君屺怀事略》云："民国元年夏，去沪，与赵家艺及徐朗西（亚夫）等创设平民共济会，并刊行《生活杂志》。君自为文，灌输农工新知，以建设辅进革命。时中山先生谢政，常往来日本，倡导经济建设，论者谓共济之所导扬，不啻为中山之民生主义早岁之桴鼓。时袁世凯当政，国事日非，《生活》言论亦为当道所忌，所倡'贫民自救'之理想规划亦未易实施，同志渐散，会遂中辍。"③ 类似记载，又可见赵志勤《陈屺怀事迹述略》。

◎冯君木发妻俞因卒后三年，陈训正作《冰蚕引》以泄君木之郁结。

> 按，《冰蚕引》"叙"云："《冰蚕》伤俞因女士也。因字季则，为吾友冯开君木元妃。淑慎温雅，荣于文辞，著《妇学斋词》，婉娈有宋人风。殁三年矣，君木婘思贤耦，过时而哀。陈子叹之，用述是篇。宁直俞之悼，庶以曼音促节，少渫君木之郁伊云尔。"④ 考 1912 年应启墀作有《为君木题其亡妇俞因女士〈妇学斋遗稿〉》⑤，兹疑《冰蚕引》与此文同期而作。

---

① 《无邪诗存》，《天婴室丛稿》（1），第 52-54 页。

② 据沈松平考察，《生活杂志》共计刊出 14 期，第八期之前为半月刊，此后改为月刊。其内容皆围绕"平民共济会"的主张展开宣传，注重对民生问题的探讨，重视对民食匮乏、平民医疗、工业富民等问题的调查。详参其《陈训正评传》，浙江大学出版社 2015 年版，第 92 页。

③ 《塔楼集》，《天婴室丛稿第二辑》（1）所录《赵君林十述》云："时国体初更，民气方张，乡豪里猾涂附万计，人人发愤快志，欲以强力窃国势；其尤者，且皮傅'人权''自繇'之说，用抵冒国法、侮略良细。君乃叹曰……因与余及其兄匈椒、三原徐亚伏，创平民共济会，设总部上海，刊发《生活杂志》，抒渫其所负民生主义，蕲行之各省县。"

④ 《无邪诗存》，《天婴室丛稿》（1），第 33-34 页。

⑤ 干人俊编纂：《艺文（三）：内编》，《民国慈溪县新志稿》卷 19，慈溪县地方志编纂委员会印行，1987 年，第 151 页。

◎秋，经陈训正牵线搭桥，四妹若娟成为老友冯君木的继室。

按，《陈布雷回忆录》民国元年条云："是年四姊归冯君木先生为继室，作伐者大哥也。"

◎张申之被选为国会议员，于秋日赴京，为之饯行时，陈训正作《送张申之赴京议院》。

按，《缆石幸草》，《天婴室丛稿第二辑》（9）所录《张君生圹志》云："君名传保，字申之，姓张氏，鄞县某乡人。……宣统元年，被举为浙江省咨议局议员，遂参与辛亥革命之役。民国元年，以选为国会议员，在京若干年。曹锟窃政，欲以财贿收党徒附己，君不为动，自绝其籍，出国门南下，世所称护法议员者是也。"又考其《送张申之赴京议院》诗云："白日葱葱下大荒，清尊相属莫相忘。乱离道路多新鬼，莽苍山川非故乡。两字平安看朔雁，一言珍重学寒螀。萧萧易水西头渡，愁绝当年结客场。"[1] 所谓"寒螀"，即寒蝉，每年入秋后出来活动，故该诗作于本年秋。

民国二年（1913）癸丑　四十二岁

◎陈训正客居上海，作《与叔申同客海上，每见必以诗。叔申病肺久，辄谓余曰："得及吾生，不当多作诗耶？"余悲其语，赋诗以慰》诗，[2] 未久，离沪返甬。

按，该诗第四首云："乡国不能容，流落海之涘。……各赁庑下居，相去惟一水。朝往复莫来，见必以诗示。决肠互为纳，百废随之去。所遭虽不时，亦足慰蕉萃。蛩蛩一年余，吾复为人弃。囊笔亡所用，归来课儿子。"

◎夏，陈训正长子孟扶被北京大学录取。

按，《陈布雷回忆录》民国二年条云："是年夏为效实甲班生六七人补习心理、论理、英、法文等各学科，志尚亦来校担任补习物理，（钱）吟苇先生及大哥等均来同寓，课暇谈燕无虚日，凡一月余而罢。盖是年

---

[1] 《无邪诗存》，《天婴室丛稿》（1），第30页。

[2] 《无邪诗存》，《天婴室丛稿》（1），第32页。

北大招考，效实诸生提早毕业，往应入学考试，故为指导预备也。试验结果，汪焕章、冯中及大侄孟扶均录取，吾郡之学界，始渐渐知效实中学之程度。"

◎陈训正始任宁波公立中等工业学校校长。

按，陈训正《工校十年度豫算表书后》云："余役工校，于兹九年，……自二年承职。"[1] 考陈训慈：《陈君屺怀事略》云："又与同志创设公立宁波中等工业学校，被推为校长，聘林端辅（黎叔）掌校政，先后十余年，逐年发展，附设工厂，作育专才，开导风气，甚有益于地方工业之发展。"此说显然有悖于事实。

◎9月以后，陈训正作《杂讽》诗十首，该诗既描写了白朗之乱（1911年10月—1914年09月）对百姓生活的侵扰，更辛辣地讽刺了袁世凯北洋政府的腐朽及其军纪败坏。

按，《无邪诗存》载曰："三月不雨愁翻河，天枯日老将无那。西来行客夸异数，为言亲见金嘉禾。……金章累累刻文虎，谁知西山虎更痴。白颠赤额争人食，尔不能仁独文为。大部发书急军储，末吏捧书喜不如。……相公龙钟坐筹边，猛将如云屯边去。妖妾艳妻那得抛，金珠拥上西征路。昨日寇围老河口，今日捷报荆子关。寇来不得完家室，寇去妻子犹愁颜。征西之军万熊黑，西人壶浆来迎师。岂知穷寇出门日，又见官兵喋血时。三年流转无休息，行贾坐贩相愁叹，去时大水今时旱，来时茫茫更大难。"[2] 该诗理当作于这场动乱被平定后，亦即本年9月以后。

民国三年（1914） 甲寅 四十三岁

◎陈训正送次子建雷去上海，求学于老友应叔申门下。归途中，作《携仲子雷游学沪上》。

按，《无邪诗存》录曰："我意都摇落，儿心肯苦辛。相持无可语，

---

① 《逃海集》，《天婴室丛稿》（6），第263页。

② 《无邪诗存》，《天婴室丛稿》（1），第36-37页。

所喜竟能贫。忽忽方来日，依依乍别人。飙轮自兹远，海色有昏晨。"①由"依依乍别人"，可知此诗作于归途。又考《追悼叔申六首》之四云："乡国不能容，流落海之涘。……各赁庑下居，相去惟一水。朝往复莫来，见必以诗示。……蛰蛰一年余，吾复为人弃。橐笔亡所用，归来课儿子。阿儿能知奋，言择君师事。明年遣归君，君亦颇颇喜。谓当勤灌溉，培养成兰芷。"由此既知陈建雷所师正是应叔申，又可推知该诗作于本年初。

◎陈训正在与次子建雷的往返书信中，得知老友应叔申病重，遂赶至上海，将之接回慈溪。

按，陈训正在所作《追悼叔申六首》之四云："三月儿书来，为报君病始。四月得儿书，知君病难已。苍黄出蹈海，相见心为悸。君体夙不丰，被骨岂无骴。一别百余日，其愈乃至此。他乡不可居，道路能为祟。作计宁首丘，我言无避忌。此时君面我，嘿嘿独垂泪。顿头一再肯，归亦如其意。日没下飞轮，日出到江市。就市买安车，送君龙山址。势菌方怒炽，针药抗肌理。莫谓卢鹊良，救弱无长技。奄奄及萧晨，君目瞑不视。我亦幽忧人，与君同一体。不忍见君生，何忍见君死。"②

◎夏秋间，宁波连月大旱，陈训正既作《龙无权》诗，又曾去沪避暑十日，返甬后，见旱情依旧，遂作诗《甬旱苦无水，如沪十日，沪亦无甘饮者，怅以归。舟人云数日前，甬似大雨，比至，涸如旧，因继作是篇》。③

按，陈炳翰《洁庵吟稿》之《甲寅记事》小字自注："自四月下旬至七月既望，加以闰五月不雨，禾稻枯槁而咸潮又入为害。"④而《龙无权》诗序亦云："明州自六月至八月无雨，焦陇满野，农客妇叹，然犹幸万一之生，迎龙祈雨而天日益烈，苍苍之意可知矣！因赋是篇。"⑤

---

① 《无邪诗存》，《天婴室丛稿》（1），第31页。

② 陈训正：《追悼叔申（六首）》，《天婴诗辑·续编》，第6页。

③ 《无邪诗旁篇》，《天婴室丛稿》（2），第101—102页。

④ 《鄞县通志》第四《文献志》第四册丁编《故实》，第1366页。

⑤ 《无邪诗旁篇》，《天婴室丛稿》（2），第101页。

◎孟秋，连续十七日大雨倾盆①。鄞县人林润藻大概就在其间的某个夜晚为保护河道而不幸遇难。陈训正因此作《哭林凫公》一诗加以悼念。②

按，《鄞县通志·文献志·人物类表第九·方闻》云："林润藻字凫香，生有至性，好读书，不求闻达，……尝王邑之城区自治，砥道路，浚河隍，讲教育，谋救济，靡不毕力以赴，费约事繁，号称其职云。"③

◎ 11 月 4 日，应叔申（1872—1914）病逝。④其后不久，陈训正请沙孟海捉刀代笔，为应氏撰写墓碑。

按，陈训正《致沙孟海札》云："孟海老弟鉴：前承走访，屺实未睡，祗在林上息养。佣人不察，竟被回复，事后得悉，殊为懊恨。叔申未葬，乃弟季老本拟稍事烜华，现因季老中风卧床，恐再迟，并棺木亦无处找寻，遂草草埋葬。惟墓碑略题数字，嘱屺亲写。屺思老弟惯为我捉刀，仍以此件奉，恳务望于本星期日写就掷下，迟则蟹螺碑竖起矣。因主其事系一土商人，主张出四五元买一碑，可恨亦可笑也。眼盼过谈，不宣。屺怀白即。"⑤

民国四年（1915） 乙卯　四十四岁

◎农历六月，陈训正作《嗟嗟有生行，为裘少尉作》⑥。

按，《嗟嗟有生行，为裘少尉作》之"叙"云："倭人易我以兵，要我二十一事。我弱无可战，竟许之。平陆军少尉裘奋耻之，谓所部曰：'是我军人之辱也。'于是遂自杀。陈子闻而悲之，为赋是篇。时四年六月。"

◎陈训正因积极参与创办社会教育团体而被视为"地方志士"。

---

① 案，陈炳翰《洁庵吟稿》之《甲寅记事》云："甲寅余年五十六，……人心不正天心怒，大旱四月农夫惧。……祷雨迎龙各村忙，聚众入城挤道路。及至孟秋十七日，大雨倾盆苏涸鲋。"详参《鄞县通志》第四《文献志》第四册丁编《故实》，第 1365-1366 页。

② 《无邪诗旁篇》，《天婴室丛稿》（2），第 82 页。

③ 《鄞县通志》第四《文献志》第二册甲编中《人物二》，第 627 页。

④ 冯开：《应君墓志铭》，《艺文（三）：内编》，《民国慈溪县新志稿》卷 19，第 143-144 页。

⑤ 沙韦之主编：《若榴花屋师友札存》，西泠印社出版社 2002 年版，第 6 页。

⑥ 《无邪诗存》，《天婴室丛稿》（1），第 72-73 页。

按，《申报》1915 年 7 月 20 日所刊《之江纪行（宁波）》云："社会教育团体之发起：宁郡新发起之事，以此为最可喜悦。地方志士感于国耻，乃创为此举，团长为费冕卿，商会总理也，理事为陈谦夫、范均之、林端甫、施竹晨、林世钦诸人，讲演为林莲村、王东园、余润泉诸人，编辑为冯阶青、钱吟苇、陈屺怀、陈训恩诸人，皆一时之选。"

◎镇海人郑廷琛（1859—1915）卒，陈训正受老友洪允祥（郑氏外甥）之托，撰《郑荇泲先生诗序》。

按，《天婴室丛稿》（3）《无邪杂著》录其词曰："学问之事，自非上哲，无不由勉强而得，而为诗则不然，盖有其性情，乃有其诗耳。余于朋僚之诗，恒合之于其人之性情以为高下。吾党诗人，其高者如应叔申、冯君木、洪佛矢数人而已。……佛矢则纯主乎天者也，而人功废焉。人功益废，天事益近。读其诗，如游翳林，奇葩异卉，时流芳息，然其幽蓇郁茂之概，不自呈露，必披剃乃见，倘所谓天之事欤！余尝询其所自受，则曰：'吾舅氏镇海郑先生之教也。'今年舅氏殁矣，伤哉，遂以其舅氏遗稿相示，余受而卒读。诗不多，要皆性情中语，非强而后工者比也。余因语佛矢曰：'余虽未接郑先生，而郑先生之性情，余能道之，盖纯洁笃挚之古君子也。'佛矢喜曰：'是能知吾舅氏者！盍书之，为吾舅氏诗叙？'遂录以付之。"由此可见，此文乃陈训正受老友洪允祥之托而作于 1915 年郑氏卒后不久。

◎ 9 月 29 日后，陈训正应表弟叶懋宣之请，撰《清故两淮盐运使司候补巡检叶君权厝志》。

按，《无邪杂著》载其词云："君讳泾，字筱林。……历办河防、水利诸工程，几三十年无缺失，颇颇著劳绩，例得升转，然性孤介，不能媚上官进取，以故终身不迁一阶，老益坐废。民国三年，始归慈溪。君既归，饮食起居非所习，邻里乡族非所亲稔，坐是益郁郁不快，遂得疾，以四年九月二十九日卒，……春秋七十有九。君娶陈氏，训正之姑也，前卒。……子男五人 [①]：懋宣，陈出；……懋宣既厝君柩于慈湖之原，告训正曰：'吾家两世先槥，皆浮葬扬州，父命必尽返乃葬，已今不及举

---

① 子男五人，当从下文《叶君主阴记》改作"子男六人"。

返葬，故权厝焉，以待先志也。将为异日铭，请志之。'遂为之系。"①

◎ 10月20日前，陈训正为其姑父叶泾（1837—1915）撰《叶君主阴记》。

按，《无邪杂著》载其词云："……君生前清道光十七年十一月二十五日，卒民国四年九月二十九日，为夏正乙卯八月二十一日，享年七十有九。娶陈氏，先君二十八年卒。侧室谭，摄正。子男六人。……君官两淮盐巡检，其懋绩硕行，具详训正所为志。十月二十日，懋宣等奉君柩，殡于慈湖之原。先是，君之考妣及妻殁，均浮葬扬州仙女镇季家庄，君遗命必尽返乃葬，已不及时，故权厝以俟。内侄陈训正谨志。"②

民国五年（1916） 丙辰 四十五岁

◎春，陈训正应俞鸿桎之请，为其母七十寿辰撰作祝文。

按，《〈忘忧草赋〉奉寿俞母七十》云："俞子仲鲁，昆季四人，植躬秉惠，恪慎克孝，门内雍睦，著教州里。……丙辰之春，俞子过余，……时余主甬之憩园，园多萱草，俞子因指谓余曰：'……子如辱贶于吾，愿有所述，俾吾晨昏定省之余，得讽诵于老人之侧，以为笑乐，亦忘忧之道乎！'余曰：'善哉！俞子之事亲也，可以养志，可以长年矣。'遂为之赋忘忧草。"③

◎陈训正与诸高僧合创僧教育会，并被推为会长。

按，陈训慈:《陈君屺怀事略》云："甬上故多名刹，君与僧徒之有识者合创为僧教育会，被推为会长。其后年，更与释氏友人创设佛教孤儿院，推君主院事。"据显宗《回忆宁波佛教孤儿院》，可知佛教孤儿院创设于民国七年（详后），由此逆推，是知僧教育会创建于本年。

◎陈训正应秦润卿（1877—1966）之请，为其母七十寿诞作寿词，因作《秦润卿索赠，为赋〈绵历篇〉二十四韵》，其重心在于交代秦氏举办普迪学校的缘起。

---

① 《无邪杂著》，《天婴室丛稿》（3），第179-180页。

② 《无邪杂著》，《天婴室丛稿》（3），第182-183页。

③ 《无邪杂著》，《天婴室丛稿》（3），第125-128页。

按，《申报》1922年5月13日《慈溪普迪学校之成绩》云："慈溪县私立普迪国民学校，为秦君润卿、李君寿山、王君荣卿等所筹设。成立于民国五年，迄今已六载，举行毕业四次。"故系之。

◎镇海虞洽卿（1867—1945）年亦半百，陈训正受鄞县张寿镛（1876—1945）之托，为其撰寿辞。

按，《代张寿镛颂人五十寿》云："日月不居，汔五十年，智其有艾，在岁丙辰，朱明方中，乃为君诞吉。余朋余僚，登君之堂，念君之勤劬，执敬觞止，将表君德，……爰为作颂。颂曰：有猗其兰，可以为佩；有兼其流，可以为溉。俣俣令君，德闻无既；匪惟无既，日月不废。兰之猗猗，惟君之思；流之兼兼，惟君之无。忘于维君之贤，人以为天。人以为天，胡不万年！"①

◎陈训正作《张让三先生六十寿叙》。②同年，虞辉祖亦撰《赠张蹇叟先生序》。③

按，《申报》1924年8月13日《名宿张让三逝世》云："鄞县张让三陈训正，现年六十八岁，前清时曾为薛福成随员，游历欧洲各国，回国后，曾充上海南洋公学提调，及宁波旅沪同乡会会长，热心公益，为时人所重，忽于本月十日下午四时逝世，甬人多闻而惜之。"是知张让三生于咸丰七年（1857），而陈训正此文作于本年，张氏时年59。

民国六年（1917）丁巳　四十六岁

◎老友张让三年届六十，陈训正作《赠蹇叟，时叟年六十》："眼中日月非吾有，犹及苍茫见此人。万岁一枯齐旦暮，寸心千刿屑芳辛。先生自处知何许，天下相忘是幸民。且借诗篇消甲子，可堪五岳再成尘。"④

按，《申报》1924年8月13日《名宿张让三逝世》明言张氏卒于民国十三年，享年68岁；由此逆推，是知此文作于本年。

① 《无邪杂著》，《天婴室丛稿》（3），第161-165页。
② 《无邪杂著》，《天婴室丛稿》（3），第170-172页。
③ 《赠张蹇叟先生序》，《寒庄文编》卷一。
④ 《无邪诗存》，《天婴室丛稿》（1），第46页。

◎农历三月以后，陈训正奉命作《却金帖》。

　　按，《却金帖》之序云："汉川刘德馨宰耒阳，出梁氏冤狱。梁德之，进八百金，不受；益以进，又作书却之。时无知者。殁后，其子会稽尹邦骥检得书稿，表章先德，题曰《却金帖》。征余文，余为作《却金帖乐府》。"考刘邦骥（1868—1930）于本年三月来官会稽[1]，年底离职[2]，故《却金帖》必当作于三月之后。

◎秋，陈训正应邀参与筹建佛教孤儿院。

　　按，陈训正《白衣院屠母功德碑》云："民国六年秋，四明僧之高者，称其先德天童敬安上人之遗志，议于城北白衣广仁讲寺建院收恤孤儿，用推其教义，而又以余之淑，其人也，谁主其事。"[3]又可见《现代佛教学术丛刊》第86册《民国佛教年纪》民国六年条、显宗《回忆宁波佛教孤儿院》[4]。

◎9月23日，陈训正在呈请会稽道尹批准后，以工校校长的身份，出售部分校产以弥补办学经费之短缺。

　　按，张介纯《一张罕见的民国地契》云："浙江旧宁属县立甲种工业学校校长陈训正，今因本校经费支拙，于民国六年九月二十三日呈奉会稽道尹，转奉省长公署第一二八六号指令，准将民国元年六邑公会议决拨与本校管有旧月湖书院遗产沙地作为壹万五千元交价出卖，移充校费在案。……中人：李镜第、赵家荪、费绍冠、冯良翰、郁桂芳、张原炜。"[5]陈训正《工校十年度豫算表书后》亦云："……自二年承职至七年，计六匝年，积负万有七千。旧者未偿，新者无所贷，不得已尽货校产慈北沙地以抵，然尚不足二千。"[6]

◎10月2日前，在为鄞县县长王子澄饯行宴会上，陈训正即席作《平阳

---

① 陈训正：《徐别汉川刘彦称少将解官会稽》，《无邪杂著》，《天婴室丛稿》（3），第154页。
② 《鄞县通志》第四《文献志》丁编《故实·民国建立以来革命诸役始末记》（3）《六年十一月之役》，第1342—1343页。
③ 《秋岸集》，《天婴室丛稿》（5），第229页。
④ 显宗：《回忆宁波佛教孤儿院》，《宁波文史资料》第22辑，第28页。
⑤ 张介纯：《一张罕见的民国地契》，《东南商报》2005年1月10日。
⑥ 《逃海集》，《天婴室丛稿》（6），第263页。

王子澄谢职鄞县，县人饯于愒园，即席赋呈》，将之比作王安石："荆公迈绩非寻常，谁其嗣者平阳王。……攀衣牵肘留不住，王侯竟去秋无光。……把侯袂兮酌侯酒，侯不复兮我心伤。"①

　　按，《鄞县通志·文献志》云："王理孚字志澄，温州平阳人，廪贡，民国五年十二月二十三日任。……王家琦，……民国六年十月二日任。"②据此，既知"王子澄"乃"王志澄"之误，又可断定陈训正此诗作于本年10月2日前。

◎ 10月7日，范贤方（1877—1917）病卒；陈训正作《挽范慕连》以悼之："分明吾属将为虏，抵死空拳握不张。惜汝关山有归骨，愁人风雨几回肠。深深黄土埋恩怨，忽忽灵旗起激昂。惨淡南天一回首，鬣潮犹挟海云翔。"③

　　按，《宁波文史资料》第11辑《宁波光复前后》云："范贤方（1877—1917）字仰乔，号仲壶，谱名贤梓。清光绪壬寅补科举人。……1917年9月，孙中山在广州就大元帅职，范贤方出任国法院院长。因背部病疽，于是年10月7日（农历八月廿二日）逝世于任所。临终时身无分文，靠保险金运回棺木，于1931年冬，归葬于慈溪县秦可观岙南山之麓。"

◎ 11月底，会稽道尹刘邦骥（1868—1930），因积极响应蒋尊簋（1882—1931）领导的"浙人治浙""宁波独立"运动，败后被迫离职④。事后，陈训正特作《叙别汉川刘彦称少将解官会稽》，既用以表彰刘氏保境安民之功，复又深相惋惜其去职。

　　按，《叙别汉川刘彦称少将解官会稽》云："汉川刘侯以六年三月来尹会稽，出治明州，用以观察三郡。维时国坊初回，群慝犹伏。……悍将骄卒，駤起纷纭，……明州当海陆错会，驲传通达，风声所播，讹言益滋。惟侯涤烦解娆，臬臬于治，……旧疆晏然，无失教训，完其生聚，侯之功也。……我明州夙着货殖，瞡瞡万目，方集厥矢，一隙未弥，百窦俱裂，燎原之势，此憖独免乎？……如侯仁贤，乃以谗废。……于戏！

---

① 《无邪诗旁篇》，《天婴室丛稿》（2），第89—90页。

② 《鄞县通志》第四《文献志》丙编《职官·历代职官表一·县官》，第1231页。

③ 《无邪诗旁篇》，《天婴室丛稿》（2），第87—88页。小字自注："慕连，贤方亡命时假名。"

④ 《鄞县通志》第四《文献志》丁编《故实·民国建立以来革命诸役始末记》（3）《六年十一月之役》，第1341-1343页。

横流滔滔，孰则障之，孰谓侯清而锢于是。诵侯之功，念侯之穷，于今之世，又谁诉者？奉辞识别，三太息已！"[1]

◎冬，镇海虞辉祖（1865—1921）撰《冯君木诗序》，内称陈训正与冯君木皆为"甬上诗人之绝出者"。

按，虞辉祖在自定《寒庄文编》时，将《冯君木诗序》列入第一卷，且明言该文作于丁巳年，其词云："吾少闻陈、冯之名，后遂相遇，与交密。前年余馆甬上，二君亦以避乱寓郡城，吾每与君木访无邪，游城北后乐园，为诗酒之会[2]。吾不善诗，二君喜以诗相视。无邪尝欲有为，乱后意有所不乐，故其诗多幽沈郁宕之音，君木意量修然，虽居困而有以自得，故其诗有萧旷高寒之韵，要皆吾甬上诗人之绝出者也。"[3]

◎久未联系的恩公喻兆蕃，忽然写信给陈训正。

按，《哭萍乡》之序云："萍乡喻公讳兆蕃，字庶三。清光绪某年，以翰林院庶吉士改外，守吾郡。……公守郡四年，擢任宁绍台海防兵备道，仅一年，以母忧去官。国体既改，遂不复仕。与余不相见十余年，前三年，忽书至，云于义宁陈散原处见余诗稿，怜其况悴而教之以自胜，且曰：'如子才，当自谋五百年，勿馁也已！'又和余《感遇诗》，奖借大过。余生平所与游，无若公之知我也。方图道西江，冀一面公，诉余积感，忽得告公以民国九年十一月某日殁于里第。"[4]

◎陈训正相继作《叙别王子澄》《论王子澄去鄞》两文。

按，前文纵论术治与法治之异同，后文批评地方官任期太短之弊病，两文当作于同时，且《论王子澄去鄞》明确述及其写作时间："……共和于今仅六年，他邑吾不尽知，其在鄞也，比六年中，已七易宰，暂者数月，久者不过一年。七人者，虽未必皆贤，要其材多可自见，而王君子澄，尤所称为治人者也，亦以不中法而夺职。夫有可夺之法，必其人之于其治不胜也，而王君胜治矣，其贤也欤。贤者于法不当夺而夺

① 《无邪杂著》，《天婴室丛稿》（3），第154-156页。

② 冯君木《虞君述》云："君讳辉祖，字含章，……初与族人景璜齐名，景璜殁，君嗒嗒无所向，久之，始交陈训正、冯开。……寻北游燕代。"详参《寒庄文外编》，1923年铅印本。

③ 虞辉祖：《冯君木诗序》，《寒庄文编》卷1，1921年铅印本。

④ 《秋岸集》，《天婴室丛稿》（5），第237-238页。

之，是谓无治法。无治法，然后无治人。嗟乎，治天下而患无人乎，患在无治法。"①

民国七年（1918）戊午　四十七岁

◎春，陈训正堂妹（陈布雷六妹）与马涯民订婚。

按，《陈布雷回忆录》民国七年条云："六妹已长未字人，留心物色，迄无当意者。今春以乌厓琴、沈润夫二君之介，与定海马涯民君缔婚。当议婚时，余亲往镇海，访乌厓琴君于镇海高等小学校，信宿而归，庶母问定海在何处，如太远，宁徐徐云尔，余兄弟均以马君学行有声于时，且家事简单，遂缔婚焉。"

◎约2月初，得益于鄞县县长王家琦（字一韩）的大力支持，开办佛教孤儿院之事得以顺利推进。陈训正兴奋之余，作《劝诸山建白衣恤孤院，议数数不决，鄞知事王一韩力争之，遂定议。因奉二绝句，即题其纪念肖象》诗②。

按，《鄞县通志·文献志》明确记载王家琦于上年10月2日任职鄞县县长，本年2月3日离任③。

◎2月11日（戊午元旦），陈训正写成并发布《宁波佛教孤儿院告募疏》。

按，《觉社丛书》1918年第1期载《宁波佛教孤儿院告募疏》云："天下无告之民四，而孤为甚。……嗟乎，自国家失仁政，而此四告者，于是益穷。……明州之佛教徒有岐昌、谛闲、一峰、净心、宗亮、圆瑛、智圆、僧胲、太虚者，诸山之先觉，而根性于慈悲以为教者也，概然有见于棣群之道，而议设孤儿院于鄞之白衣寺，……议既成，岐昌等以院事诿于余。余亦孤子也，回忆童昏无告之日，历历犹目前事，敢辞劳焉？遂承其事而述其由如此，并为呼之群。群之人孰不有慈爱之念乎？苟有应者，虽一丝一粟之微，亦被其仁而食其德矣。戊午元旦，慈溪陈训正。"④

---

① 《无邪杂著》，《天婴室丛稿》（3），第151-152页。

② 《无邪诗旁篇》，《天婴室丛稿》（2），第96页。此诗后又被陈训慈选入《天婴诗辑·续编》。

③ 《鄞县通志》第四《文献志》丙编《职官》，第1231页。

④ 宁波市政协文史委员会编：《近现代报刊上的宁波》，2016年，第584-586页。

◎5月12日，宁波佛教孤儿院召开成立大会。陈训正被选为居士院长，并在大会上报告该院组织情形。

> 按，《申报》1918年5月16日《孤儿院开成立会》云："宁波佛教孤儿院于十二日午后一时开成立会，……开会后，首由在院孤儿就佛前行礼；次唱院歌；次孤儿向长官及来宾行敬礼；次唱欢迎歌；次由居士院长陈屺怀、沙门院长岐昌师先后报告组织情形；次警厅长严友潮君登台演说，……次宣读道尹训词及鄞慈两知事祝词；次来宾林瑞甫演说，痛论佛耶两教之兴衰，由其教徒能否实行其教义为枢纽，孤儿院即实行慈悲教义之唯一事业，异于从前僧界以普渡众生为口头禅，毫无实际云云，并对于僧界之意存观望者，加以针砭；次洪佛矢、洪承祁相继演说；次僧界太虚、圆瑛演说；次由孤儿致谢词而散。"相关记载，又可见显宗《回忆宁波佛教孤儿院》。

◎7月16日上午，陈训正以中等工业学校校长的身份，参加甲种商业学校第一班本科毕业典礼。

> 按，《申报》1918年7月17日《商校举行毕业》云："县立甲种商业学校于十六日上午举行第一班本科毕业礼，来宾到者官界有会稽道尹代表吴仲莘，警察厅厅长严友潮，鄞县知事代表刘亭孙，烟酒公卖局长阮仲楣，学界有第四中学校长励建侯，甲种工业学校校长陈屺怀，第一高小学校校长范莱茞暨其他士绅三十余人。"

◎8月，陈训正作《赠洪君序》："君有丈夫子三人：……仲承祁，少从余友镇海钟生学，有敏材，今被举为省议会议员，视昔所谓举人者，则何如？"[1]

> 按，《申报》1918年8月4日《新省议员揭晓》云："浙江省议员覆选第四区昨日（一号）在宁郡老城隍庙举行覆选投票，……今日（二号）即在郡庙当众开票，计当选人十五名：盛在珩、王廉各二十票，徐志鸿、周绍颐、郭景汾、洪承祁、宋蔚臣、钱玉麒、屠士恒、李镜第、张原炜、王栋、周钧棠、裘光炽各得十九票，励支石十八票，惟费锡龄十三票，为候补当选人。"是知洪承祁于1918年8月当选为省议员，而《赠洪君序》亦当作于此际。

---

[1] 《无邪杂著》，《天婴室丛稿》（3），第174页。

◎冬，六妹与马涯民完婚于上海。

按，《陈布雷回忆录》民国七年条云："冬遣六妹于归马氏，成婚于沪，伯母及诸妹均伴送至沪，余亦留旬余始归。"

◎陈训正葬其父陈懿宝于大枫塘，并请老友冯开撰作《墓表》①。

按，冯开《陈府君墓表》云："君讳懿宝，字儒珍。先籍奉化，明世有莨者，始徙慈溪。逮君之身，十六世矣。曾祖大榜，祖鹿。父士芳，奉政大夫，洞明算数，起家货殖，是生三子，君齿其长。……春秋三十有九，以光绪某年某月某日告终家街。……配顾孺人，子一：训正。……君之卒三十八年，训正葬君于大枫塘之西原。训正荣辞懋行，著闻州间。君身之不昌，庶大其后，辄发抒潜德，刊诸墓石，以声行路，而谂异世。民国二十三年同邑冯开谨表。"据沙文若《陈屺怀先生行状》和陈训慈：《陈君屺怀事略》，可知陈懿宝卒于光绪七年（1881），由此下推38年，即本年；《陈府君墓表》末题作"民国二十三年"，显误，更何况彼时冯开（1873-1931）已卒。

◎在收到虞辉祖所撰《陈无邪诗序》（后被用作《天婴室丛稿》之"叙"）后，陈训正答以《谢寒庄叙诗》②。

按，虞辉祖在自定《寒庄文编》时，将《陈无邪诗序》列入第二卷，且明言该文作于戊午年，其词云："余曩序《回风堂集》，谓吾甬上诗家以君木、无邪为挽近之绝出者，非私言也。盖二君虽自晦于世，欲以诗明志者同；其诗之刚柔正变或稍异，而感时伤物，不能自已而有作者，又无不同也。自有清末造，学者尤尚宋诗，若隐有家法，号'同光体'，实江西诗派之支流余裔。无邪奚乐为此者，……盖无邪晚际兵兴，睹乱之靡有已，故常所讽道如此！生平好与君木唱和，余每访于郡中后乐园，近且邂居西城白衣寺，有所作，尤不肯示人。乌乎，世果可嫉其如斯耶！读君诗者，可以怨矣。"③

---

① 陈训正《先妣讣状》云："……先公讳某字儒珍，先王父讳某字克介之长子，其行谊详冯开所为《墓表》。"详参《塔楼集》，《天婴室丛稿第二辑》（1），第31页。

② 《无邪诗旁篇》，《天婴室丛稿》（2），第102页。

③ 虞辉祖：《陈无邪诗序》，《寒庄文编》，1921年铅印本；又可见陈训正《天婴室丛稿·叙》，第1-2页。

民国八年（1919） 己未 四十八岁

◎春，陈训正将《无邪诗存》未收诗凡150首辑为《无邪诗旁篇》。

> 按，《无邪诗旁篇》卷首云："居白衣恤孤院二年，院主事若严为余衰诗得一百四十六首，题曰'无邪诗存'①。既又搜得筐衍蟫蟫胒尾，尚留百五十首，年时错出，不能次第，因为《诗旁篇》。火之不忍，将以灾木，此戋戋者，化鱼所弃吐，尚欲流视人间耶。己未春，玄婴识。"

◎农历三月间，励延豫父振骧八十大寿，陈训正作《励年丈八十生日赋此奉寿》②。

> 按，《鄞县通志·文献志》云："（励纲）子振骧，字听和，光绪二十三年举人，年已五十九矣，遂不复进取。居家以经义教授乡子弟，翱翱一德，最称老儒，性和易近人，衣冠伟古，见者懔然生敬。年八十余卒。"③据"光绪二十三年举人，年已五十九矣"，既能推知励氏生于1839年，又可确定《励年丈八十生日赋此奉寿》作于本年。

◎应任职京城之故知的多次邀请，老友冯毓蘩在陈训正的支持下，于农历七月去北京谋生。

> 按，陈训正《哀冰叟五十八均并序》云："……本无四方志，宁有饥能驱。故人肯怜惜，殷勤抵素书。一回招不去，再四来促呼。吾亦忘君老，劝君毋踟躇。世人皆欲杀，畴复相提扶。饿死事虽小，厚意宁区区。七月秋风来，送君上征车。"④

◎10月26日，陈训正与赵芝室等人特在府学明仁堂为即将离任的宁波警厅厅长严友潮召开留别纪念会。

> 按，《申报》1919年11月9日《严警厅长留别纪念会》云："宁波警

---

① 沙孟海《晚山人集题辞》云："先生著述初刊于甬上，曰《天婴室诗》，嗣刊于上海、杭州，曰《天婴室丛稿》，凡两辑。初辑七种：曰《无邪诗存》，即《天婴室诗》更名。"此说显然与《无邪诗旁篇》卷首自述相矛盾，未知孰是。

② 《无邪诗旁篇》，《天婴室丛稿》（2），第93-94页。

③ 《鄞县通志》第四《文献志》第一册甲编上《历代人物类表第二上·仕绩甲》，第248-249页。

④ 《哀冰集》，《天婴室丛稿》（4），第188-189页。

察厅厅长严友潮莅任两载，[①]现奉调去职，僚属等公饯于竹洲摄影留别。地方士民及各学校多有制赠伞匾及文辞者。严君所办之教养所艺徒，亦制泽及孤寒幛赠之。赵芝室、陈屺怀、励建侯三绅，特于上月二十六号，在府学明伦堂为严君开留别纪念会。"

◎作《再赠魏伯桢》，其《赠魏伯桢叙》亦当作于本年。

按，《再赠魏伯桢》云："嗟乎！国家建新八年矣，而法度犹未具。在官庸庸无创制才，其能者又多纂取他国成书，矜为莫尚，而不知其时与地之迁变。其害之所极，盖不仅意之执而已。……此言也，余尝于伯桢发之，伯桢固能以己之意，而求适于天下者也。同而不为随，异而不为执，是贤。已复书以要之，伯桢必久而无忘也。"[②]

◎约十月间，陈训正应同窗好友朱生之请，作《朱母七十寿诗叙》。

按，陈训正《朱母七十寿诗叙》云："始余从竹江袁先生游，袁先生有徒数百人，每对客，必称道及门，无如朱生贤。时朱生侍寡母，家居恒不出，余未识朱生也。明年，袁先生殁，余事柳先生于芳江。……朱生亦以母命来会，与余同斋舍。……光景忽忽，今又三十年矣。……今年十月，朱生之母许孺人七十生日，凡与朱生有连者，谋先期举觞称寿，而问礼及余。"[③]据《天婴诗辑·序》，可知陈训正自光绪十四年（1888）"始从竹江袁先生受诗"，由此下推三十年，是为本年。

◎大约本年，陈训正之母顾氏（1847—1926）初得肺病。

按，陈训正《先妣讣状》云："当母初婴疾，时年已七十有二，肺枵而微炎，医者皆曰以劳故。然心强，虽甚罢，尚能自持。素不喜服参药，谓草木何灵？久益玩之，有时亦稍稍起矣。凡困于床者八年。……母生故清道光二十七年十一月初二日，卒民国十五年夏朔二月初一日，春秋八十。"[④]兹据其生卒年推算而系之。

---

① 考陈训正《赠崇明严师愈叙》云："崇明严君，长警厅于甬三年，能举其职矣，犹卒不中考而去。今又一年，而甬之警已两易长。夫职不分而求之备，既难乎其为吏，而任之又不久，则其所谓绥而备者，尚有能举之之日乎？"（《哀冰集》，《天婴室丛稿》（4），第205页）两相比较，"莅任两载"之说似误。

② 《无邪杂著》，《天婴室丛稿》（3），第157—158页。

③ 《无邪杂著》，《天婴室丛稿》（3），第168—170页。

④ 《塔楼集》，《天婴室丛稿第二辑》（1），第29页。

◎陈训正作《诒张于相》，对张原炜（字于相，1880—1950）为文尚"洁"主张，予以严厉批评。

　　按，《诒张于相》云："于相之言文也，曰洁而已。余曰洁非尚也，润焉而已乎！今夫水，涓溪之涓涓，洁也；若黄河、若渤海，则浑浑者，非洁之谓也！……夫黄河、渤海，导其原者，昆仑也。昆仑之原，未始非涓涓者也。……于相之不能河海，其润之量不足耳！量不足，润不能成河海。仲尼有言：'四十五十而无闻焉，斯亦不足畏也已！'于相今年四十，使于相而犹以涓涓者限也，余亦何畏乎于相！"①

民国九年（1920）　庚申　四十九岁

◎老友冯毓孳客死北京，噩耗于农历三月间传至宁波，陈训正特作《哀冰叟五十八均并序》以致哀。

　　按，陈训正于诗序云："冰子讳毓孳，字汲蒙，姓冯氏。性伉爽，好直言，以是忤世蒙訾，晚年益失志，凉凉于行，因自号冰子。与余交三十年，既老，依余居愒园，主薛楼文社一年，穷不能自存，走京师，为所识显宦者司笔札，又一年旅死。赴至，余牵事奔走不果，哭以诗。……庚申三月，哭冰子诗既成，并识。"②

◎农历三月，久未联络的老友虞和钦（1879—1944）自山西来信问候，陈训正遂作《酬自勖》以答之。

　　按，诗前自序云："自勖，寒庄之族。余于灵岩诸虞，识自勖最早。飞沉既殊，馨欬遂闲。庚申三月，自勖忽自山西厅署觇诗及余。野老捧珠，喜极而泣。情之所动，哀乐俱缘。因申感慨，答以此辞。"③

◎初春，三年未曾谋面的老友虞辉祖，自北京来信，陈训正答以《得寒庄都门书奉答兼告近况》诗三首。

　　按，《得寒庄都门书奉答兼告近况》云："故人知我无好怀，苕蒂都门有书来。抑抑愁华春未放，凭君浇沃为催开。（其一）……别君冉冉忽

---

① 《无邪杂著》，《天婴室丛稿》（3），第160-161页。
② 《哀冰集》，《天婴室丛稿》（4），第187-188页。
③ 《哀冰集》，《天婴室丛稿》（4），第194页。

三秋，闻在长安事俊游。倘念人间有高贱，应怜王粲日登楼。（其三）"①

◎春，陈训正作《窀居》诗十首。

按，其依据一，是该诗被收录于《哀冰集》中，且陈训正自称《哀冰集》所收，皆作于本年春夏两季；二是该诗之十，明言"门外春如海"。这十首诗，既洋溢着陈训正怀才不遇的自悲自怜，从中又可得知：①次子建雷刚从日本留学归来："吾有四犬子，其仲曰阿奋。少亦读父书，那知时可徇。迩自东海归，其言都不顺。"（其八）②第三子建斗，似乎有负陈氏期望："阿曜年十五，久放时已失。驱之入市廛，或能逐什一。得钱完死生，所望亦非溢。强父待弱男，此情痛欲绝。"②

◎农历四月，陈训正应其弟子刘考满之请，作《鄞江徐翁七十叙》。

按，《鄞江徐翁七十叙》云："徐先生无子，既尽所蓄泽其乡，乡之人皆父事之。今年七十矣，刘生介其乡人来征辞，遂书以付之，且告曰：'徐先生之为人，有可自寿者在。若夫世俗所称七十八十，纵百岁，亦乌足为徐先生荣哉！'庚申四月，慈溪陈训正叙。"③

◎暑日，陈训正时或受邀参加由老友钱保杭、张原炜等人所组织的"般吉集"，并在与洪佛矢书信来往中详述其事。

按，沙茂世《沙孟海先生年谱》1920年暑期条云："与冯都良、徐公起（可暶）、陈行叔、俞子怡、葛夷谷同住在效实中学，讲述文史，并请冯君木、陈屺怀（训正）、张于相（原炜）等前辈作指导。钱仲济先生（保杭）与陈彦及先生（训恩、布雷）短期亦来指导。因效实中学校址在宁波城西般吉巷，此次活动被称为'般吉集'。陈屺老有诗记其事，编入他的《天婴室丛稿》中。"

---

① 《哀冰集》，《天婴室丛稿》（4），第193页。

② 《哀冰集》，《天婴室丛稿》（4），第190-192页。

③ 《哀冰集》，《天婴室丛稿》（4），第198-200页。《鄞县通志》有关徐原详的记载，部分与《鄞江徐翁七十叙》同，详参《鄞县通志·文献志》第二册甲编中《人物类表第十·义行》，第639-640页。近见徐林来《鄞西乡贤徐原祥》，既称"徐原祥名学涛，以字行，鄞江镇光溪村人，生于1851年，卒于1923年，享年73岁"，又云其膝下有二子（文载《鄞州文史》第十八辑，第36-41页），凡此种种，皆有别于陈训正《鄞江徐翁七十叙》，未知孰是。

◎农历五月，旧友鄞县人翁传泗（1878—1920），因饮酒过度而暴卒[1]；陈训正既作《哭翁二》诗四首，尔后又撰《翁处士述》。

> 按，《哭翁二》开篇就是对夏日景物的描写，考《翁处士述》云："处士名传泗，字厚父，姓翁氏，居鄞西鄙。为人朴讷和夷，余与交二十年，未尝见有怨怒容，……尤好振施，呼门者无不应而自奉约，夫人钱尝笑提处士衣视客曰：'此非二之服耶？已三缀矣！'二处士行，与游者，皆以二字之训。……性嗜酒，一日访兄京师归，过饮，失血卒，年四十有九。邻里哀之曰：'晞如处士者，曾不下寿，为善者愢矣！'"[2]

◎业师柳镜斋病卒，陈训正受托撰《柳先生述》。

> 按，《柳先生述》云："训正童丱侍游，长益相亲，形景周旋，不可离析。……先生讳某，字镜斋，……卒民国九年某月日，享年六十有几，葬某原。先时孤子发将赴所知，以状属于训正。训正知先生盖详，后死之责，不能弭忘。爰诠叙先生行谊大略，用告当世有道之碑，敢俟大雅焉。谨述。"[3]

◎陈训正作《与赵林士》，恳求好友赵家艺（1876—1925，字林士、行八）为其两儿介绍工作。

> 按，《与赵林士》云："八兄足下：沪上人来，辄言足下拳拳故交，怜仆久困处，欲援而出之。……仆今年四十有九，余光虽耿，不能以倍，鹿衣疏食，取足苟完，即终岁道路，犹可丐活。所悲者，两儿已成人，乃亦共我蓐食槁壤，少年锐气，折之将尽。足下思之，宁不惜哉！……某方文书之职，闻尚未定。君墨在甬时，曾与言之，彼亦许仆为地，然中原只此鹿耳，逐之者千百，……倘非足下重为之介，则环而牵沮之者，

---

① 案，张原炜《蓺里剩稿》卷一《翁厚父墓碣》云："今年夏五月，予在杭州，闻友人翁厚父以疾殁。……先是，君自京师谒其兄归，一日方举酒，自云小却，夜二鼓，呼腹痛剧甚，遂以卒。……其卒以民国九年五月某日，年四十又三。"年四十又三，陈训正《翁处士述》作"年四十有九"，此从前者。

② 《哀冰集》，《天婴室丛稿》（4），第196、200-201页。对于传泗赴京及速死的前因后果，《鄞县通志·文献志》载之甚详，其《人物二·人物类表·节概》云："传泗兄传洙有子文灏，治地质学，有重名，奉父宦京师。一日，传泗念兄切，往访京邸。时文灏门下颇盛，贵游宾朋往来尤殷，不得常侍奉父叔。传泗心闵兄孤寂，不忍舍去，性好酒，日与兄痛饮，比归，得失血症，益都郁寡欢，谓其客曰：'吾今始知贫贱家庭之乐矣。'"

③ 《哀冰集》，《天婴室丛稿》（4），第213-215页。

宁无其人乎！……足下试为仆一图之！"①

◎自春至夏，陈训正相继作成《乌曹歌》《都厩篇》诸诗及《文学袁君传》《李母挽词》等文，并皆录之于《哀冰集》（全集共计 31 篇）。

　　按，《哀冰集》序云："少日自负许，谓士生斯世，诗文而外，自有事业在。故偶有所述，辄弃去，不甚爱惜。今已矣，四十五十，忽忽无闻，自念生平，舍此无复高世，因立斯集，以时次弟，徂春历夏，都得诗文若干首，题曰'哀冰'，识所始也。庚申七月，玄公记。"②

◎陈训正作《白衣院屠母功德碑》《书屠母碑后》两文，用以感谢鄞县人屠用锡对佛教孤儿院的赞助。

　　按，《白衣院屠母功德碑》云："民国六年秋，四明僧之高者，称其先德天童敬安上人之遗志，议于城北白衣广仁讲寺建院收恤孤儿，用推其教义，而又以余之淑，其人也，谁主斯事？既举三年，六邑之孤者来益众，所会材不苟于用，院且废隳，余与诸山戚戚忧之，方以为莫之继也。一日，鄞屠君赍千金来，称曰：'用锡不能事亲，奔走四方，无得于晨夕。今岁吾母七十，用锡始念母之劳劬，将会朋僚姻娅，谋所以为娱，顾以母命，不许靡靡踵俗之所为，而责用锡能效于群者务之。用锡不敢违，谨奉千金以致，盖母志也。'余于是乃率诸孤者，拜辱贤母之赐，……众曰：'是功德，不可忘。'乃砻石碑于院，而余为之文。……九年某月，慈溪陈训正记。"③

◎9月，李平书等人创建上海民新银行，陈训正特此作《为某银行创立作颂》："某君鉴百业之就衰，知独营之非计，意摹心篡，垂垂及期，响附景从，骎骎以大。本互助之精神，开无前之事业，因势利导，无横决之虞，厚集厥锋，有勿摧之锐，乃于沪市辟某银行。"④

　　按，《申报》1921 年 3 月 26 日《民新银行开幕》云："民新银行于去

　　① 《哀冰集》，《天婴室丛稿》（4），第 215—216 页。
　　② 《哀冰集》，《天婴室丛稿》（4），第 187 页。《哀冰集》中的《乌曹歌》《都厩篇》《感事（三首）》《古意（三首）》《驱鼠》诸诗，后又被陈训正本人选入《天婴诗辑》。
　　③ 《秋岸集》，《天婴室丛稿》（5），第 229 页。《白衣院屠母功德碑》，《鄞县通志》第四册戊编下《文献志》第七《艺文三》题作"佛教孤儿院屠（用锡）母功德碑"。
　　④ 《秋岸集》，《天婴室丛稿》（5），第 235—236 页。

年九月间组织成立后，即自行建筑三层楼洋房于河南路一八三号，经营数月，于本月初始告落成。昨日为该行开幕之期①，……该行经理冯芝汀前任华孚副经理，信用颇著，副经理冯松雨为美国哥伦比亚大学经济科文学士，办事认真，尤精稽核，该行将来营业之发达，可预卜也。"

◎秋，陈训正至杭州，期间应新友许修介之请，为来年许父七十寿诞作《天台许翁寿辞》。

> 按，《天台许翁寿辞》云："庚申之秋，余道武林。有彦者许修介来见，辞貌既接，情意渐沦，宵谈竟昕，遂深契致，乃称于余曰：'某天台下士，修名未立，愧无方闻，彰我家德。……明年吾父七十，……敢请大雅，用以为教，某实获幸焉。'余既诺之，遂叩其所欲言而为之辞。繁称泛引，盖以述德，因事致敬，勿嫌匪古。"②

◎秋日某夜，陈训正读亡友应叔申诗，不胜伤悲，遂作《金缕曲》。

> 按，该词既然被录入《秋岸集》，自当作于庚申八月至十二月间，且其序明言："秋夕，忆亡友应叔申诗，泫然赋此。"③

◎ 10月24日，陈训正作《菊赋寿冯止凡同年》。

> 按，该诗序曰："岁九旻之莫月，始霜之旦。群竞既歇，老圃回香。有皓一士，空山独啸。歌弦之暇，课锄自灌。于时日精效节，作作都华，玉蕤荐畦，金枝被路，可以共夕飧，可以托朝兴。世外神仙，不知有汉；眼前玉雪，相视成行。其为乐也，莫或如之，况复投畚之妇，含饴偕来，俪影婆娑，尽兹佳日。则虽高年耆德，可证之图咏，而雅人澹致，固无假乎丹青也。因献菊赋，以寄羡叹，盖匪直制龄益祚之为祝而已。"④
> 而是年霜降，时在本日，故系之。

◎受陈训正之拜托，省议员张原炜于11月1日（九月廿一）建议将宁属甲种工业学校改归省立。

---

① 《申报》1921年3月17日《民新银行开幕纪》却误系其时于3月17日。

② 《秋岸集》，《天婴室丛稿》（5），第225页。

③ 《秋岸集》，《天婴室丛稿》（5），第241—242页。

④ 《秋岸集》，《天婴室丛稿》（5），第227页。冯丙然字止凡，鄞县人，曾任浙江省临时参议院副议长。冯氏亦于光绪二十八年中举（《鄞县通志·文献志》第四册乙编《选举》，第1077页），故曰同年。

按，《时事公报》1920年11月2日《甲种工业学校改归省立之动议》云："宁波省议员张原炜昨为甲种工业学校改归省立事提出建议按云：……查宁属工校成立于民国元年，历年支出经费，经陈校长勉力撙节，省无可省，……每年不敷六千余元，皆由陈校长设法筹垫。至民国六年，陈校长因逐年积负，万难支持，不得已将该校所管有慈北沙田呈按变价清偿。三年以来，尚负名户借款九千余元，而马路工程余款一项，向由税务司洋员主管。前年，该洋员以扩大工程，遽将余款停拨，岁入又减去二千七百五十元，以致经费益形竭蹶，每年所负至八千余元之多。……现在积负过多，无从筹措，最后办法，惟有将该校停办。……宁属工校经陈校长整顿振□，成绩卓著，历次视察员均有优许之保证。有此良好已成之学校，坐令以款绌停办，讵不可惜？为此，援据本会暂行法第二十五条提出议按，拟将宁属工校改归省立，由教厅派员接收，并附预算表一份。是否可行，惟希公决。"

◎ 11月2日，前宁绍台海防兵备道喻兆蕃（1862—1920）卒。陈训正特作《哭萍乡》《喻斋记》两文加以悼念。

按，《哭萍乡》之序云："萍乡喻公讳兆蕃，字庶三。清光绪某年，以翰林院庶吉士改外，守吾郡。……余生平所与游，无若公之知我也。方图道西江，冀一面公，诉余积感，忽得告公以民国九年十一月某日殁于里第。已矣，已矣！成连既死，谁复与弹？嗟哉！余生长此终古，遂哭其私，成三十二韵。天壤有灵，知为余喟。"[1]

◎ 12月5日，陈训正被推选为慈溪县教育会的候补评议员。

按，《时事公报》1920年12月7日《教育会大会记略》云："本月五日，该会依期举行大会，……其间所议决之按，计收回校士馆余屋为教育会会产一件（见上月本报）及本会会员不限籍贯按一件，并选出叶楙宣以二十三票之十二票当选为正会长，……又评议员次多数候补者十人：冯有森、杨睿曾、叶起鲲、陈训正、钱经湘、应开忠、钱□群、周毓如、陈崇蕃、裘元吉。"

◎ 12月18日，陈训正将宁属甲种工业学校改归省立的提议遭到省议会否决。

---

[1] 《秋岸集》，《天婴室丛稿》（5），第237-238页。

按，《时事公报》1920年12月18日《工校省立按之查报》云："兹闻该按于本届开常会后，业由庶政股审查报告到会云：查宁波私立工校开办以来，成绩卓著，如因经费支绌，中途停办，殊属可惜。该校陈请该归省立，似可照准，然恐其他私立学校援例陈请，则省税有限，将何以对付？故认本按不成立，但该校经费无着（前具《请愿书》时已亏负八千余元），事属实情，若不予以相当补助，其停办也，可立而待。此岂公家提倡教育之道？故拟酌加常年补助费若干元（按照《补助学校费规程》第五条应得补助费五千余元），藉资维持。"

◎鄞县人傅宜耘（1863—1938）为缓解佛教孤儿院的经费紧张，远赴南洋募捐。为此，陈训正特作《赠傅老叙》以志其事迹。

按，《赠傅老叙》云："鄞傅老宜耘，……出其数十年劳汗所得，抱慈悲教义，赴万里荒远不测之乡，效佛者所为，投门乞食，为穷民诸无告者谋所以养，……非见理明更事多者，孰肯奋而为之？……天如不废吾院，他日者，吾两人得见吾院婴媖之儿皆壮强成立，各抱吾子之心，赴义四方，则虽尽天下之孤而院之不难也。然此亦安能必得者，姑与子张言之。"[1]

◎十二月，陈训正协助汤节之等人创办《商报》于上海，并任《商报》总稽核。

按，陈训正《上海商报五周年纪念宣言》云："……本报自刊行至今日，五年矣，……余之于本报，亦负重操备之一人，共其苦辛也久矣。[2]于是日也，不可无辞。本报之絪缊，实始于民国七八年间，主发者为番禺汤君节之。汤君既以商为楬橥，于是商于海上者，皆前唱邪而后唱许，其声甚跫跫也，接余耳者且二年，已而寂然，问其由，则知向之所口者，俱未尝肯诸心，故诸所举资，未能践信于其口。窃戄汤君之所为而惜其中沮，因与亡友赵君林士谋所以伙成之。会赵君有大经营于沪市，方魁率众商，一言相假，百废具起，本报乃遂于九年十二月某日建

---

[1] 《秋岸集》，《天婴室丛稿》（5），第233—235页。

[2] 《浙江日报》1943年10月27日余德《纪念新闻界前辈陈屺怀先生》云："《商报》之所以有标新立异的创造，迎合大众的要求，这不能不归功于陈屺怀先生的惨淡经营，苦心筹划。当时该报发行人虽为汤节之先生，而实际上负责的都是陈氏，他担任了主编的工作，综合全报的事务。……而《商报》之地位，终因陈氏之努力，从此为国人所知矣。"

始流布。"① 相关记载，又可见《陈布雷回忆录》民国九年条、沙文若《陈屺怀先生行状》、陈训慈:《陈君屺怀事略》、赵志勤《赵林士系年要录》1920年条。

◎陈训正作《书金氏〈澹静卢寿言〉册子》。该文前半部分辨析归有光迭作"寿叙"之旨趣，后半部分则着重阐述其写作该文的缘起。

> 按，虞辉祖《寒庄文编》卷二录有《金磷叟先生寿序》，且明言此文作于庚申年（1920），陈训正此文大抵也作于该年或此后不久。

民国十年（1921） 辛酉 五十岁

◎宁波佛教孤儿院成立以来，因办学成绩突出，受到《时事公报》的特别关注。

> 按，《时事公报》1921年1月5日《保荐孤儿习工商业》云："宁波佛教孤儿院由陈屺怀、圆瑛等创办以来，已有三年，收养孤儿原定六十名，去年因入院者之要求，乃增加至八十七名。兹闻该院从去年到今春，保荐孤儿赴各地学习工商业者，计有十七人，调查其姓名及学习地点如下：李保德，上海咸茂米行；周声甫、祝昌良、俞品、郑传荣，上海振丰棉织厂；吴世昌、王文安，上海中华图书馆；郑祥寿、张根法，上海姜宝兴洋衣店；李树德、沈孝耕，宁波工厂；徐清瑞，宁波裕大；王宝根、邬春苗、申丰沛、王祥金、戎瑞华，上海商报馆。"

◎暮春，陈训正为友人鄞县江义均作《江母七十寿辞》。

> 按，《江母七十寿辞》云："岁辛酉春之季月，有贤母曰王太夫人，七十举庆。太夫人者，余友江义均之母也。……余既为《介雅》四章歌太夫人之德，复书此归之，俾义均有以勗其继也。"②

◎6月，六妹病逝于上海。

> 按，《陈布雷回忆录》民国十年条云："六月，六妹在沪寓逝世。六妹身体本亦虚弱，嫁后操作劳，渐不支，六月间以湿热症遽夭其年，予

---

① 《塔楼集》，《天婴室丛稿第二辑》（1）。

② 《逃海集》，《天婴室丛稿》（6），第247-249页。

闻讯临视，已不能言矣，助涯兄（即马涯民）为料理其丧。"

◎约8月间，陈训正作《工校十年度豫算表书后》，深以办学经费不足为忧。

> 按，《工校十年度豫算表书后》云："余役工校，于兹九年，岁亡不绌，……不得已，尽货校产慈北沙地以抵，然尚不足二千。八年，江北路捐以无羡停发，于是又短三千，合豫算所绌，当在六千以上，而校之用费已刻，又无可节减。陈愿于省，主者漠然，议者且龀之。至今年春，始许增给补助费一千。岁绌之数虽小，犹在四千以上。而二年来，新所负者，计且及万。往事姑勿问，来日大难，何以图其继？俊小如余，当此重寄，力不能强，终见绝膑。欲谋逃责，又悲无地。……所幸交游之中不少豪士，将伯之呼，同此声息，必不忍余瘏口而亡听也。敢举先后困苦情状，毕诚以告，惟览者勿视为故事，而幸察焉。"①

◎夏末，陈训正去弥勒院访太虚讲师，因作《弥勒院访太虚讲师，时师将赴北京》诗，以志其事②。

> 按，《现代佛教学术丛刊》第86册《民国佛教年纪》民国十年条云："九月，太虚在北京讲《法华经》，周少如编《讲演录》；又为蒋维乔等讲《因明论》，并扩大组织金卍字佛教筹赈会。"准此，则陈训正此诗必当作于夏末。

◎9月16日，宁波成立证券交易所。稍后，陈训正作《市箴二为甬交易所作》③。

> 按，陈炳翰《洁庵吟稿·记交易所事》云："营业新开一利薮，沪上创立交易所。魔术赚人无出右，慈邑洪某作俑始。证券物品为宗旨，物品卖空与买空。……鄞邑闻风后尘步，大利所在遑顾他，……冬来证券几坠渊，魔高十丈倐登天，金云赵璧连城价，转瞬不值一文钱。沪上营业先停止，各地从之皆如是。巨商富室入彀中，为此破产比比是。洪某作俑大罪人，万无生理毙其身，盲从诸人罹祸酷，悔煞当初妄效颦。……

---

① 《逃海集》，《天婴室丛稿》（6），第263-264页。

② 《逃海集》，《天婴室丛稿》（6），第253-254页。

③ 《逃海集》，《天婴室丛稿》（6），第252页。

作恶自毙理当然，家产荡尽何足怜。是以君子循常道，傥来富贵等云烟。"① 是知宁波证券交易所成立于八月十五，即阳历9月16日。

◎ 10月，陈训正作《书宁波工业学校十年纪念册》。

　　按，《书宁波工业学校十年纪念册》云："予之于工校，犹治河之有鲧也。九载绩用勿成，鲧有罪矣；然鲧治之已故，若何而治，若何而勿平，所以遗禹之念者不为少。后来者，其皆禹乎！衰是册，策来者，且以谂郡人。知我罪我，竢诸百年。十年十月，校长陈某书。"②

◎ 10月10日，陈训正作《十年十月十日作箴》，敦劝执政者关心民瘼、心忧国是。

　　按，《十年十月十日作箴》云："维十年十月十日，是为共和建始之节。凡在道职，咸有诵言。吹故歇新，劝兹宣舌。寒寒十霜，汔无宁岁，益变而厉。国且不治，何美可讽，顾曰其庆。余早学六义，不知崇饰，焦啼竟野，敢效妍唱，用核所闻，以申太息。……林林黄裔，茫茫禹甸，任尔屠割，外媚是献，今不尔谋，破亡曷免？……爰述兹篇，匪诅匪祝，……丁此时厄，忧患何胜，巢危之爵，鸣岂择音，起我瘝魄，毕我呻吟。知我罪我，胥于此箴。"③

◎ 10月24日，陈训正作《市箴三》，冀望新营业的上海中易信托公司"储实""昭信"："十年十月二十四日，上海某信托公司始事营业。慈溪陈某作箴，鄞张原炜书之以赠。……国富维何？曰农与工。于尔之信，金乃有融。狙机必失，狙得必穷。构虚岂务，储实先通。惟尔储实，信以昭之。惟尔昭信，旦旦誓斯。窔明不夺，光大乃期。愿尔受嘉，常复我辞。"④

　　按，《陈布雷回忆录》民国十年条云："七月以老友洪承祁君之邀，辞商务职，入中易信托公司，任筹备处文书主任，何旋卿师及德之表哥任科长，十月正式开幕，承祁为经理，盛同孙、俞佐庭任副经理，公司业务分信托及银行两部，然实际乃以证券买卖为主业。余心勿喜就商

① 《鄞县通志》第四《文献志》第四册丁编《故实》，第1370-1371页。
② 《逃海集》，《天婴室丛稿》(6)，第262-263页。
③ 《逃海集》，《天婴室丛稿》(6)，第255-257页。
④ 《逃海集》，《天婴室丛稿》(6)，第260-261页。

业，碍于亲友情面担任其事，颇感心理与生活之矛盾。不数月，以上海证券交易所之牵累，公司内部渐不能支，而承祁仍强自支厉焉。"准此，则"上海某信托公司"，显系中易信托公司。

◎农历十月，陈训正作《萍乡喻先生诔》。

> 按，《萍乡喻先生诔》之序曰："岁庚申十一月二日，前署浙江布政使两浙盐运使分巡宁绍台海防兵备道萍乡喻公卒于里第。越年十月，讣始至，甬人士追念旧德，会而悼焉。训正辱先知遇，方深感引，于公之丧，憖无益恫，爰为诔曰。"①

◎傅宜耘历时 16 月，从南洋募得万余元。陈训正因作《白衣院南洋国侨布施恤孤金题名记》。

> 按，《白衣院南洋国侨布施恤孤金题名记》云："有居士傅老者，……一行白发，濯濯黄蕉丹荔之乡；万里孤蓬，驱驱蛮雨蜑风之地。精诚所至，金石为开。凡南游十六月，募得恤养金万余圆。瓶中甘沥，分传南海之香；地上黄金，遥挹西天之朗。既拜多赐，用申无极。为阐长人硕德，名山留造象之碑；伫看童子善财，异日成报恩之塔。爰为之记如此。"②

◎新加坡普陀寺转道法师（1872—1943）五十腊辰，陈训正作《奉寿转上人五十腊》③。

> 按，广义《转道老和尚传》明言转道法师生于同治十一年（1872），卒于民国三十二年（1943）④；由其生卒年推算，可以断言《奉寿转上人五十腊》作于本年。

民国十一年（1922） 壬戌 五十一岁

◎元旦，陈训正作《十一年新旦诫沪上诸友帖子》，认为投机者之所以大多亏损，其关键不在于"贪"而在于"妄"，而且认定致"妄"之由，正在于投

---

① 《庸海集》，《天婴室丛稿》（7），第 268 页。
② 《庸海集》，《天婴室丛稿》（6），第 261-262 页。
③ 《庸海集》，《天婴室丛稿》（7），第 305 页。
④ 广义：《转道老和尚传》，《南洋佛教》1969 年第 4 期，第 20 页。

机者"知之未切"，进而呼吁加以及时疏导。

> 按，其词曰："何者为投机业者之主病？人皆曰原于贪，而余以为非也。……然则其主病在何？曰妄焉而已。……其所以妄者，正由其知之未切耳！……征妄之病有三期焉，始期曰虚妄，二曰狂妄，三曰庸妄。幸也今之妄投机者，犹未至乎末期也。虚者实之，狂者宁之，医不必扁手，药不必峻剂，补其元虚，凉其热狂，起死回生，不过旦暮期耳。失今不救，……其势必至于折胫破额而入于陈尸之墟。呜呼，危已！"①

◎正月初三，探访病危中的挚友钱保杭，归后作《视去矜病归，太息赋此》诗②。

> 按，《视去矜病归，太息赋此》小字注："君知医，方病，自谓必死。正月三日，余往视，已昏不省事。余至，少间，遥呼曰：'无邪，吾死矣。'"

◎二月十一日，老友钱保杭（1878—1922）卒。陈训正既作《哭钱去矜》诗以悼之，③复又应邀为撰《钱君事略》，尔后又作《草〈钱君事略〉，竟赋此志悲》。④

> 按，《钱君事略》云："君讳保杭，……生平无它者，耆饮酒，……卒以是致疾。疾亟，临视者踵属，客座外内，饮泣之声相闻也。君以十一年壬戌二月二十一日殁，春秋四十有五。……（其长子）鸿范等以训正知君深，匄为状传君。惟君生能恬定，不务名高，饰终之典，又何可过辞以诬死者！谨据所知，为《事略》付之。"⑤

◎农历三月末，陈训正与诸友同游半淞园，并作《同冯子赓、励建侯、叶叔眉、汪辅季携白君游半淞园》以志其事。

---

① 《庸海集》，《天婴室丛稿》（7），第274-281页。

② 《庸海集》，《天婴室丛稿》（7），第292-293页。

③ 《天婴室丛稿》（7）《庸海集》载曰："少同辛苦事玄文，长益通今辄拜君。去日无多成隔世，畴人空复惜方闻。庚庚遥野晨星尽，落落孤风夕艸熏。满目樗枥未凋意，一坏终古我何云。"

④ 《天婴室丛稿》（7）《庸海集》载曰："自惭腼腼学中郎，有道碑成泪数行。东国人伦成绝代，衰年知感扫灵光。迷离愁眼君先合，水火余生孰与张。未信遥遥天可问，忧来呵壁总荒唐。"第298页。

⑤ 《庸海集》，《天婴室丛稿》（7），第293-297页。

按，诗中有云："杂树花生三月暮，孤楼人对半淞明。相看同有天涯感，不独江州泪欲倾。"①鉴于该诗被收录于《庸海集》，如非本年三月所作，则当作于明年三月。姑系之。

◎8月，陈训正作为甲种工业学校校长，在该校遭受飓风之灾后，向会稽道尹申请修缮等费，以便下学期能准时开学。

按，《时事公报》1922年8月17日《甲工校开学之为难》云："旧宁属县立甲种工业学校陈校长日前具呈会稽道尹，略称：窃查本月六日下午四时，宁波飓风突起，……而鄙校位置在甬勾两江之间，地甚空旷，故风灾所被尤重。……大约损失至少亦在千金以上。校长遭此风灾后，当将灾情电呈教育厅，并驰谒钧尹，适因公出未回。校长以开学在即，校舍校具急应营缮修补，遂擅自雇工估计，……共约估计银七千五百元。鄙校损失如此之巨，而校款枯窘，经常费尚且不支，势难恢复原状。校长皇皇无措，用敢沥情呈请鄙校下学期应如何办理之处。除呈教育厅长外，伏乞道尹迅即批令祗候遵行。黄道尹呈悉以按关教育，既据分呈应候教育厅令云。"

◎陈训正作《书粹华制药厂出品目录》："上海粹华制药厂用欧法煮炼吾国药物而剂合之，试有效矣！将以某月日发行，先时具说帖，传告遐迩。余惧大闻者之惊怖其事，以为创而亡征也，于是乎言。"②

按，李平书创办于1921年的粹华制药厂，乃上海第一家现代中药制药企业，其存续虽仅三年，却改变了传统手工加工中药、中成药的方式，可谓是近代上海中药工业化生产的先驱③。考吴承洛《中国之化学药品及化学原料工业》云："以中药制成药水，用时只需混合，不待煎煮，此乃民十一年上海粹华制药厂等之企图。"④据此，当可断言该厂虽创建于上年，其第一批"用欧法煮炼"的药品却制成于本年，故系之。

◎12月，陈训正因作《费君神诰》以悼念前上海宁波总商会会长费绍

---

① 《庸海集》，《天婴室丛稿》（7），第285-286页。

② 《庸海集》，《天婴室丛稿》（7），第270-271页。

③ 黄瑛：《近代上海著名中医实业家李平书》，《中医药文化》2011年第3期，第23页。

④ 《经济建设季刊》1943年第1卷第4期，第128页上栏。

冠。^①

> 按，《四明日报》1922 年 12 月 9 日严修《费冕卿诔》明言费绍冠"以疾终于宁波旅次"。

民国十二年（1923） 癸亥 五十二岁

◎春，陈训正作《答李审言先生书》。

> 按，《答李审言先生书》末称"春日渐舒，寒气犹厉，伏维珍重"，^②而《庸海集》卷首又云："余受庸海上，于兹二载，诒生谀死，酢应益繁，发于情者，间或有之，然不能多得矣。自辛酉八月，迄于癸亥五月，得诗文若干首，都为一集，题曰'庸海'，以所居廋名也。"两相比对，可以确定《答李审言先生书》必当作于癸亥春。

◎陈训正署名天婴，在《宁波杂志》第一卷第一号（1923 年 5 月发行），发表《宁波公文库缘起》和《拟古杂谣十一首》，并应邀编辑该杂志第一卷第一号的"诗文"栏目。正是在陈训正的邀约下，骈文大家李审言（1859—1931）也在该期《宁波杂志》发表了《读慈溪陈无邪集书后》一文^③。

> 按，《宁波杂志》第一卷第一号"编辑者言"曰："伟大的宁波，安可没有一种代表舆论的杂志，这是我们所以刊行《宁波杂志》的微意。废除形式，是近来盛行的新思想，所以我们也主张废除什么宣言、序文一类的东西。……本志诗文一栏，蒙天婴陈先生允任编辑，同人不胜欣喜之至。这期有兴化李审言先生的诗文，颇足骄视当今之杂志界。先生为当代骈文大家，著有《学制斋骈文》，所作文字，不易觅得，今由天婴先

---

① 《庸海集》，《天婴室丛稿》（7），第 320-321 页。《鄞县通志·文献志》人物类表第九《方闻》所录费绍冠事迹，大抵就据《费君神诰》改编而成。

② 《庸海集》，《天婴室丛稿》（7），第 282-283 页。

③ 其后，陈训正在编辑《无邪杂著》时，将李审言《读慈溪陈无邪集书后》删改为《叙无邪杂著》并置于卷首。故此，《叙无邪杂著》较《读慈溪陈无邪集书后》，文字略有差异。

生专请为本志担任撰述，这是何等荣幸的事呵！"①

◎约四月中旬，陈训正作《题卢洪昶僧装小影》："岂必逃禅感陆沈，空山偶与结灵襟。蒲团坐彻鸡鸣夜，犹共人闲耿耿心。"②

按，农历四月十二日张美翊作《鸿沧老道兄先生浮屠小影》，《菉绮阁课徒书札·致朱百行76》载曰："布衣游侠闻天下，江汉交流度量宽。市舶专司通海外，北人古法溯周官。佛门老去空留钵，故国归来久挂冠。我亦端居独惆怅，须眉莫作画图看。"③此疑《题卢洪昶僧装小影》与该文同时所作。

◎农历六月十八日，鄞县旅沪商人陈蓉馆（1874—1932）五十寿诞。陈训正先后作《蓉老五十生日为赋程德篇》《仓基宗人蓉老五十生日赠言》以祝其寿。

按，张美翊《陈蓉馆文学五十寿宴诗序》云："文学秉承母教，奋起孤童，溺苦于学。……通贯中西，……十应岁科试，始成诸生，三赴乡试，荐而不售。年既三十，则奋然曰：'吾术不用于儒，当行于商。'于是挟其算数化学赶至上海，……以此与欧美人相交易，无不获利。中间之津、之汉，以迄开封、长沙，同业者率奉君为志帜。……今岁癸亥六月十八日，为君览揆之辰，海上文社诸君相与为诗，……凡若干篇。邮书抵甬，属为之序，因为述君先世及其生平行事，以告当世知言君子。"④

◎陈训正开始主纂《定海县志》。

按，民国《定海县志》"附记"："《定海厅志》修于清光绪八年，迄今四十余载，人事变迁，已不适用。民国十二年春，由侨沪邑人沈任

---

① 宁波旅沪学会：《宁波杂志》第1卷第1期，可见陈湛绮所编《民国珍惜短刊断刊·上海卷》卷21（全国图书馆文献缩微复制中心2006年），第10227-10228、10230-10231页。《拟古杂谣十一首》被陈训正收录于《无邪诗旁篇》，《天婴室丛稿》（2），《宁波公文库缘起》后又收录于《庸海集》，并易名为《创立宁波公书库告募疏》。

② 《秋岸集》，《天婴室丛稿》（5），第226页。

③ 《新美域》2008年第2期，第120页。

④ 《近代鄞县史料辑存》，第469-470页。但1923年农历四月初二，张美翊在致朱百行的信件中又称"蓉馆生日系本月十二日"。详参《菉绮阁课徒书札·致朱百行73》，《新美域》2008年第2期，第1112-113页。

夫、程庆涛、贺宷唐、张康甫、孙弥卿诸君发起从事续纂。当经聘请陈天婴、马涯民二先生为编纂员。……定海旅沪同乡会谨启。"相关记载，又可见《鄞县通志编印始末记》《浙江省立图书馆馆刊》第三卷第四期陈训正《定海县志序目》编者按。

◎农历六月，老友董承钦无疾而终，及葬，陈训正作《〈孤桐引〉为董居士赋》。两年后，又作《董君传》。

> 按，陈训正《董君传》云："董君承钦，字子咸，慈溪金川乡人。……民国十二年六月日，晨起沐浴更衣，无疾而终，年五十有二岁。其葬也，友人陈某为赋《孤桐引》送之。"[1]

◎农历七月廿七日之前，陈训正撰《佛教孤儿院南洋方外董事功德碑》。其《南洋华侨乐施诸题名碑》，大抵亦作于此时[2]。

> 按，张美翊：《菉绮阁课徒书札·致朱百行93》云："百行外孙婿贤契：久未得来讯，系念无已。秋凉，……老夫为孤儿院功德碑写圮公撰文，老夫书丹，烦冒拙笔、贤篆额以寄。……蹇具，七月廿七。"[3]

◎农历九月，陈训正客居上海，作《送何旋卿归寿其母叙》。

> 按，《送何旋卿归寿其母叙》云："何君旋卿，将归溪上，为其母夫人周七十举庆，先期征辞于训正，……嗟乎，旋卿，此余之所自勉而愿与子共勉者，旋卿必有取焉。癸亥九月，陈训正书于上海旅舍。"[4]

◎农历十二月，陈训正作《送钟君宪嵒归寿其母八十叙》。

> 按，《送钟君宪嵒归寿其母八十叙》云："君既归，将以明年甲子岁，朝率其昆从子妇，敬为母夫人举庆。使来要余曰：'必有以慰我私。'嗟乎，钟君，余更何言可为君慰哉！有迈母而不能晨夕相依，徒以急饔飧之谋，驱而之四方，蹙蹙靡骋，此吾与子所同也。吾与子亦皆年五十有

---

① 《塔楼集》，《天婴室丛稿第二辑》（1）。
② 按，《鄞县通志》第四《文献志》第七册戊编下《艺文三·金石·历代碑碣目录》曰："（民国）十二年，《佛教孤儿院南洋方外董事功德碑》。额篆宁波佛教孤儿院南洋方外董事功德碑，陈训正撰，张美翊隶书，李义方篆额。（民国）十二年，《南洋华侨乐施诸题名碑》，陈训正撰，钱罕书，周梅谷刻，院主事若岩督造。"
③ 《新美域》2008年第2期，第138页。
④ 《庸海二集》，《天婴室丛稿》（8），第327-329页。

余，往者血气强，多所自负许，谓天下事皆吾人任，不屑屑于求田问舍，顾今何似乎陆之车、水之舟，吾两人之仆仆未已也，……嗟乎，吾两人者，何日得奉吾母优游林泉间，而与道路相忘耶？癸亥十二月，慈溪陈训正。"①

◎农历十二月，陈训正作《白衣恤孤院第六周报告端言》，既忧孤儿院经费之拮据，又冀望甬上富室出手相助。

> 按，《白衣恤孤院第六周报告端言》云："余长是院六年矣，一篑之覆，苟合始基，吾止吾进，每用自策，然荒荒日月，变迁方长，陵谷桑海，实滋疑惧。前者沿门托钵，赖有傅老长舌，今傅老已祝发沩山，弃余而去，余亦以饥驱故，奔走道路之日多。由今以往，是院前途之明黑，惟视后来善心人之弘愿何如，余屡不能胜重也。……傅老为僧后，屡有书来商院事。最近一书，尤为挚切。书言：'……吾甬尚不少巨室，愿公广播我言，传之道路，万一有看破金钱之人，援助我院，成全功德，老衲此书不虚发矣。'傅老书到，适吾院方印六周报告，因转述之，以识其端。傅老悟道之人，其言具有菩萨性，当有闻而感孚者。癸亥十二月，慈溪陈某题。"②

民国十三年（1924） 甲子 五十三岁

◎去岁农历十一月间，陈训正应虞辉祖长子和育之请，为冯开所编《寒庄文外编》作跋。③ 大约今春三月后，陈训正又将此文略做修改，易名为《书桐峰遗文》，编入《阏逢困敦集》之中。

> 按，冯开《寒庄文外编·序》明言《寒庄文外编》纂成于民国十二年十一月，则陈训正跋语当作于民国十二年十一月《寒庄文外编》定稿前。据跋语改编而成的《书桐峰遗文》，究竟改编于何时，虽难考证，但既已被收录于《阏逢困敦集》，则其编写时间，既不当早于"甲子三月"，也不会晚于"乙丑正月"，换言之，即在 1924 年农历三月至 1925 年正月

① 《庸海二集》，《天婴室丛稿》(8)，第 332-334 页。民国三年五月初一，虞辉祖曾应钟宪圉之请，而作《钟太孺人七十寿序》，文载《寒庄文外编》。

② 《庸海二集》，《天婴室丛稿》(8)，第 336-337 页。

③ 陈训正：《寒庄文外编·跋》，《阏逢困敦集》，《天婴室丛稿》(9)，第 359-360 页。

之间。

◎辛酉十一月十九日乃沙文若祖母周氏（1842—1929）八十生日，[①] 故十月间，沙文若作《家大母八十征言略》，寄示冯贞胥，[②] 遂有冯君木《沙母周孺人寿诗》、张让三《沙母周太孺人八秩寿燕诗序》、冯贞胥《沙僧孚大母周夫人八十寿序》之作。陈训正为此亦撰《贻沙生僧孚》，并于本年 2 月发表于某报。[③]

> 按，沙文若《僧孚日录》1924 年 2 月条云："（三年前求陈玄丈作家大母八十寿序），顷于报端披露，不曰寿序，而为《陈天婴贻沙生文若》，其体例为尤高，文中以蓄德安贫养志毋辱相戒勉，读之惶惧。敬录其辞，用自匡饬。"[④]

◎定海贺师章之母，年将七十；春，陈训正应邀撰《述德赠定海贺君》《贺太孺人七十寿叙》两文以祝其寿[⑤]。

> 按，《述德赠定海贺君》云："岁甲子春，舟山贺师章以母王太孺人明年七十，将徇俗之所为，设酒醴，召宾客，先期而举祝。太孺人闻之不悦，……止勿许。贺君唯唯，退而言于余。余曰：'礼固然已，太孺人之教可诵也。……吾子其体太孺人之德，善勤于修而勿过于礼，是可已，安在必徇俗饰事之，以为孝哉！'于是贺君乃拜手稽首而请曰：'愿有述焉，唯命。'余曰：'诺。'作《述德篇》归之。"

◎春，陈训正作《与余岩书》。在此信中，陈训正既畅谈他对方志的认知，又冀望章太炎先生为其所纂《定海县志》作序，并为此恳请余岩（1879—1954，字云岫，镇海人）转达此意。

> 按，《与余岩书》云："云岫道兄足下：自违左右，雨雪杨柳，不期而速，佳时徂矣，春寒恻恻，益无好怀。……去岁承纂《定海县志》，初稿已具，……彼中人士实鲜识解，见仆所规体裁节目及去取详夺之间有乖

---

① 沙文若：《僧孚日录》，沙茂世编撰：《沙孟海先生年谱》，西泠印社出版社 2010 年版，第 13 页。

② 冯须父：《沙僧孚大母周夫人八十寿序》，可见《沙孟海先生年谱》附录，第 158-160 页。

③ 其文又被收录在《天婴室丛稿》之八《庸海二集》。

④ 沙茂世编撰：《沙孟海先生年谱》，第 18 页。

⑤ 《庸海二集》，《天婴室丛稿》（8），第 344-349 页。

旧例，颇致骇怪，窃亦无以自明。闻足下数数从余杭章先生游，丹穴久湛，自发威羽，敢以《例目》奉教，余一分，并求代呈章先生。……窃念章先生海内弘硕，一言之重，足以坚人信而祛众惑。倘因足下之请，惠赐一叙，俾仆之撰述得伸于已，悠悠之口有所沮折，万幸万幸！……临书渖墨，伏惟矜察，不宣。训正再拜。"①

◎农历三月前，省立四师附小主任李琯卿（1891—1945），汇来所著《新教育谈》一书；陈训正遂答以《书李琯卿〈新教育谈〉》。②

　　按，《书李琯卿〈新教育谈〉》虽作年不详，但既已被收录于《庸海二集》，则当作于本年农历三月之前。

◎农历三月前，陈训正撰《慈溪保黎医院钱冯二君纪念碑》，用志钱保杭、冯芝汀两人创建、发展保黎医院之功绩。③

　　按，《庸海二集》云："保黎医院成立之十三年而钱君殁，又二年而理事冯君亦殁。"考钱氏之卒，时在1922年3月19日，④是知冯芝汀病殁于本年；而从文意来看，该文显然作于冯氏卒后，故系之。

◎镇海盛炳纬（1855—1930）年届七十，陈训正为作《盛省老七十》《又赠》两诗。⑤

　　按，陈三立《前江西学政翰林院编修盛君家传》则云："镇海盛君省传讳炳纬，……庚午七月卒，享年七十有六。"⑥兹据盛炳纬生卒年推算而系其事于本年。

◎6月24日，陈训正在教育会自治代表复选中得票最高。

　　按，《申报》1924年6月27日《道署复选自治代表纪》云："甬属七

① 《庸海二集》，《天婴室丛稿》（8），第349-351页。
② 《庸海二集》，《天婴室丛稿》（8），第337-339页。
③ 《庸海二集》，《天婴室丛稿》（8），第339-340页。
④ 陈训正：《钱君事略》，《庸海集》，《天婴室丛稿》（7），第297页。
⑤ 《庸海二集》，《天婴室丛稿》（8），第343-344页。
⑥ 《镇海县新志备稿》云："盛炳纬字省传，又字养园，……辛未卒，年七十六。"详参董祖义《镇海县新志备稿》卷下《人物传》，《中国地方志集成·浙江府县志辑》（34），上海书店1993年版，第927页。此从陈三立之说。

邑复选员，日前先后到甬，乃于二十四日上午，由自治监督依法定于九时投选总代表，届时各县复选员均赴该署，依法投选，选毕散去。至下午三时开票，由黄监督亲自莅场监视。开票结果，教育会最多数为陈训正，得十票，朱贤绍为次多数，得四票。商会最多数为王守锷得八票，次多数为刘德裕得三票，王正廷得一票。至农会选举日期，俟接到省电后，再行定夺。"

◎陈训正与马瀛将所纂《定海县志·例目》寄示柳诒徵。农历六月，柳氏作《定海县志跋》，推崇备至。

> 按，柳诒徵《定海县志跋》云："陈君无邪、马君涯民，淹综坟史，贯以新知，近纂《定海县志》，示以《例目》。列志十六，分目七十，表纪传录，若网在纲，大氐袭故者十之二，刱制者十之八，纵极天人，衡浃海陆，……盖虽区区一地之志，驭以龙门、夹漈之识，且究极其所未备，诒征读之，叹观止矣。……斯志特崇民质，旁行斜上，义据通深，撼词述事，兼以笃雅，盖所谓损益得中，质文交胜者也。世有君子，当就是求史裁矣。甲子夏六月，丹徒柳诒徵。"[1]

◎《定海县志》定稿并付梓，凡6册。

> 按，陈训正《定海县志序目》言之甚明："余自承修《定海县志》，广甄博访，每欲抒滪所见，用弥前憾，然异县羁旅之士，足迹未亲三乡，耳食不饱肒中，亦屡逡逡二载，始克断手。"也正因《定海县志》定稿于民国十三年，定海旅沪同乡会方能在该年予以印行。今坊间流传甚广的《中国地方志集成》本《民国定海县志》[2]，就是1993年上海书店影印定海旅沪同乡会铅印本而成。

◎8月10日，张美翊（让三）先生去世。得知消息后，陈训正伤心之余，作《湖上得謇翁讣，赋此述哀》二首以悼之[3]。

> 按，《申报》1924年8月13日《名宿张让三逝世》云："鄞县张让

---

① 柳诒徵：《定海县志跋》，《中国地方志集成·浙江府县志辑》（38），第591页。

② 但令人费解的是，其《选举志》"褒奖"目又云："沈椿年母夏氏，民国十四年十二月，大总统奖给'璇闺令范'匾额。"此所谓"民国十四年"，或系笔误所致。又，陈训慈：《陈君屺怀事略》误称定稿于民国十五年。

③ 《阙逢困敦集》，《天婴室丛稿》（9），第378页。

三先生，现年六十八岁，前清时曾为薛福成随员，游历欧洲各国，回国后，曾充上海南洋公学提调，及宁波旅沪同乡会会长，热心公益，为时人所重，忽于本月十日下午四时逝世，甬人多闻而惜之。"①

◎农历七月，陈训正为其弟子柳绍韩之父六十大寿，作《柳君六十寿诗叙》。

按，《柳君六十寿诗叙》云："仆自领乡校，廿载于兹，……独于柳生绍韩，伟其器量，……以为难得，及叩其世，谂所由来，……则仆于柳生尊甫某某先生，有不能无称者矣！……甲子七月，会先生六十大年，柳生咏南陔之什，开北海之樽，车笠载涂而率止，梓桑吟口而偕来。襟裾既集，觞咏递从，……仆览其众作，矜是雅裁，敢附知言之列，聊陈介首之文。"②

◎秋，陈训正与老友赵家蕃偶遇于杭州王幼度湖上听秋馆。

按，《赵君述》云："……甲子之秋，君避嚣湖上，余过之，遇于王氏听秋馆，见君眦赤肌黄，神志颓然衰深矣，因问：'君何所苦？'君不答。坐有闲，忽还叩余曰：'然则君又何乐也？'呜呼，世果无可乐而君遽死耶？何其言之可悲若是！"③

◎农历十二月，陈训正作《陈君子埙五十生日赠序》，尔后又作《诵直赠陈君子埙》。

按，《陈君子埙五十生日赠序》云："维共和建国之十有三年，夏朔十二月，……训正忝列末宗，凤闻高谊，裁德命篇，当仁不让，用掇辜较，以寄欣慕。……慈溪陈训正叙。"④而《诵直赠陈君子埙》亦云："子埙虽居市，有儒行，余所慕也。今年五十，余既为骈俪之文以寿之，子埙曰：'吾欲得陈某一言终身可诵者，铭吾座，缛辞无当也。'余感其意，复著是篇以进，曰'诵直'，子埙志也。"⑤

---

① 例如沙文若《僧孚日录》云："张謇丈于旧历七月十日申刻病故，为之泫然。人之云亡，吾邑风教文物于斯颓矣，岂但哭其私而已。"

② 《阅逢困敦集》，《天婴室丛稿》（9），第367-370页。

③ 《阅逢困敦集》，《天婴室丛稿》（9），第398页。

④ 《阅逢困敦集》，《天婴室丛稿》（9），第375-378页。

⑤ 《阅逢困敦集》，《天婴室丛稿》（9），第386页。

◎业师杨省斋先生六十大寿，陈训正特此作《呈杨省斋先生》诗[①]。

> 按，陈布雷《外舅杨先生行述》云："外舅讳敏曾，字逊斋，……外舅生九月而孤，外伯舅省斋先生只四岁。……民国二十六年日寇侵逼，外舅避地沪滨，忧心国难，竟于二十七年夏正二月初七日，一病长逝，年八十有一，去外伯舅之没才四月耳。"[②] 由此可知杨省斋生于咸丰五年，卒于民国二十六年，享年八十有三（1855—1937）。又，陈训正自谓其《阏逢困敦集》所录诗文皆作于甲子三月至乙丑正月之间[③]。综此，足以认定《呈杨省斋先生》乃陈训正为祝杨省斋六十寿诞而作，但究竟作于本年何时，俟考。

◎陈训正应其友陈夏常之请，为乃父陈之祺撰生圹志。

> 按，《陈君生圹志》云："君寡过，务隐德，且七十年，……自度生圹，得之于凤山之原。……君名之祺，字近三，慈溪陈氏，……君生清咸丰六年。"[④] 兹由咸丰六年（1856）下推"且七十年"，姑系之于此。

民国十四年（1925） 乙丑　五十四岁

◎正月，慈溪俞穆卿七十大寿，陈训正作《俞穆卿先生七十寿诗序》。

> 按，《俞穆卿先生七十寿诗序》云："先生以七十之年，神志湛湛，须发纯玄，如漆而可鉴，日往返城郊十数里，无罢容，见之俨然四十许人，且闻其妾今年犹举一子矣！……会先生生日，其戚若友，咸赋诗寿先生。余为书所闻以介其首，俾乡之敬慕先生者，知先生之耆德不衰，有自来也。乙丑正月叙。"[⑤]

◎老友赵家蕃（1872—1925）卒，陈训正作《赵君述》，客观检讨了赵氏一生的成败得失[⑥]。

---

① 《阏逢困敦集》，《天婴室丛稿》（9），第382-383页。
② 陈布雷：《外舅杨先生行述》，《陈布雷集》，张竟无编，东方出版社2011年版，第154-155页。
③ 《阏逢困敦集》自序，《天婴室丛稿》（9），第357页。
④ 《无邪杂著》，《天婴室丛稿》（3），第180-182页。
⑤ 《阏逢困敦集》，《天婴室丛稿》（9），第399页。
⑥ 《阏逢困敦集》，《天婴室丛稿》（9），第396-398页。

按，《塔楼集》，《天婴室丛稿第二辑》（1）所录《赵君林士述》云：
"余友赵君林士，殁于沪上旅邸，去其兄匊椒之丧，仅三月也。"又据赵
志勤《赵林士系年要录》，可知赵家艺殁于 1925 年 3 月 21 日①，是知赵君
家蕃卒于 1925 年 1 月中下旬，而《赵君述》亦当作于此际。

◎农历二月，陈训正将所作诗文结集为《天婴室丛稿》，并付梓刊行。

按，今台湾文海出版社影印之《天婴室丛稿》，仍存有此一刊本的
封面影印件，影印件除题有书名"天婴室丛稿"外，尚有"乙丑二月　钱
罕"的题识。又，1947 年 12 月沙孟海所作《晚山人集题辞》云："陈训
正著述初刊于甬上，曰《天婴室诗》，嗣刊于上海、杭州，曰《天婴室丛
稿》，凡两辑。"又，1984 年 12 月陈训慈《晚山人集·后记》云："回忆丁
卯秋后，伯兄方从政省垣，余来任省立一中教职，……其后兄去官，仍
卜居湖上，余来司书图书馆，其自辑之《天婴室丛稿》六册，即由馆所
附设印行所，先后为之梓行。"据此大抵可以确认：《天婴室丛稿》最初在
"乙丑二月"刊行于上海，到 1930 年代初，又假手陈训慈，由浙江省图
书馆附设印行所重刊。

◎3 月，陈训正与效实中学校长陈夏常等人，联合致电浙江省省长和教
育厅厅长，要求增加教育会议会员。

按，《时事公报》1925 年 3 月 16 日《电请增加教育会议会员》云：
"旧宁属县立女子师范学校校长施国祺、私立效实中学校长陈夏常、旧
宁属县立工业学校校长陈训正、旧宁属县立商业学校校长董世桢，于寒
日致杭州夏省长暨教育厅长电云：教育行政会议，开幕有期，查组织大
纲第一条，既以准酌本省教育状况、决定行政方针、筹划改进方法为宗
旨，则选任会员，自应普及各方，庶可博访周咨、集思广益，乃第二条
选任会员，仅限省立各校互推充任，而联合县立私立各职校中校，比较
省校程度既同，校长亦同系核委，今则概行屏除在外，似不足以示普遍
而昭公允，虽第五条规定，地方教育机关，亦得陈述意见，但无提议表
决之权，即有正当主张，亦恐难期贯彻，应请钧长俯准本省联合县立私
立各职校中校，依省校例，并推会员二人，加入会议，以符钧长博采各
方意见、改进教育方法之原意。特此电呈，鹄候令遵，实为公便。"

---

① 赵志勤：《赵林士系年要录》1925 年条，《古镇慈城》第 49 辑（2011 年 9 月刊行），可见《古镇慈城》
合订本第二册，第 326 页。

◎ 3 月 21 日，老友赵家艺病逝，[①] 年仅五十（1876—1925）。当时，陈训正既作《哭赵八》诗以抒发其世态炎凉之感慨，[②] 尔后又作《赵君林士述》，用以概述赵氏生平。

> 按，《赵君林士述》云："余友赵君林士，殁于沪上旅邸，去其兄匊椒之丧，仅三月也。二君者，皆用侠知名，而林士尤任气敢为，于事所当然，虽犯名义、丛谤怨而不辞。一时议论之士，交口纷纭，不足于君者，多矣。今君已死，生前之恩怨，以渐而忘，而其行事，乃始稍稍见称于流辈。呜呼，可悲已！余感君之知深，知君凤于其丧也，泣而述之。君讳家艺，字林士，慈溪赵氏，故世家也。……年五十卒。有子一人曰惊，尚幼。呜呼，如君之志行，而厄于天命也夫！"[③]

◎ 3 月，陈训正与陈夏常等人要求增加教育会议会员的提议，得到省长的重视和肯定。

> 按，《时事公报》1925 年 3 月 23 日《教育行政会议应添加会员之意见》云："宁波工业学校校长陈训正等，日前为教育行政会议选任会员问题，拟具意见，电呈省长文云：……闻省长据呈后，已令行教育厅迅即核办饬遵矣。"

◎ 3 月，陈训正与陈夏常等人争取增加教育会议会员的努力，最终获得胜利。

> 按，《时事公报》1925 年 3 月 26 日《中等校长电争教育行政会议会员之胜利》云："宁波工业学校校长陈训正等，为争全省教育行政会议会员问题，曾分电省署及教厅，旋经省署转令教厅核办等情，业志本报。兹悉教厅将于日内准如所请，分发选举票云。"

◎ 春，陈训正连作两诗以答好友徐仲可。

> 按，录于《塔楼集》的这两首诗，一名《仲可以〈和梦坡元日感怀〉诗见视，属为继作，次原均》，一名《依前均，寿筠连曾次乾七十，仲可

---

① 赵志勤：《赵林士系年要录》1925 年条，《古镇慈城》第 49 辑（2011 年 9 月刊行），《古镇慈城》合订本第二册，第 326 页。

② 《塔楼集》，《天婴室丛稿第二辑》（1）。

③ 《塔楼集》，《天婴室丛稿第二辑》（1）。殁于沪上旅邸，赵志勤《赵林士系年要录》称病逝于北京。

所介也》，兹据前诗"郢入阳春闻白雪"及后诗"熙春庭宇绝阴霾"云云，确定两诗作于春日。

◎春，陈训正结识况周颐（1861—1926）、朱孝臧（1857—1931），并开始向这两位词学大家请教作词之法。

> 按，《末丽词》序云："今年春，游海上，始获交临桂况蕙风太守、归安朱疆邨侍郎。二先生者，挽近海内词学大家也。明珠出海，枯岸借辉，余请益焉。……乙丑八月，玄翁识于沪北庸海庼。"

◎春，十七年未曾相见的温岭人陈襄登门造访，乞得一词，陈训正遂作《一枝春》以赠[①]。

> 按，《天婴室丛稿第二辑》（3）《末丽词》载曰："春路葱葱，乍相逢，又是飞花零雨。湖山对酒，旋减当年风度。浮踪笑我，只赢得一囊词赋。还自惠庾信，生平萧瑟，有人怜取。　悄悄好春迟莫。纵寻山问水，犹能强步。烟云过眼，自分已无情绪。黄金计短，看双鬓渐成霜缕。谁念是、人海飘萍，未归故渚。"观其文意，必作于春季。

◎4月21日前，陈训正应孙逊之请，撰《孙母灵诰》。

> 按，《孙母灵诰》云："奉化孙逊将于十四年四月二十一日，葬其母葛孺人于北乡金弓之原，先期来告丧。其友人慈溪陈训正敬述懿德而为之系，系曰：……吾于逊交有谊，播懿芬，义毋避，遂作诰，为之系。"[②]

◎农历五月，鄞县张寿镛先生（1875—1945）五十大寿，陈训正遂作《赠咏霓五十生日序》。

> 按，《甬上张氏宗谱》载其词曰："乙丑五月，吾友张君咏霓道尹五十生日，交游咸有诵言，称其政美而蕲以方来。惟予与张君交游，尝共勉于古人修词立诚之训，非泛然相与者比，是不可谩已。因依张君所处之世之地与其时，而言张君今日所当庆幸者以为张君寿，倘亦张君所

---

① 案，该词序云："温岭陈襄老，不见十七年矣。一日叩湖寓，云于迂叟许，得读《摸鱼子》词，爱之，乞有所遗。余感其意，为占此解。"

② 《塔楼集》，《天婴室丛稿第二辑》（1），第4—5页。

乐闻乎？……爰文之，辞而寿焉。"①

◎初夏，陈训正与蔡仲衍、徐弢士、赵芝室、李霞城等好友泛舟南屏山下，作诗以记之。

> 按，诗载《塔楼集》，《天婴室丛稿第二辑》（1），名为"初夏，与蔡仲衍、徐弢士、赵芝室、李霞城泛舟南屏山下"，这就明确交代了写作时间与写作缘起。

◎夏，陈训正作《蔡仲衍寿日西湖游燕诗并序》。

> 按，《塔楼集》，《天婴室丛稿第二辑》（1）录其诗序云："乙丑之夏，仆客杭州，老友蔡君仲衍、徐君弢士，适来湖上。"

◎前年秋，慈溪秦润卿（1877—1966）在上海创办修能学社，并聘请冯君木为社长。②本年，陈训正作《贵志赠秦润卿》，加以大力表彰。

> 按，《贵志赠秦润卿》云："同县秦君润卿，与交十年，余尝观其微，其为人也，盛威仪，善言辞，行矜而气和，视高而意下，盖所谓礼乐君子也。……润卿居廛中，喜接文学之士，近又约交游子弟立学社于沪上，聘名师儒主之，揭其名曰修能。修能者，内美之谓也，此尤见润卿所志之微矣。"③兹据文内"润卿今年五十"加以推断（此五十当为虚岁），可以确定该文作于本年。

◎11月，鄞县县长江恢阅因为官清廉刚正而遭排挤，调任黄岩县县长。12月，陈训正应鄞县百姓之请，为作《送鄞县知事婺源江君调任黄岩叙》，择安境保民、不许奸商垄断贝母二事，以诵其德政。

> 按，《送鄞县知事婺源江君调任黄岩叙》云："婺源江君，知鄞事一年，④尝有德于其民，一旦，忽奉檄调任黄岩。黄岩，岩邑也，视鄞有

---

① 陈训正：《赠咏霓五十生日序》，《赠言录·寿言》，《甬上张氏宗谱》卷36，1926年，第七册，第23-24页，宁波市档案馆藏。

② 沙茂世《沙孟海先生年谱》1923年条云："秋，冯师君木来沪，就任宁波旅沪钱业公会主办的修能学社社长。"

③ 《塔楼集》，《天婴室丛稿第二辑》（1）。

④ 据载，江恢阅于民国十三年五月三十日任职鄞县长，次年十四年十一月离职。详参《鄞县通志》第四《文献志》第四册丙编《职官》，第1231页。

差矣。其去也，鄞之民为吁于省者再，不得请，则相与诵君之政，为状来谒，使余文以祖之。予虽不习君，然耳君，稔君之德在民，不可以无言。……余观江君之治鄞，庶乎几之，因表揭以为君诵，且以识余之向所持论者不缪云。十四年十二月，慈溪陈训正。"①

◎陈训正有感于弟子童第德之为人，遂欣然为其父童树庠（1869—1917）作传。

> 按，《塔楼集》,《天婴室丛稿第二辑》(1)载《童君树庠家传》云："童君士奇，字树庠，鄞之邹谷人。……君于学无所不窥，自阴阳、卜筮、相人之书，皆能精究其术。年四十九，……卒②。妻张，亦贤明，后君一年卒。子五：第锦、第德、第榖、第周、第肃。陈训正曰：余未识君，君中子第德过余数，故余习闻君之行谊。第德卒业于北京大学，称文学士，精于小学，已为人师矣。然其人抑抑自下，无嚣气，余所见少年未有第德若者，然则，君之教可知矣！"

◎应弟子刘生之请，陈训正作《沈母夏孺人行述》。

> 按，《塔楼集》载曰："沈孺人者，今众议院议员定海沈椿年之母，……自来京就养，又遭政变，皇遽出国门，行役劳困，益风发大溃，凡寝疾三年，终于沪寓，春秋七十有九，时十四年某月日也。"

◎陈训正与诸友会饮于佛证斋中，相与唱和，乃成《佛证斋中会饮，未林有诗纪事，君木依韵和之，余亦继作》诗："天寒日莫海之滨，暂可偷闲作酒人。客路艰难成此会，我生牢落是何辰？已无江介长吟地，剩有壶中旧贮春。莫笑焦喉少妍唱，抗哀犹足动梁尘。"

> 按，该诗既已被收录于《塔楼集》，自当作于民国十四年（1925）；据其"天寒日莫海之滨"，又可进一步确定作于民国十四年末。

民国十五年（1926）丙寅 五十五岁

◎1月1日乃《商报》创刊五周年纪念日，陈训正特作《本报五周纪念宣

---

① 《塔楼集》,《天婴室丛稿第二辑》(1)，第13-15页。

② 《童树庠陈训正墓表》明言童树庠卒于丁巳八月廿八日，享年四十九，详参胡纪祥《童氏家族》附录三，宁波出版社2011年版，第260-261页。

言》，既肯定五年来的成绩，更重申将一如既往地纵论时政之得失。①

　　按，《陈布雷回忆录》民国十五年条云："一月一日，《商报》出版满五周年，发行纪念特刊，大哥撰《五周年宣言》，余撰《五年来之回顾与前瞻》一文。"

◎农历二月初一，母顾氏（1847—1926）病卒，陈训正作《先妣讣状》。

　　按，《先妣讣状》云："先妣氏顾，为同县凤山处士鸣琴先生之女。年二十一，归我先公，又十六年而先公殁。不肖正，方九岁，二女弟尤幼。先公生时好行义，岁所获赀，则举哀之于公，故其殁也，家亡畜私，来日茫茫，既哀屡孤，又患无恃，吾母之戚可知也。……母生故清道光二十七年十一月初二日，卒民国十五年夏朔二月初一日，春秋八十。……训正泣述。"②

◎6月8日，陈训正被宁波佛教联合会聘为名誉会长。

　　按，《申报》1926年6月11日《佛教联合会开会纪》："宁波佛教联合会，于八日下午二时在白衣寺开会，到各寺住持二十余人。议决各项如下：（一）向县署备按。（二）延请名誉会长。1、本埠沙门谛闲居士张申之。2、镇海沙门苇江，居士盛竹书。3、慈溪沙门炳瑞，居士陈屺怀。"

◎夏，陈训正应掖县县长应季审之邀，赴鲁主持编纂《掖县新志》，途经青岛时，作《旅次青岛》诗。未久，拟就《掖县志例目草创》（载《鄞县通志编印始末记》小字注）。

　　按，《北迈集》，《天婴室丛稿第二辑》（2）序云："老友应季审长掖县，招修《掖志》。时盗贼毛起，川涂多梗，余乃遵海而北，自夏至冬，凡两渡，得诗词若干首，题曰"北迈"，以当游纪。丙寅，玄叟识。"又《旅次青岛》内谓："吾来当炎月，天地常苦隘。此岛何清凉，耳目时为快。"

◎7月，陈训正呈请浙江省教育厅依新学制改办工业学校。

_____

　　① 玄婴：《本报五周年纪念宣言》，刊《商报》1926年1月1日；后又改称《上海商报五周年纪念宣言》，收录于《塔楼集》，《天婴室丛稿第二辑》（1），第19-21页。
　　② 《塔楼集》，《天婴室丛稿第二辑》（1），第29-30页。根据冯君木《陈府君墓表》所录陈训正之父的生卒年加以推断，此所谓"又十六年而先公殁"，理当改为"又十二年而先公殁"。

按，《宁属工校呈请改办中》，《时事公报》1926 年 7 月 5 日云："旧宁属工业学校校长陈训正，目前具呈教育厅：……闻教厅接知后即呈省长，略称：职厅察核所呈，尚属实情，除指令准其试办，并厘正该校校名为旧宁属县立职业学校工科，仰即遵照外，理合检同该校暂行学则一份，明文呈请省长鉴核示遵。"

◎农历九月，陈训正再次赴鲁纂修《掖县新志》。

按，陈训正有诗，名曰"秋九月，重入掖。掖侯应君命虞侯关芝田出青岛道迎。既至，乞诗。赋此劳之"[1]。

◎约本年底，陈训正作《赠虞君洽卿叙》。

按，《赠虞君洽卿叙》云："壬寅之岁，西力东渐，演年而进，……互市之场，隐然见戈矛，若在在有大敌劲雠慆而来者，迄于今，且八十有五年矣！……虞君行业沪上，自童习至老成，四十余年，辄能察时观变，巩护我国金权、物权以与侨民争贸易之几。尝曰：'为国家争体制，为吾民争生存，吾虽微，庸让乎人哉！'余高虞君言，伟其为人之能转移国俗于其六十之生也，叙以贻之，既诵其往，将复以勖其继云。"[2]兹据其"壬寅之岁（即道光二十二年／1842），西力东渐，……迄于今，且八十有五年矣"云云，断定《赠虞君洽卿叙》作于 1926 年。也因此，在 1927 年"四·一二政变"后不久，陈训正就从一介布衣窜升为浙江省务委员会的委员。[3]

---

① 《北迈集》，《天婴室丛稿第二辑》（2），第 6 页。在诗末自注中，陈训正曾言及此行之风险："是行中途，遇暴，车被夺，以虞侯力，得反。"

② 《塔楼集》，《天婴室丛稿第二辑》（1），第 28-29 页。

③ 《省务委员会正式成立》，《时事公报》1927 年 4 月 22 日。

第三节　1927—1943：从莅政浙府到主持议席的党国耆贤

民国十六年（1927）　丁卯　五十六岁

◎ 1月，陈训正纂成《掖县新志》，并作《掖县新志叙目》。

　　按，《烟台晚报》2008年3月23日第18版《稿本〈掖县城区详图〉》云："自民国十五年六月设局，至民国十七年一月，始成底稿二十卷，内附总、分详图二十五张，名曰《掖县新志》。"① 又，《缆石幸草》，《天婴室丛稿第二辑》（9）所录《掖县新志叙目》云："地方之志，道古不如合今，单闻只见，曾于所著《定海县志》发其例，墨守之士，辄以余敢于反古，用相诟病，独吾友应君季审，见而韪之，……会应君出宰掖县，有纂修《掖志》之役，遂要余属笔。余感其意，杨柳而往，雨雪而归，骏迄半载，始立体干，大氐用《定海志》之例法，而更损益其间。……创始于民国十五年五月，越若干月而书成。慈溪陈某识。"

◎四月，陈训正与陈布雷一道，在杭州拜谒蒋介石，事后作诗以志其事，诗名《蒋仁湖总帅自沪得间来杭，宿南高峰烟霞洞，余于翌晨偕仲弟畏垒过之，遂同游韬光》（见录于《天婴室丛稿第二辑》（7）《圣塘集》）。

　　按，《陈布雷回忆录》民国三十七年条云："九月中旬赴海宁观潮，顺道至杭州游览，当至烟霞洞，在临江轩品茗时，回首民国十六年四月间，偕其大哥屺怀谒蒋介石于此，当张静江面蒋公称其文婉曲显豁，善于达意。以此因缘，浮沉政海于兹凡二十一年矣。"

◎ 5月13日，陈训正与马叙伦等17人被任命为浙江省政务委员会委员。

　　按，《时事公报》1927年4月22日《省务委员会正式成立》云："杭电，浙江政务委员会，改名为浙江省务委员会，委员为马叙伦、蒋中正、邵元冲、蒋梦麟、朱家骅、徐鼎年、张世杓、黄人望、孙鹤皋、蒋伯诚、周佩箴、程桭钧、周觉、陈希豪、陈屺怀、陈其采、阮荀伯等十七人。"而沙文若《陈屺怀先生行状》、陈训慈：《陈君屺怀事略》皆系其事于1927年春。

---

　　① 《烟台晚报》2008年3月23日第18版《稿本〈掖县城区详图〉》续曰："乃于二十一年地方傲扰（即1932年韩刘之战），新志稿本全被炮燃，毁于兵。"

◎ 7月27日召开的佛教孤儿院董事会，特许陈训正暂时无须负责院务。

　　按，《时事公报》1927年7月29日《佛教孤儿院董事会纪》云："宁波佛教孤院，因有各种院务，亟待各董事商确，特定七月二十七日，召集董事会开会讨论，……院长陈屺怀先生现任省政务委员，禅定和尚现任天童寺方丈，咸因路途较远兼有重大职务，不能如期到院，暂不负责外，当场各董事面恳赵芝宝先生、智圆和尚二院长，订期到院，以利院务。"

◎ 7月，陈训正应请，作《故清封中宪大夫罗君碑阴铭并序》。

　　按，《缆石幸草》，《天婴室丛稿第二辑》(9)载曰："君讳豫昌，字也庭，姓罗氏，慈溪人。……君生道光十八年戊戌七月二十四日，卒光绪十六年庚寅六月十二日，春秋五十有三。……民国十六年七月，（其子）国荣兄弟卜葬君与夫人于治西二十里官桥井头村之原，来请曰：'将以垂久，久而志不忘，愿受辞。'遂为铭其碑阴。"

◎ 8月底，陈训正在任职浙江省政府委员期间，[1] 受张默君汇款案之牵连。

　　按，《时事公报》1927年8月28日《张默君汇款按之甬闻》云："杭讯，杭州市市长邵元冲夫人张默君，因汇款七万四千二百元至沪，引起各方责难，[2] 兹经邵氏在沪杭各报登载启示声辩云：'……本年五月间，奉国民政府之命，兼长杭州市政，……乃因本月十五日为保管江西省政府李主席协和委托之款项及市政府之各局指定事业用费共七万三千四百元，暂且移沪一事，引起误会，阻止兑付。……其汇票二纸（一纸为李君之款，一纸为各局指定之事业费），于二十一日上午，在省政府由浙江省政府代理主席兼戒严司令周委员凤岐，亲于票背写明照付，并署日期盖章，省政府常务委员陈委员屺怀及鄙人，亦分别盖章，由陈委员保存，于二十二日上午，由市政府会计沈君，会同工务局长及教育卫生公用三局科长，各携指定事业费之领收证，经陈委员屺怀验明无误，当将

---

　　[1]　该年8月13日，蒋介石下野；8月25日，国民党中央执行委员会政治会议批准陈希豪、马叙伦、颜大组请辞浙江省政府委员之职，改由庄崧甫、陈其采、斯烈递补，而陈训正与陈其采、斯烈成为新的常务委员，并在斯烈到任之前，短暂代理浙江省民政厅长。事详《浙江省临时政治会议及中央政治会议浙江分会会议记录汇刊》（浙江省政府秘书处1928年5月编，第73页），以及茹管廷《国民党统治时期浙江省民政厅见闻》（《浙江文史资料选辑》第21辑，浙江人民出版社1982年版，第117页）。

　　[2]　马振犊：《邵元冲与张默君》，《民国档案》1986年第1期，第117-118页。

该汇票二纸，交省政府会记唐君偕市政府会计及各局负责人员，同主中国银行验付，由各局自行保存支用（其李君之款，则另行立户保存），故此事在二十二日上午十一时以后，已完全结束，再无枝节，……若必欲罗织鄙人，则周、陈两委员，亦将与鄙人负同一之责也。……兹为纠正谣诼起见，除致函周、陈两委，请具说明审查及发款之经过外，特此声明，以释群疑。若此后再有此类诬罔之举动，一经查得主名，便当诉之法律解决。此启。'"

◎ 9月10日中秋节，陈训正作《喜迁莺慢》词："翠涛堆眼。试延睇隔江，越山何乱？萧渡风森，疏秋日澹，弥望艸连沙断。暗潮犹作弄浑，不记旧时清浅。溯洄久、渐云随足起，心与云远。 看看。路暗转。无数剩情，万竹参差见。凤实霜匀，龙须烟𫸩，人外午钟初蝉。洒襟凉未透还，认取古楸亭苑。且小坐、问一山业桂，香泛长短？"

> 按，《喜迁莺慢》副题明言作于中秋日："中秋日，江行至云栖，万竹娟娟，双楸落落，木犀风来幽香，满院坐而乐之，录占是解。"

◎ 11月1日，陈训正代理浙江省民政厅厅长兼任杭州市代市长。[1]

> 按，顾彭年《四年来之杭州市市政》云："第二个时期，自邵市长提出辞呈，经国民政府照准以后，经浙江省政府委员会第三十七次会议议决：杭州市市长，未经中央任命以前，由民政厅长暂行兼代。陈屺怀先生以代理民政厅长于十六年十一月一日，就兼代杭州市市长之职。"[2] 相关记载，又可见赵晨：《国民党统治时期的杭州市市长》。[3]

民国十七年（1928） 戊辰 五十七岁

◎ 2月，陈训正受冯君木之托，将无法立足于上海的沙孟海介绍到浙江省政府秘书处任职。

---

① 该年10月5日，国民政府任命蔡元培、何应钦、朱家骅、陈其采、程振钧、蒋伯诚、蒋梦麟、马寅初、阮性存、陈训正为浙江省政府委员，并委任何应钦为省政府主席；由于何应钦未能到任，陈训正在1927年10月10日至1928年11月15日之间代理浙江省政府主席一职（《民国浙江省政府全宗介绍》，《浙江档案》1991年第5期，第36页），但实权掌握在民政厅长朱家骅手中。

② 《市政月刊》1930年第9期，第7页。

③ 赵晨：《国民党统治时期的杭州市市长》，《杭州文史资料》第5辑（1985年），第58-65页。

按，沙茂世《沙孟海先生年谱》1928 年 2 月条云："（沙孟海）先生在上海沾上赤化嫌疑被解职以后，已难以在上海找到工作，幸承他的恩师君木先生转托同乡老友、时任杭州市市长陈屺怀先生的介绍，到杭州浙江省政府秘书处第二科任科员。省政府秘书长双清（止澄）由于屺怀老先生的情面，对先生各方面予以照顾，仅办理一些贺电、唁电、寿轴、挽联等应酬文墨，总算使不得已而步入仕途的先生安下心来。"

◎春，在陈训正的要求下，沙孟海为杭州中山公园书写匾额。

按，沙茂世《沙孟海先生年谱》1928 年春条云："孤山原来是南宋的行宫旧址，一直到辛亥革命后才辟为公园，但一直无名称。身为杭州市市长的陈屺怀先生决定命名为'中山公园'，他知道先生在沪甬一带书法小有名气，遂命其题写匾额'中山公园'四个隶书大字，因当时年轻未署名，但在文坛有口皆碑。惜此匾额在'文化大革命'中被砸，现在的'中山公园'四字匾额则为一九八一年杭州市园文局请先生重写。"

◎友人徐弢士年将六十，陈训正作《徐弢士六十诗叙》以赠，既充分肯定徐弢士身处商场而犹博学多识，又借以严厉批评不学无术、滥竽充数之世风。

按，《缆石幸草》，《天婴室丛稿第二辑》(9) 载曰："盖弢士长余三岁，今年六十矣。……夫自文化革命之说兴，儒林中乃有近睽少年，略识虫鱼，便自谓尔雅，把笔为文章，……残文缺画，凭肊而造。人利其易也，以为不必读书温古，而博作者之名，于是前耶后许，相闻道路，众咻一傅，遂成国俗，天丧斯文，匪一朝矣，纵有弢士之聪，顾安所用其鉴识哉！"兹据"盖弢士长余三岁，今年六十矣"，加以推算而系于本年。

◎陈训正再次被推举为宁波佛教孤儿院的居士院长。

按，显宗《回忆宁波佛教孤儿院》云："1928 年，组织常务董事会，以沙门禅定、智圆、莹戒，居士张申之、李霞城、蔡良初、周子材、徐镛笙等八人为常务董事，公推张申之为董事长。是年改推陈屺怀为居士院长，安心头陀为沙门院长。"[1]此事具体时间不详，但据常理，应在 11 月 21 日陈训正辞官之前。

---

[1] 显宗：《回忆宁波佛教孤儿院》，《宁波文史资料》第 22 辑，第 218-231 页。

◎ 8月下旬，陈训正应省府僚属赵伯苏之请，为其祖母杜氏（1856—1928）作墓志铭。

> 按，《缆石幸草》，《天婴室丛稿第二辑》（9）所录《赵节母杜氏墓志铭》云："母以十七年七月十六日疾终，春秋七十有三。……越月，（其子）观鲁将祔葬母于某乡原之先阡，命（其孙）伯苏来请铭。时伯苏任省府秘书，余以府委主常务，僚属中于伯苏最夙，谊当铭，遂为铭曰：'贞固纯洁，惟母之懿；庄静淑慎，惟母之仪；煦仁泽义，惟母之慈；孙孙子子，惟母之遗；千春万秋，惟母之思。惟母之思，归我铭辞。'"

◎ 大约年底，东阳人陈备三通过同乡赵伯苏来求寿序，以祝其父八十诞辰；陈训正有慨于陈备三"守己安命"，遂答以《送东阳陈备三归寿其父序》。

> 按，《缆石幸草》，《天婴室丛稿第二辑》（9）载曰："今民国中兴，东南既定，余奉委莅政杭州，与府中人偶谈辛亥往事，深慨群德摧堕、人欲横流，落落十七年中，忽而惠夷，忽而跷跖，人心不可问矣。横眄斯世，用为大憾。赵君伯苏曰：'是殆不可以概，吾乡有人焉，亦吾子所知也。'余亟问其人何如？伯苏曰：'有陈备三者，非当年衽金挟丸，驰驱沪杭道上，而躬与逐满之一人乎？今其人老且穷，转转末僚底，博升斗养亲，朝饱而不知夕饥，回顾曩昔所称为同志者，拥娇妾，居华屋，意气隆隆，剧于侯王。天之生材，或有高下，而同功异遇乃如是，得非备三守己安命之过欤？'余闻言，为之竦然。……今年翁八十，备三将归寿翁，介伯苏来请辞，……遂书此赠其行，且为备三勖其继云。"兹据其"落落十七年"云云，系之于本年，庶几无误。

◎ 11月21日，陈训正卸任杭州市市长一职；其后，杭城士人致去思辞。[①]

> 按，顾彭年《四年来之杭州市市政》云："任命黄伯樵先生继任杭州市市长，嗣以黄伯樵先生不就，又任命周象贤先生继任。周市长于十七年十一月二十二日就职以后，……市政府组织方面始初几个月，却没有

---

① 芷芬：《陈屺怀先生离杭之去思》，刊《时事公报》附刊《五味架》1928年12月9日。而沙文若《陈屺怀先生行状》云："十六年春，受任浙江省政府委员，与杭马君叙伦、诸暨蒋君伯诚同为常务委员。……明年秋，罢。"陈训慈《陈君屺怀事略》则谓："十六年春，浙江省政府正式组织成立，君受命为省府常务委员。后又兼杭州市市长，并曾兼代民厅约一年。次年冬，悉去政职。"

什么变动。"①

◎ 12 月 29 日，张学良宣布东北易帜，国民党至此完成形式上的统一。陈训正作《北伐告终，首都有追悼死难将士之会，赋此邮挽》。

> 按，由陈训正纂成于 1935 年的《国民革命军战史初稿》，即视 12 月 29 日东北易帜为北伐完成之时："我海军仍集中待命，拟即跨海而北，为犁庭扫穴之计，贯彻北伐主张，适值我陆军以后方巩固，奋勇前进，势如破竹，河北克复，敌军解体，而辽东三省亦表示服从中央，至此我国遂完全统一矣。"② 是故，此诗当作于该日。

民国十八年（1929） 己巳 五十八岁

◎ 1 月 21 日，两浙监运使周骏彦继室方氏病卒；陈训正作《周夫人神诰》。

> 按，《缆石幸草》，《天婴室丛稿第二辑》（9）录曰："夫人方氏，奉化人，今两浙盐运使周君之继室，民国十八年一月二十一日殁于任所，懿行嫕德，于时流诵。周君思之靡已，其友人慈溪陈训正，为作《神诰》，既表嘉徽，亦藉渫周君之哀云。"

◎ 1 月，新登陈宝书（1850—1929）卒，陈训正应其子育初之请，作《新登陈君述》。

> 按，《缆石幸草》，《天婴室丛稿第二辑》（9）录其词云："陈君宝书，字献庭，新登人。……君殁于民国十八年一月，年八十。娶潘氏，前卒；继娶吴氏，生子五人：慎初、复初、赞初、育初、本初。余长杭市时，育初曾供职财政局，于余属也，来谒文，谊不可辞，为刺状，得其大者，述而传之。"

◎二月，应考试院院长戴季陶（1891—1949）之请，陈训正作《戴母述》，评述其母黄氏生平，进而吁请重建"孝治"秩序。

> 按，《缆石幸草》录《戴母述》云："母黄氏，其先黄州人，祖父商

于蜀，遂占籍成都。年十六，归同郡戴某。戴为吴兴望族，迁蜀已四世矣。……母四子，其季传贤，生有大志，未冠即游学国外，事中山先生久，奔走革命，不遑将母。……十八年二月，母殁于成都里第，传贤时方以中央委员提举国府考试院，告至，将奔丧，会有鄂豫之变，不克行，乃即首都招魂而祭，举襄三日。既成礼，传贤为撰具母言行本末，属其友慈溪陈训正曰：'谨为述之。'训正不敢辞，遂诠次之如此，且为论曰：'嗟呼！自国俗丧故，士失雅教，浅植之徒，驰骛新异，创为偏激之说，欲尽弃中国旧化，……昔中山先生论民族道德，推本于孝，传贤尝诠发其说，以为欲返民厚，莫若用孝，殆证以慈氏之训而益信。夫教化之行，自上而下，传贤居民上，化下之责繁重。然则母之以《孝经》付传贤者，意固不在戴氏一家私也。进法治而为孝治，其由此欤？其由此欤！'"

◎三月初，陈训正作《舟山丁艃仙先生七十寿叙》。

按，《缆石幸草》录《舟山丁艃仙先生七十寿叙》云："往岁，余纂修《定海县志》，搜访故闻，得一人焉，曰丁翁，隐居行义于其乡六七十年，远近归之。顾其人以肮脏善骂闻，有子八人，……八子多殖货海上，以所获助翁行义，独其季艃仙、紫垣二先生，自少治经世之学，务欲以功名显其亲。紫垣尝以举人一宰云南某县，颇颇著治声，而艃仙奉派出洋，留学美洲九年，归，供职江海关几四十年。先是，海关最高职皆条约国人所占，吾国人未尝有被命至税务司者，有之，自艃仙始。……既老归职，侨居沪壖，饮酒乐道，无营无虑，以养天年。岁三月初吉，为艃仙七十生日，乡党重其人，将醵而为之寿，征言及余。余与紫垣尝同被举为浙江咨议局议员，每期会，至杭州，居比舍，昕夕数数过从，紫垣辄为余道其父兄行谊，故余于丁氏之世，闻之独详。……余因述所闻于昔者以归之，惧为长者呵，勿敢有所夸饰也。中华民国十八年三月，慈溪陈训正叙。"

◎三月，陈训正为临川人双清代撰《王故将军遇难记》。

按，《缆石幸草》，《天婴室丛稿第二辑》（9）载曰："故将军王公既殁之七年，其兄伯群改葬将军杭州，并状其志行、功业，谒善文者碑之于神道。荦荦生平，已著其大者矣，独于遭难时事仅具始末，清以为犹未尽也。清与将军少共学，长共事，其死也，又直清在侧，见其危而不能救，知其雠而不能讨，负吾将军，因追忆当日情状，泣而书之，以志吾憾于无穷。……中华民国十八年三月，临川双清记。"

◎ 5月11日，陈训正在宁波旅沪同乡会参观"宁波市政府成绩展览会"。

按，《申报》1929年5月12日《甬市政展览会昨讯》云："宁波市市政府成绩展览会，假西藏路宁旅沪同乡会举行。昨为开幕第一日，旅沪宁波人及市各机关人员，前往参观者，络绎不绝，到者均赠以简明统计一份，内容颇为扼要。前杭州市市长陈屺怀氏、本市工务局长沈怡氏等，参观各项陈列品，尤为详尽，对于表册等项，经该会招待员分别说明，益饶兴趣，参观名人，多有恳切之批评，大抵属望于新宁波之实现。闻今日为最后一日，适逢星期，各界参观者，当尤为踊跃也。"

◎ 6月底前，陈训正作《书魏伯桢五十小象》："魏君伯桢，治律有声。前年奉委提举浙江司法，选属叙官，一以不嗜杀人者为归。既罢政，游沪，出其所素学，为人理讼事，凡有陈乞于君者不概受，惟好为被诉者承其事。……其友陈训正……因述其言，而书于象，俾见君之貌者，并以见君之心云。十八年六月。"①

按，冯君木《魏伯桢先生五十寿叙》云："余识伯桢十余年，……初伯桢以院试第一成诸生，感士习之委琐，即发愤东渡日本，翚绎数岁，卒得法学士位以归。归而嬗其学于后进，精庐讲习，穷日夜弗倦。会武昌军兴，东南响应，……宁波率先光复，……君与有力焉。无何，被任为永嘉检察厅厅长。民国五年，又任诸暨县知事。……既而以避籍引退。十五年秋，北伐军出长岳，定武汉，……明年，民军入浙，君以物望所属，受任浙江省政府政务委员，兼司法科科长。在任仅两月，……中道解职去，……栖迟上海，操业为律师，……务为被诉者申理，解纷排难，……己已六月，为君五十生日。长君岩寿，率其弟若妹，谋为称寿，君坚不许，岩寿乃走私于余曰：'知家君者，唯凤先生。愿得一文，用为临觞慰荐之资，其可乎？'遂就平昔所稔者历历书之。……是岁六月十九，前伯桢诞生七日。慈溪冯开。"② 是知魏伯桢生于1877年6月26

---

① 陈训正：《书魏伯桢五十小象》，《缆石幸草》，《天婴室丛稿第二辑》(9)，第18页。陈氏此文原刊《宁波旅沪同乡会月刊》第74期，名《魏伯桢先生五十寿叙》。

② 《宁波旅沪同乡会月刊》第74期（1929年），第2—4页。

日，而《书魏伯桢五十小象》之作，亦不当晚于6月底。

◎夏，陈训正应陈旦之请，为其亡父陈绥之作灵表。

按，《缆石幸草》，《天婴室丛稿第二辑》（9）所录《陈绥之先生灵表》云："君讳隆祺，字绥之，姓陈氏，鄞之丰和乡人。……年六十三，偶困于暑，乏甚，自知不起，……君既殁，其子旦等来告丧，余以君之竺行，于时为难得，不可以不书也，遂为之表，俾赴于远迩，以风薄俗云。"该文既已被收录于《缆石幸草》，理当作于民国十八年（1929）12月之前；据其"年六十三，偶困于暑"，又可进一步确定该诗作于民国十八年夏。

◎张原炜（字于相）年将五十，好友胡君海（飘瓦）赋诗祝寿；陈训正次韵继作，遂有《蓻里五十，飘瓦以诗为寿，次韵继作》及《用飘瓦均再寄于相》。①

按，前诗名为"蓻里五十，飘瓦以诗为寿，次韵继作"，后诗亦有"愁海浮沉五十年"之说，兹据张原炜（1880—1950）生卒年及《缆石秋草》收录原则加以推定。

◎陈训正作《答四弟叔谅自金陵寄书数种》，并在诗中自注："去年，弟依我住圣塘。……时五弟游欧洲未返，六弟在沪。稚者数人，亦负笈远方。惟二弟长浙教厅，同赁居湖上。"②

按，陈训慈《晚山人集·后记》："回忆丁卯秋后，伯兄方从政省垣，余来任省立一中教职，承兄命寄居其贝庄寓中，……其后，余去南京，时或以与友人所辑《史学杂志》及当时国学图书馆新刊书寄奉，伯兄贻诗为答，有'对酒思当日'句，更感于诸弟分散四方，故结句云：'弟兄皆四海，盼得几潮回。'当时五弟去法游学已三年，余在南京，六弟以次则犹在沪甬求学中，兄视诸从弟不啻同怀，而蒿目时艰，已不胜家国之感。"据《陈布雷回忆录》，可知五弟陈训恕于1926年仲夏留学法国，下推三年，正是本年秋。惟《答四弟叔谅自金陵寄书数种》自注"去年，弟

---

① 《缆石秋草》，《天婴室丛稿第二辑》（8）。两诗后又被陈训慈选入《天婴诗辑·续编》。陈训慈在甄选时，特在《蓻里五十，飘瓦以诗为寿，次韵继作》诗名下标注："蓻里，张于相别号。"

② 《缆石秋草》，《天婴室丛稿第二辑》（8）。该后又被陈训慈选入《天婴诗辑·续编》。

依我住圣塘"中的"去年"，当改为"前年"。

◎秋，陈训正赋诗感怀，作《嘲陶潜》以寄老友李详，[1]后者遂作《再和玄婴嘲陶潜》相唱和。[2]

按，《缆石秋草后记》明言《缆石秋草》所录诸诗，皆作于 1929 年秋，且《嘲陶潜》诗内又提到"篱下花黄色亦微"。

◎ 11 月，浙江省西湖博物馆成立于文澜阁原址，陈训正受聘为西湖博物馆首任馆长。[3]

按，陈训慈:《陈君屺怀事略》云:"十八年夏，浙省府举为西湖博览会。会后，以博览会所征得诸文物标本为初基，筹设省立西湖博物馆。君受聘为馆长。既莅事，厘定编制，确定分历史文化与自然科学二部，各聘专家征集文物与动植、地矿标本，实奠斯馆之基础。"又，沙文若《陈屺怀先生行状》云:"十六年春，受任浙江省政府委员，……明年秋，罢。又明年，受聘为西湖博物馆馆长。"

◎冬，陈训正应邀撰《鄞西南乡治河记》。

按，《缆石莘草》，《天婴室丛稿第二辑》(9)录其词曰:"盖西南水利之失修者，二百余年矣，其乡之贤者忧之。民国十三年，乡人会而议于社，佥曰治之宜。于是制章约、明职责，……以张君申之主其事，周君炳文、施君某某副之。凡再会而议定。……是役也，先后用金十六万有奇，而某某等输最多，致功凡六年，而某某等力尤多。于是乡人之被其利者，议即其乡永镇祠辟二室，为尸祝之所，并树石纪其功，而属余文。余谓永镇祠者，清时故贤令周犊山先生之神之所主也。……当时之建是祠，固以尸祝有功，非为一人之爱，虚其左右，实有待于将来，其意远矣。美其先，劝其继，异日者，其复有慕张君之为功而踵之者乎?请识吾言以俟。祠旧有田若干亩，今益增至若干亩，于例宜附书。

---

① 原载《缆石秋草》，《天婴室丛稿第二辑》(8)，后又被陈训慈选入《天婴诗辑·续编》。

② 李详此诗原亦见录于《缆石秋草》，《天婴室丛稿第二辑》(8)，后又被陈训慈选入《天婴诗辑·续编》，并更名为"和玄婴嘲陶潜"。

③ 西湖博物馆在 1929 年 11 月开馆之初，直属于浙江省政府，至 1931 年 3 月，改隶浙江省教育厅，并更名为浙江省立西湖博物馆，陈训正大概也就在此时辞任，而由王念劬继任馆长。详参:洪焕椿《记浙江省立西湖博物馆》，《浙江日报》1943 年 10 月 3 日。

民国十八年冬记。"①

◎冬，应老友张传保之请，陈训正为撰《张君生圹志》。

按，《缆石幸草》，《天婴室丛稿第二辑》（9）所录《张君生圹志》云："治鄞之政，莫急于治河。河之有始功，相传唐鄮令王元玮实启之。民不忘其惠，为立庙它山，而以其乡贤之有功农田者祔焉。余尝游它山，谒其庙，归，笑谓吾友张君：'他日者，或当位置君于其庑下。'盖其时，君方有意于其乡之政，水利固君所先也。今又十余年矣，君所治水利亦于时始竣功，来告曰：'愿毕矣！余将图其可老。余有地在凤山寺前，辟之营之，以为余长眠之所。子可无词以愿我意乎？'余曰：'善乎君之所自处也！凤山去它山不一里，庙与寺皆古之所谓社，乡人尸祝之地也。而君又有功德于其间，向余所欲位置君者，今君已自为之矣，乌可无志？'……圹成于十八年某月，同其穴者，妻某氏。铭曰：'藏身于山林，藏名于人心，可以无死，可以无生，惟君之贞。'"结合《鄞西南乡治河记》所载，可以确定《张君生圹志》作本年冬。

◎ 12月，陈训正作《缆石幸草自序》。

按，《缆石幸草自序》云："余既废居伏湖上，稍稍董理旧业，不与世通謦欬，世亦与我渐忘矣。顾世之忘我者其人，而其人之文，常发光焰而照天壤，固犹是犟犟焉，不能遂忘也。于是介而来乞者，趾相错，踵相接，若曰：'其人虽贱，其言可传也。'余亦好事者，苟我求，罔不一一予之。意既借此博闲矣，且以谳二年来簿书之耗吾业，不知犹有存乎哉！星月荒荒，又将岁晚，心计此一岁中，为人诵生哀死，无虑百余事，其斋僮所收，敝箧所弃，完篇未煨者，检之犹得三之一，亦云幸矣。既哀成册，因署其端，曰"缆石幸草"。童生藻孙为属写人清之意，可感也。十八年十二月，玄翁识于湖上圣唐路寓楼。"

◎约本年，陈训正既为人代作《故处士镇海刘君暨其夫人王氏墓志铭》，又撰《故处士镇海刘君墓表》（两文并载《缆石幸草》，《天婴室丛稿第二辑》（9），其内容大同小异）。

按，《故处士镇海刘君暨其夫人王氏墓志铭》云："处士讳咸良，字

---

① 又可见《鄞县通志》第四《文献志》第七册戊编下《艺文三》，第2403页。施某某，《鄞县通志》谓施竹晨。

立三，姓刘氏，镇海人。……父殁，处士乃挈妻之沪，用医自给，稍有赢，又以资贫病，于是仁医之名振，而其穷乃益奇，……晚年应人益繁，精力稍衰，尝于冱寒风雪中，视疾十数里外，往返徒步，劳甚，遂病不起，卒年五十有三，时光绪二十三年丁酉十一月十六日也。……夫人讳皈雍，……处士既殁，子灏犹未成立，教养所费不赀，夫人……日惟为人唪经取直，资灏游学。灏学成，有大志，数从四方豪杰游，而于余及吴兴张人杰交尤深。……民国十三年十二月三十一日，夫人以疾卒于沪寓，年七十有五，距处士殁，已二十七年。又四年，灏始克葬其父母于慈溪香山狮峰之阳，以孙同诩、同福。……铭曰：行义而贫难，贫而行义尤难。处难若易，夫惟其贤，两世隐德，吾信之天。天下不废善，君子万年。"

◎陈训正作《镇海耆德王君传》，大力表彰"有数数可富之遇，而临财不惑，卒持义自见"的镇海人王予坊；借题发挥，表达对世风的不满，无疑是陈训正撰作此文的重心所在。

　　按，《缆石幸草》，《天婴室丛稿第二辑》(9)载其词云："王君予坊，字海帆，镇海人。……年七十有七，卒于沪邸。归丧之日，远近来会者数千人，皆咨嗟诏非晚近所有云。陈训正曰：嗟乎，世尚趋进矣，而人心向利无已，一市之众，各奋其私智以事侥幸，纵无少假牵傍之缘，亦将蹢空而起。人人自以为百万之雄可以术篡，得志崇朝，终身安富，惨惨人世，安复有礼让之士哉！王君有数数可富之遇，而临财不惑，卒持义自见，谓非异人之量之识，而能若是乎？先哲恒言：'让者，礼之宗，德之主也。'君何惭焉！若夫君之行义，其鸣施于一乡一邑者，在人为难能，而于君乎奚重？故不著。"该文既已被收录于《缆石幸草》，理当作于民国十八年（1929）12月之前，但具体写作时间，似难质究。

◎在作成《缆石秋草》后，陈训正就寄予兴化李详，求序于这位久未谋面的好友；其后，李详答以两诗以代序①。

　　按，《缆石秋草》末所录李详来信云："玄婴先生寄视诗词，不见已

---

① 其一："群雄竞逐起风尘，误信玄婴作贵人。地窄未容双袖舞，诗多满贮一囊新。湖山管领宁非福，仕宦蹉跎合署贫。老去茂先研博物，餐霞吐纳付闲身。"其二："天遣回风倡和多，相逢铜狄对摩挲。分投名士如唐季，入奏新声半楚歌。南国美人治绣段，中原故鬼泣蓬科。宛如辛白簃前叟，况似奇觚两鬓皤。"详参《缆石秋草》，《天婴室丛稿第二辑》(8)，第10页。

十年矣，互通笔札，有若再生。所著皆去官之作，芬芳悱恻，情兼哀怨，当以刘彦和书《隐秀》（笔者按，即《文心雕龙》卷八《隐秀》篇）名之，即题二诗于上，以代序言。兴化李详。"陈训正何时寄出《缆石秋草》、李详又何时回复，似乎难以质究。

◎约《缆石秋草》成册后不久，陈训正弟子有曰寒同者，便作《缆石秋草后记》，称陈训正虽"三总常务，两权民政"且曾兼摄杭市，但实则傀儡，进而认定《缆石秋草》诸诗，折射出当时陈训正进退失据的内心苦痛。

> 按，《缆石秋草》录曰："此先生十八年秋所作诗也。仆时闻比兴，粗解指归。歌以当哭，知阮籍之途穷；笔而为笺，愧任渊之材短。先生自十六年春莅政浙府，至十七年冬去职，凡十有八月。其时，……三总常务，两权民政。又以杭市草创，同在都会，不别置长，兼以摄行。……彼方谓饰刍灵而事鬼，不必责其似人，奉木偶以登场，所贵牵之由我，而先生不知也。放慈航于人海，时触逆潮；休嘉荫于学林，又逢恶木。心如止水，何来覆水之忧；利欲断金，反实烁金之口。此先生之所以去乎？在先生，行藏早定，岂待倚楼？功业未成，徒悲载道。惟此日无边，风物又到残秋，大好湖山，已非乐土，此《缆石诗草》之所由成乎。仆闻之：'欲读其人之诗，当知其人之世。'敢本斯恉，以述是篇。文不求深，惧推敲之见罪；事惟存略，惩穿凿之害辞。后有览者，当自得焉。寒同记于石埭旅次。"

民国十九年（1930） 庚午 五十九岁

◎1月15日，两浙监运使周骏彦母葛氏（1846—1930）病卒，陈训正撰《周母葛太夫人灵表》。

> 按，《缆石幸草》，《天婴室丛稿第二辑》（9）载其词云："母葛，奉化人。……年十九，归同邑周氏。……生五男一女。……第三子骏彦，今浙江省政府委员、两浙盐运使，兼陆海空军总司令部经理处处长。……十九年一月十五日，母微感不适，遽告厥凶。……寿终八十有五。有美意而不获延年，天隤之谓何。爰述哀辞，用扬懿德。"

◎农历二月，弟子童第德偶见陈训正旧作《末丽词》，如获至宝，遂请人抄录。

按，陈训正自述："乙丑岁暮，余手录《末丽词》，藏诸箧者，又四年矣。今春，童生藻孙第德过我缆石山房，见而喜之，为倩写人别录一通，而请原稿以去。童生之勤，亦童生之痴也。庚午二月识。"①

◎ 12 月 29 日，陈训正再度就任杭州市市长。

按，陈岊怀《杭州市政府二十年一月至六月施政方针》首句，就自称"市长于十九年十二月二十九日接事"。②又，沙文若《陈岊怀先生行状》云："十九年冬，沔阳张君难先来主浙政，复以先生为杭州市市长。"而陈训慈：《陈君岊怀事略》曰："十九年（一九三〇年）十月，沔阳张难先来主浙政，举君再任杭州市市长。"③此外，贺橛庆《十年来之市政沿革》称陈训正于民国二十年一月复任杭州市市长，似误。

民国二十年（1931） 辛未　六十岁

◎ 4 月 26 日，宁波中等工业学校决定从 8 月起创办附属初中部，同时推选陈训正等 7 人负责筹集经费。

按，俞光透《鄞县私立正始初级中学》云："为确保学校生源，1931年 4 月 26 日，经宁工校友大会决议，于 1931 年 8 月起附办初中部。推选陈训正等 7 人负责筹集经费，于年 6 月 27 日报请鄞县县政府转呈浙江省教育厅备按核准，先后两次招收初一新生 37 名，于 8 月 25 日正式开学，是为宁工附中成立之始。"

◎ 5 月 18 日，冯君木（1873—1931）病卒于上海。冯氏卒后，陈训正又作《悲回风》以志哀；《天婴诗辑·续编》所载《哭木公六首》，就录自作于 1931年的《悲回风》。

按，袁惠常《冯回风先生事略》云："先生讳开，字君木。初名鸿墀，字阶青，有文在其手曰开，故更名。慈溪冯氏，学者称回风先生。……晚岁讲学海上，当世名宿，若归安朱孝臧古微、兴化李详审言、临桂况

---

① 《末丽词》，《天婴室丛稿第二辑》（3），第 1-2 页。
② 《市政学刊》1931 年第 4 期，第 1-18 页。
③ 详参杭州市政府秘书处所编：《杭州市政府十周年纪念特刊》（民国二十六年），近代中国史料丛刊三编第 75 辑，文海出版社，第 5 页。

周颐夔笙、安吉吴俊卿昌硕、杭徐珂仲可、湘潭袁思亮伯夔，皆与友善，朝夕往还甚乐也。自谓吾之词得朱、况商榷而后成。况、吴前卒，[①]咸遗言必先生志其墓。……吴君墓表甫具稿草而殁，成绝笔矣！年五十有九，是中华民国二十年五月十八日也。乌呼！自先生殁，朱、李亦同年徂谢，东南耆硕，凋零殆尽。屺怀先生哭先生曰：'天丧斯文，国无人矣！'又为《悲回风集》以志哀。……民国二十一年五月，门人奉化袁惠常敬述。"[②]

◎5月19日，友人李详（1859—1931）病卒，[③]陈训正受托撰《兴化李先生墓表》。

> 按，《兴化李先生墓表》云："先生讳详，字审言，世为江苏兴化人。……父讳某，少遭家难，迁盐城西鄙居焉。取赵氏，生子二，先生其次也。……民国二十年某月某日，告终里第，春秋七十有三。少日自字白药生，亦号愧生，晚更称辉叟。……先生既殉之某月，将葬，其嗣承祐承其先命，书来谒文。呜呼！天丧斯文，不慭子遗，拓落人寰，灵光尽矣。泣而书之，用谇当世，悠悠行路，又畴述焉。友人慈溪陈训正表。"[④]

◎农历四月，陈训正辞去杭州市市长一职。

> 按，陈训慈：《陈君屺怀事略》云："十九年（一九三〇年）十月，沔阳张难先来主浙政，举君再任杭州市市长。次年四月，辞去。"又，赵晨：《国民党统治时期的杭州市市长》云："1930年年底陈屺怀再度接办，

---

① 沙文若《僧孚日录》谓况蕙风因患赤痢，病卒于1926年8月24日（农历七月十七日）夜；但包括郑炜明《况周颐先生年谱》在内的更多文献，皆称况氏病卒于1926年8月25日。至若吴昌硕先生之逝，则时在1927年11月29日（农历十一月初六）。

② 袁惠常：《冯回风先生事略》，可见张任天《西湖博览会纪事》，《艺文（二）：外编》，《浙江文史资料选辑》第21辑，浙江人民出版社1982年》卷18，第126-128页。当时，沙孟海既曾为乃师撰写挽联，又著有《冯君木先生行状》一文。事详沙茂世《沙孟海先生年谱》，第42页。

③ 案，陈训正《招都良过玉晖楼，谋编刊〈回风集〉。时值深秋，俯伏多感，既伤逝者行，复自念，喟然赋此》诗中自注："审言殁，仅后木公一夕。"而袁惠常《冯回风先生事略》，则又明言冯君木病卒于1931年5月18日。

④ 《民国人物碑传集》卷9，卞孝萱、唐文权编，团结出版社1995年版，第646-647页。张美翊：《蓉绮阁课徒书札·致朱百行30》："李辉叟名详，字审言，扬州兴化人，老贡生，骈文为江左第一，其他诗文俱成家。志节孤冷，心折吾乡全谢山之学。"详参《新美域》2008年第2期，第51页。

他驾轻就熟，老班底大都保留。这时的省政府主席是张难先。张老成持重，朴实节约，对陈屺怀的作风极为赞许；但陈也为某些人所不喜。有一次蒋介石到杭州来，适逢筹办自来水，马路上正在挖沟，埋放水管，泥土堆满人行道。有人乘机对蒋说：'杭州市政搞成这个样子，垃圾堆满马路。'蒋说：'屺怀只配著书考古，不宜办新事业。'那人就推荐周象贤复任，蒋有允意。事为陈屺怀所知，就向张难先辞职。张慰勉有加，劝陈打消辞意，但陈去志颇坚。"

◎陈训正返甬期间，奉化人袁惠常慕名前来请教，陈训正告以多读韩愈、曾巩之文，方可革其作文弊病。

按，袁惠常《赠陈君叔谅序》云："是年，冯先生亦捐馆舍。惠常落落无所向往，乃从鄞张苏里先生问古文义法。闻陈天婴先生至自杭，则持文求正，陈先生曰：'子之文病弱，宜多读昌黎、南丰两家，半山峭折绝伦，不善学之，或失之枯。'陈先生者，冯先生之执友，而君与彦及先生之从兄也。其文章有奇气，工于铸词，古奥似读周秦诸子。"①

◎农历五月间，陈训正时任国民政府文官处参事，②与从弟陈布雷、胡君诲同游南京鸡鸣寺。

按，《陈布雷回忆录》民国二十年条云："余是年在京，意常不乐，每思引退，重作记者，或教书自给，……及蒋主席辞职，乃决心共同引退，遂我初愿，……于十二月二十一日浩然返沪矣。计自去年十二月二十二日接教部事，迄离京之日适满一年，可谓巧合，先是农历五月间，大哥在京任国府参事，某日约同君诲先生啜茗于鸡鸣寺，余偶求得观音签问何日可辞官归里，签语有'一朝丹篆下阶除，珠玉丰余满载归'之句，签解又有'官非宜解'之语，余先阅签解，嗒然若丧，意谓'官不宜解'则无解官之望也，大哥曰不然，曷不作三句读，即官、非、宜解，岂非即遂汝所愿乎。余乃恍然曰：'得之矣；所谓满载归者，殆即满一载乃许汝归耳。'"

◎8月23日（农历七月初十），陈训正于宁波旅沪同乡会主持举办冯君木

---

① 袁惠常《赠陈君叔谅序》，《艺文（二）·外编》，《民国慈溪县新志稿》卷18，第125页。

② 沙文若《陈屺怀先生行状》称民国二十年"夏，任国民政府参事"；陈训慈：《陈君屺怀事略》系其事于农历六月。

先生追悼会。

按，《申报》1931年8月25日孙筹成《冯先生不朽》云："慈溪冯君木先生，懋学亮节，蔚为儒宗，……晚年侨居沪上，并世明宿，多所通接。……本年五月十八日告终沪寓，……月之二十三日，朱古微、王一亭、陈屺怀、张咏霓等发起公祭，其门弟子陈布雷、吴经熊等臂缠黑纱，为其服心丧，而莅会者数百人。推陈屺怀主祭，因陈君与冯先生交最深，请其报告冯先生之经历。……结果因冯先生遗著有《回风堂文》若干卷、诗若干卷、词一卷、札记若干种皆未刊，若任其散佚，殊为可惜，故推陈屺怀等八旧友暨弟子代表陈布雷、沙孟海等主持刻印冯先生诗文集，并由门弟子筹组回风社，每年于先生忌日开会设祭，俾联同门感情，追念先生盛德云。"

◎9月，友人黄侃应邀作《陈玄婴先生六十寿序》，充分肯定陈训正在文学史上的地位，对陈训正所编纂的《定海县志》及其史才更是推崇备至。

按，《天婴诗辑》载曰："近代古文正宗，咸曰桐城，祖述其法者盈天下，……非之者未始乏人，唯先生之言镌切最甚。……得先生之说，不独可以救桐城末流之失，即近顷薄古而逞臆者，亦不至溃决冲陷而无所止，则信乎先生为今日谈文者之司南，宜其克绍西溪而殆欲过之者也。数年前，侃始得读先生所撰《定海县志》，观其编制条例，迥异于向来郡书地里之为。……如先生者，能为乡史示准绳，即能为国史成型范，此则在位者所未宜忘者也。十二月八日，为先生六十生辰，门人鄞童第德先期告侃曰：'子于玄婴先生悦服夙矣，曷不因此时而有言，既以昭子之所怀，亦以为先生娱？'侃不敏，常以文史诲后生，于桐城之文，有所未学，而无所非，独时时称说先生所谓'法上而不嫌于创者'，虽不能至，心向往之。爰从童子之言，辄为此文，以当请见之贽。若夫铺叙生平，妄诔作颂，则先生集屡有厌鄙之辞，侃不敢以进也。中华民国二十年九月蕲春黄侃鞠躬谨撰。"

◎深秋，陈训正与冯都良商议编纂乃父冯君木遗著《回风集》，并作诗以记其事。

按，诗名"招都良过玉晖楼，谋编刊《回风集》。时值深秋，俯伏多感，既伤逝者行，复自念，喟然赋此"，并称"淡晴天气入残秋"。①

◎ 10 月，鄞县工校拟举办二十周年校庆；陈训正身为老校长，应邀作《书工校廿周纪念册》。

> 按，《书工校廿周纪念册》云："甬之有工校，于兹二十年矣。当十年前，余主是校时，曾为会纪念，余有言，譬诸鲧之治水，虽勿成而治之，已故可以遗禹之念。今继余长校者，为王生思成，是能纠鲧之失而致其治者，其犹禹矣乎！风雨既久，漂摇益甚，胝手胼足之劳，亦有过于余。王君能维系至今日，已为不易矣，况其精神所被，易窳而良，俨然有可诵者乎！余衰矣，流浪道路，不得归而与共桑梓之义，因益睎吾王君之能率厎厥功也！书此祝之。维民建国之二十年十月，陈屺怀书。"②

◎陈训正辞去国民政府文官处参事一职，从此隐居西湖。

> 按，陈训慈：《陈君屺怀事略》云："十九年（一九三〇年）十月，沔阳张难先来主浙政，举君再任杭州市市长。次年四月，辞去。六月，任国府文官处参事。居首都数月，以不乐闲职，即谢归。自是遂息影湖上，以读书著述自娱。"

◎陈训正署名"陈训正玄夫"，在 11 月 1 日《四明日报临时增刊》上发表《宁波渔业概述》一文，内分"渔区"和"渔船驻泊地与各洋面之路线里距表"。

> 按，此文其实取材于《定海县志》册三甲《渔业盐志第五》"渔业"目。

◎ 12 月，鄞县县立高级工科中学全体师生敬献《陈前校长六十寿言》，恭祝陈训正生日快乐。

> 按，《陈前校长六十寿言》云："慈溪陈屺怀先生，以儒学名当代，为文章出入于两汉魏晋之间，为海内文宗。其长浙江民政厅、杭州市

---

① 此诗乃陈训慈整理《天婴诗辑·续编》时自《悲回风》中录出。其小字自注："六年前，余曾于九日过修能学社，木公方校编寒庄遗文，指庭菊谓余曰：'寒庄文有菊之致，无菊之色，故人鲜赏之者。'间又曰：'今人赏菊，以希种为贵，色耳不知，何言风致？此寒庄之所以死也！'今余编木公文，亦同此情概。"

② 《鄞县县立高级工科中学二十周纪念册》，1931 年 12 月刊行，浙江省宁波市鄞州区正始中学图书馆藏。

也，除弊以利，革故以新，而尤以兴学为务，贤声噪于众口。其立而官于朝也，士民莫不欲攀辕以留其行，为诗歌以纪其事。共和之初，先生尝长本校矣，以经费之无常，措置之不易，夙夜匪懈，不名一钱，至卖文以给不足，甬上之人，至今称之，此先生行事之荦荦大者，而揆之于古人，固已出入于儒林、循吏之间，则先生今日之登朝，亦将以兼善天下，而弥永其年矣。今年十二月为先生六十初度，朝之士大夫，与夫亲朋故旧，必有弘丈清制以寿先生者，而本校师生则窃以是说而进质焉，未知先生亦以为然否耶？中华民国二十年十二月，鄞县县立高级工科中学全体师生恭祝。"①

◎十二月，陈训正将作于 1925 年初至 1930 年之间的诗文，汇为《天婴室丛稿第二辑》。

> 按，《天婴室丛稿第二辑叙目》云："前辑之刊，讫于十四年一月，计四册，凡为名者九，除《无邪诗存》《无邪杂著》二种出自手定外，余皆诗文杂录，且未经去取，故曰'稿'。日月忽忽，不期又七年矣，稿之积者与年俱高。今年十月之晦，为余六十生日，宾朋来会者皆以续刊各稿请，且为谋集印赀。余亦以人事不可知，即此散乱覆瓿之物，不能不有一结束。因取庚午以前各稿，仍如前例拉杂成之，为《天婴室丛稿第二辑》。至其他专论、特撰之著作，则不入此印。既竣，识其缘起，并附列稿目，便检览焉。二十年十二月，玄婴。"

民国二十一年（1932） 壬申 六十一岁

◎1月，陈布雷再度出任浙江省教育厅厅长；始住葛岭路乐庐，入夏后，迁入小莲庄，与陈训正同住。

> 按，《陈布雷回忆录》民国二十一年条云："一月赴浙接任教育厅长，寓葛岭路乐庐。……是年夏仍迁入小莲庄与大哥同住。大哥是年遣眷回慈而独留杭州，兄弟晨夕过从，四弟任省立图书馆馆长，亦常来谈，最得骨肉相聚之乐。惜余忧时感慨未能从大哥商讨文艺为可惜也。"

◎5月，陈训正被推选为宁波中等工业学校附属初中部董事会的主席

---

① 《鄞县县立高级工科中学二十周纪念册》附录（2），1931 年 12 月刊行，浙江省宁波市鄞州区正始中学图书馆藏。

校董。

　　按，俞光透《鄞县私立正始初级中学》云："1932 年 5 月，成立宁工附中董事会，陈训正、林端辅、赵芝室、冯度、马涯民、冯蕃五、屠士恒、刘元瓒、冯莼馆、张崇祉、张屏庵、曹孝葵、王思城、戚才敏、周嘉后、范履吉、王诗塘、姜韬、王兴邦、周维畅、吴理卿等人为校董，推选陈训正为主席校董，冯度、冯蕃五、王思城、戚才敏、周嘉后为常务校董。"

◎夏，陈训正奉蒋介石之令，纂修《国民革命军战史初稿》。流传至今的档案材料与既有的相关研究成果皆表明：蒋介石自从 1930 年中原大战以来，就以中央集权作为政府改革的基本方向，而在 1932 年初重新上台后，其集权意愿更趋强烈。[1]《国民革命军战史初稿》的编纂，理当是蒋氏用以树立个人权威的例证。

　　按，陈训慈、赵志勤《热心兴办宁波地方教育的陈屺怀》云："1932年夏，应蒋介石之请，修纂《国民革命军战史初稿》。"[2]

民国二十二年（1933） 癸酉　六十二岁

◎ 1 月，陈训正被聘为《鄞县通志》总纂。

　　按，《鄞县通志编印始末记》云："民国二十一年，鄞邑人士……群议重修邑志。当是时，张传保服务于上海宁波旅沪同乡会，与邑人之侨寓者接触频繁，乃集议发起兹事。姜忠汾毅然以编印资费自任，厥事乃成。公推张传保及赵家荪为正副馆长，聘慈溪陈训正任总纂，于民国二十二年一月一日（公元一九三三年），设立鄞县通志馆于中山公园之薛楼。"类似记载，又可见陈训正《编印鄞县通志缘起》、沙文若《陈屺怀先生行状》、陈训慈：《陈君屺怀事略》。

---

① 详参《蒋介石日记》（手稿本）1932 年 6 月 30 日、8 月 18 日、8 月 31 日，美国斯坦福大学胡佛研究所藏；刘大禹：《蒋介石与中国集权政治研究（1931—1937）》，浙江大学出版社 2012 年版，第 86-90 页。

② 陈训慈、赵志勤：《热心兴办宁波地方教育的陈屺怀》，《浙江文史集萃》（教育科技卷），浙江省政协文史资料委员会编，浙江人民出版社 1996 年版，第 180 页。

◎ 4月18日，^①老友洪允祥病卒，陈训正遂作《洪先生述》。

按，《洪先生述》云："洪先生允祥者，慈溪人。初名兆麟，允祥其字也。既以字行，乃取名之音近者自号樵舲。家世业商，潜德隐约，至君父始以医振闻乡间。……年六十，以病酒卒，时民国二十二年四月十八日也。君一生力学，能尽耳目之责，于史事尤赅，贯常籀历代治乱兴衰之故，举以为教，得其学者多所成就。为文章不喜缚束义法，訾桐城末学为优孟弟子，虽具衣冠非人伦所贵。诗宗晚唐，日吟哦甚苦，……呜呼，孰谓君狂者？观其不亟亟于外务，吾有以信其内美矣！为著生平，以讣当世。"^②

民国二十三年（1934） 甲戌 六十三岁

◎陈训正作《国民革命军战史初稿叙》，自述其难以快速成书之三因。

按，陈训正《国民革命军战史初稿叙》："仁湖蒋公，缵述宗哲遗志，提师出疆，声讨有罪，正义所昭，阴晦咸豁，东征北伐，所至底功，诸不率者，以次敉平。蒋公于是命其属，各以所部战绩汇而入告，规厥成事，传以故牍，勒为一编，曰《国民革命军战史初稿》。……是稿多采自各师部之报告及其行军日记，属草非一手，体裁非一律，节目疏谛，质量缛□，容有所不比。因又命训正据此稿本理而董之，别为战纪，以附信史。训正自维学浅，非三长之选，承命皇惧，不敢草率，业业两载，未克断手。核其所以，有三难焉。一曰体制。……二曰文字。……三曰甄采。……有是三难，属稿益不可轻掉，涂乙增损，至再至三，稽时累日，迟迟未竟，良以此也。虽然革命军之功烈昭然人间耳目，而其弘谋硕画之所在，实荟萃于是编，此尤吾国人所欲亟睹者，则不能不有以厌其望也。爰取初稿，先印行世，以当正编之先河云。慈溪陈训正识。"^③

◎陈训正所撰《定海县志·例目》，以《定海县志序目》为题，发表在《浙江省立图书馆馆刊》第三卷第四期（1934年8月）；责任编辑对其内容构造虽

---

① 奉化人袁惠常在其作于1944年11月的《洪先生传》中，称其老师卒于4月17日。该文可见《艺文（三）：内编》，《民国慈溪县新志稿》卷19，第128-130页。

② 陈训正：《洪先生述》，《艺文（三）：内编》，《民国慈溪县新志稿》卷19，第145页。

③ 陈训正编：《国民革命军战史初稿》，第1-4页。

不无异议，但仍推崇有加。

按，篇首编者按："《定》志编于民国十二年，为慈溪陈屺怀先生所主纂，而《方俗》《物产》二志，则出定海马涯民先生之手，其他体材亦多经其商讨。全志体例，大较师法近刊宝山钱《志》，去取最录，不泥旧例：如《交通》《财赋》《礼教》《渔盐》《食货》《方俗》诸志，均能独运匠心，别创新格。《方俗》一志，详考方言风俗，不舍鄙俚，所以彰民隐而移民俗，甚足为后来取法。至如《舆地志》第六目"分区"项之阙《各区村落》与《居民氏族表》，及第九目"土质"一项之全付阙如等，则皆由采访未周，未足为累，列目待补，尤足彰其启后之效。全志于列表一道，可谓畅乎其用，惟偏重太过，于人物不免阙略，于《列女》亦列表不立传，以为'贞孝之德，大都从同'，实则世俗贞烈节孝传略，固多千篇一律，且率出俗手，鄙俚无当，然节烈事迹，倘能择尤纪载，要足以存信史而昭激劝，似未可以概从简湉也。至于谊例之精要，载笔之简洁，要足为后来方志学家之楷模。读者第先讽籀是篇，然后更进诵原书，当更能有所体会也。"

◎ 8 月 5 日，陈训正被推选为正始初级中学校董会成员[1]。这所新近从宁波中等工业学校独立出来的学校，之所以定名为"正始"，是为了感谢陈训正长期以来对宁波中等工业学校的关心和支持。

按，俞光透《鄞县私立正始初级中学》云："1934 年 4 月 29 日，浙江省教育厅发文，宁波高工收归省立，不能继续附办初中，宁工附设初中部面临夭亡的危险。为此召开全体校董会第三次常务会议，决定姜附设初中部与高工分离，单独建校，定校名为鄞县私立正始初级中学，……8 月 5 日，另组校董会，由陈训正……阮葭仙等 14 人组成，……学校定名'正始'，是为了纪念宁工附中主席校董陈训正（字屺怀）先生。1934 年 7 月出版的宁工附中第三期校刊中，王思城校长《由工校附中改组为正始初中》一文记载：'本中学由工校而产生，工校之得以艰辛维持迄于今日，胥由陈校长训正屺怀先生之力，吾人饮水思源，不能一时或忘。此次本中学独立以后，定名正始，盖即所以纪念陈先生也。凡吾工

---

① 《鄞县通志》第二《政教志》云："民国二十年八月，宁波工校校友会发起附设初中，由校友陈训正等负责筹集经费，经教育厅核准开办。二十三年八月，因工校改归省立，不能沿用附设名义，遂分离独立，改名正始。成立校董会，另行呈请立按，经教育部、教育厅核准。"（第五册，第1107页）

校校友以及正始诸君子均应知此命名意义，时时体会，并应以陈先生之办学精神为精神，以陈先生爱护工校之热心来热心维护工校与正始，使两校校务共同发展，两校校誉共同光大，两校规模共同扩充，以告慰陈先生。'"

◎陈训正将此前所作诗文编为《天婴室丛稿》，共二辑六册。

> 按，陈训慈：《陈君屺怀事略》云："君为学通博，期以经世，既薄制艺，亦不规规为词章家言。辛亥革命以后，海内多故，专力教育，无意用世。中年感慨，每寄吟哦，酬酢有作，不自珍惜。洎再至沪上，主办新闻事业，更与海内文人学士游，如桂林况周颐（蕙风）、吴兴朱孝臧（疆村）、同邑冯开（君木）、兴化李详（审言）等，时有唱酬，并应聘主修《定海县志》，自是益致力著述。晚居武林，丹铅益勤。及避寇浙东南，不废述作，成书浸多。最早曾辑印《无邪诗稿》一卷，民国廿三年间，乃自编次所为诗文词，成《天婴室丛稿》二辑，凡六册。晚岁，更自删整成《天婴诗辑》与《天婴文存》二种。"

◎冬，陈训正在杭州巾子峰寓舍作《天婴诗辑自叙》。盖自本年起，陈训正开始自定《天婴诗辑》。

> 按，《天婴诗辑自叙》云："余少耽荒嬉，不知学问，好听里讴野唱，尤喜俗所谓丑噱者，……年十七，始从竹江袁先生受诗。……其时，余虽好诗而不喜自为诗，间有所感，即目成咏，十八九无题也。……甲戌冬日，慈溪陈训正屺怀书于杭州巾子峰寓舍。"

民国二十四年（1935） 乙亥 六十四岁

◎1月，时任浙江省立图书馆馆长的陈训慈，创办了浙江省第一家省级学术刊物《文澜学报》。陈训正在该刊第一期不但发表了《甬谚名谓籀记》《慈溪冯先生述》《洪先生述》三文，而且特地撰写了发刊词《弁言》。

> 按，陈训正《弁言》云："浙之有图书馆，已逾三十年。自来主馆事者，类多好学深思之士，所以谋其道以培其本，讲其术以利其器者，未尝不尽心而务之。口舌之不逮，则传之以文字。目有录，善本有识，比岁又会两月之见闻而有馆刊，所贡献于人群者，数数且备矣。馆之同人，犹以为未尽阐幽存古之旨，于是复有《文澜学报》之作。……例以年

为卷，凡专家之论箸，孤篇之表扬，及夫馆士讲贯所得之记述，胥于是乎会焉。作者不必皆浙人，而取材则以本省为主；体裁不限于一格，而内蕴则以文献为归。证斯薪响，以发扬我两浙今昔之文化，庶群士有所观感，不至流浪无畔，陷溺于盲谈痫说之中，其成就殆难限量。率欣然为弁数言如此。中华民国二十四年一月陈训正题。"①

◎春，陈训正纂成《鄞县通志》中的《博物志》。

按，《鄞县通志编印始末记》云："鄞本为宁波府附郭之县，自五口通商以后，推为浙东巨埠。又邑人足迹遍海内外，抗日以前，因畸形繁荣，多坐拥巨资建设交通，颇呈好景。其习俗、文化、政制、社会繁复纷杂，几与沪杭相垺，欲缕述之，非数十帙不能尽容，而又值九一八后，日本鲸吞中国之谋愈急，全国人民潜备抗战，如不终日。陈训正知此巨著殆非战事爆发以前所能结束，于是商同马瀛，将鄞志区为《舆地》《政教》《博物》《文献》《食货》《工程》六志，各自为书，各有起讫，各载序目，使一志编成，急付诸剞劂，庶不致全功尽废。……陈训正时兼任杭州博物馆馆长，乃径付博物一志之调查、采集、化验、编辑等事于博物馆技术人员吴炳、钟恢观、盛莘夫三人，而自总其成。又自负编纂《文献志》中人物、选举、职官、故实四编之责，悉付甬馆编纂之事于马瀛。至民国二十四年春，《博物志》一册先成。"

◎ 6月，陈训正在应邀为蔡寒琼所画《石荒图》题词时，既详尽交代了沙孟海又名石荒的来龙去脉，又谓《石荒图》实未表现出"石荒"的本意。

按，《沙孟海先生年谱》插图"陈训正先生为石荒图题词"云："沙生孟海，能文章，工书，尤擅古籀篆，间为人治石，颇颇有古意。尝客海上，以其师回风先生介，得事缶庐老人。老人，吾国金石名宿也，见生所作印，惊曰：'此子英英，出手便欲无老辈，可畏也！'生自是罩索益勤。回风恩其玩物丧志也，因取石荒二字字之以惕行。久之，宾朋用相字呼，误以为生隐居敦志之地。南海蔡君为作是图，非石荒本意也。余恐生忘其师命名之义，为识其所自始云。廿四年六月，玄婴。"②

◎陈训正纂成《国民革命军战史初稿》。该稿后来成为台湾"国防部史政

---

① 陈训正：《弁言》，《文澜学报》第1期，浙江省立图书馆，1935年1月。
② 沙茂世编撰：《沙孟海先生年谱》，西泠印社出版社2010年版，第46页。

局"编纂《北伐简史》的蓝本。

按，陈建风等《陈训正学述》云："北伐成功，寰区统一，武德彪炳，震烁古今，宜有所述，以昭来兹。府君夙与主席蒋公同郡相善，遂以编纂相属。乃搜集掌故，广求遗佚，较核定正，埋首著作，凡三年，成《北伐战史》若干卷，文笔简洁，辞义严整，论者比之王湘绮先生之《湘军志》云。"[1]

◎ 8 月，陈训正在老家祭奠其叔陈依仁七十冥诞。

按，《陈布雷回忆录》民国二十四年条云："八月，汪氏忽萌退志称病赴青岛，蒋公以中枢无主，乃飞往庐山，命张岳军先生至青岛挽留汪氏，未得要领，乃回南京，出席中央政治会议，对出席各同志痛切说明革命之环境现状与中枢诸人及中央委员应协同负责以济艰危之理，京中空气，始见转移。余住京三日，遂乘此时请假回里，为先考七十冥诞在家设奠。先一日由京返沪，偕允默及弟妹等全家乘轮返慈溪，家人团聚，皆以余于役数千里外，乃得及时归奠为非始料所及。大哥更为余言，虽旅途辛苦，而经历山川，得以开拓见闻，宜引为幸事云。"

◎徐震在《浙江省立图书馆馆刊》第四卷第五期（1935 年 10 月 31 日出版）发表论文《与陈屺怀先生论文书》，既充分表达了对文学的理解，更对陈训正的文才佩服得五体投地。

按，《与陈屺怀先生论文书》云："往在都中，得见尊箸《天婴室丛稿》，披览一过，伫仰靡已！……震尝谓文无间于今古，要以真意为质；辞无间于单复，要以醇雅为先。……先生之文亦原本韩氏，而时出于晚周诸子间，盖在可之、介甫、稚威、梅崖、定庵、默深之外，自为一格。鄙见如斯，未审有当焉否耶？"

民国二十五年（1936） 丙子　六十五岁

◎1 月 2 日傍晚，陈布雷等人来访并与陈训正共进晚餐。

按，《陈布雷日记选（1936 年 1—2 月）》1 月 2 日条："午后……四时至大哥处，途遇贞柯，邀与同去，孟侄、仲侄均在彼，即在大哥家晚

---

[1]《民国人物碑传集》卷1，第24页。

餐，谈叙至夜午始归。"①

◎1月9日傍晚，陈训正因陈布雷、洪曰湄等人来访而不得不取消与朱守梅的约会。

　　按，《陈布雷日记选（1936年1月-2月）》1月9日条云："午后……余以久不晤大哥，亦去六桂坊一行，适左湖先生在彼家，不见二年余矣！执手劳问，谓余太辛苦。出示其近来所为文，格律谨严不苟，知其神气完足，故年来累遭拂逆而无衰状也，旋贞柯、祖望等亦来，今晚大哥本有朱守梅家之约，以余在彼，特辞谢朱宅之约，治撰相响，饮酒稍过量，与诸君及侄辈谈至深夜始归。"②

◎2月上旬，陈布雷来信，请陈训正为蒋伯诚之父作传。

　　按，《陈布雷日记选（1936年1月-2月）》2月7日条云："又致大哥函，附去蒋伯诚君寄来其父任山之事略，托大哥作为家传。"③

◎2月，陈训正被聘为慈溪县重修县志委员会总编辑。

　　按，《时事公报》1936年2月6日《慈县重修县志 聘陈屺怀为总编辑》云："慈溪县政府，昨开重修县志委员会成立会，出席杨省斋等，主席戴时熙。决议：①推定洪左湖、孙辛墅、冯孟颙、秦润卿、杨省斋、杨宝甫、陈谦夫、沈筱汀、朱清奇、姚足一为常务委员；②推杨省斋为修史馆馆长、秦润卿为副馆长兼经济组主任，推陈屺怀为总编辑，陈谦夫、朱清奇为事务组主任；③决定以宝善堂为馆址；④修志馆定四月一日正式成立。"

◎5月，陈训正应沙文若兄弟之请，为其亡父撰墓谒文。

　　按，《沙晓航先生墓谒文》云："君讳孝能，字可庄，晓航其号也。世居鄞之东鄙，……君以民国二年八月六日卒，年三十九。取杜氏，无出，继取陈氏。子男五人，曰文若、文求、文汉、文威、文度。君于学既宿无所发抒，则壹意于著述，有《晓航读书杂记》《诗文集》若干卷。

---

① 中国第二历史档案馆：《陈布雷日记选（1936年1—2月）》，《民国档案》1988年第1期，第16页。

② 《陈布雷日记选（1936年1—2月）》，《民国档案》1988年第1期，第18-19页。

③ 《陈布雷日记选（1936年1—2月）》，《民国档案》1988年第1期，第27页。

殒后十四年，家被盗，所存稿尽毁于火。二十五年五月，文若兄弟将葬君黄公岭之麓，以弟子礼来乞文，用采所闻，叙次之如右。词有其质，无取于华，从君志也。"①

◎应陈训正之请，柳诒徵在四月间为《鄞县通志》作序。

> 按，柳诒徵：《鄞县通志序》云："玄婴先生曩辑《定海县志》，诒徵尝为之跋，顷先生修《鄞县通志》成，复以例目邮视，属为弁言。省其义例，视《定海县志》又进。……丙子夏四月。"②

◎陈训正着手重修《慈溪县志》，并为此拟定"例目"与"采访示例"，唯因次年日寇来犯而中辍。

> 按，陈训慈：《陈君屺怀事略》云："方鄞《志》未成之前一年，同邑陈夏常以慈溪县志亦久失修，与君谋发起重修。君慨然允任主纂，即经始草创例目（凡九条，拟综为《舆地》《政教》《文献》《工程》四志四十五编），并草'采访示例'。次年，抗日战起，事竟中辍。然君方志之业，垂老而不遗桑梓，虽未成书，亦不可不述云。"

民国二十六年（1937）　丁丑　六十六岁

◎5月11日刊登于《时事公报》的一篇题为《陈屺怀与宋子京》的短文，对陈训正好用奥字僻字和古书的行文风格不无异议。

> 按，《时事公报》1937年5月11日《陈屺怀与宋子京》云："乡先辈陈屺怀先生之为文也，好以奥字僻字以及古书，掺杂文间，使人读之，觉其拮倨磨牙，难以卒诵，故往往甚浅近之文字，而以文中之多用古字故，觉无限深奥，其义转晦。为善为病，固否具论，因忆宋代宋子京焉。与陈屺怀先生，可以后先辉映。"

◎6月13日，卢洪昶卒；稍后，陈训正作《鄞隐居卢君传略》。

> 按，《鄞隐居卢君传略》云："君讳洪昶，字鸿沧，本鄞东戎氏子，生三岁，父遽病殁。……（其母朱氏）乃以钱九缗，忍痛券于同县卢氏，

① 陈训正：《沙晓航先生墓谒文》，《沙孟海先生年谱》，沙茂世编撰，第149-151页。
② 柳曾符、柳定生编：《柳诒徵劬堂题跋》，华正书局1996年版，第119-120页。

遂冒姓为卢后。……君以孤童子，起仄微，用自力，旻猛进，不二十年，克自树立，为世用。……及辛亥革命，君时任汉口交通银行行长，当兵起，南北汹惧，解付频繁，皆商款也，而与君有睚眦者，则指为输助满政府，诬告破坏革命。正嚣哎间，突闻宁波光复，首发难者，为君长子成章及其所教育德子弟也，群言始息。君自是尽谢所职，归隐西湖仁寿山下，……八十有二，感疾不起，时六月十三日也。……君与夫人合葬杭县瓶窑山云。"①

◎夏，陈训正与陈布雷相别于杭州，此后终身未尝再见面。

　　按，陈训正在作于1938年夏日的《暑雨经旬未绝，出门远望，颇念行者，即日成咏，用渫我悲》诗末，自注："去年暑雨中，仲弟别我西上，今则劳燕分飞，更不能以道里计矣。"（《晚山人集》卷2）

◎11月底，在弟子倪绍雯的劝说下，陈训正离杭返乡。② 到后，将所撰《鄞县通志·文献志》中的人物、选举、职官、故实四编原稿，藏于老家菜园内的空坟中。

　　按，《鄞县通志编印始末记》云："迫日寇登陆金山卫前一月，③ 总纂陈训正方由杭返其慈溪二六市之故乡，恐浙东沦陷后，其自撰之人物、选举、职官、故实四编原稿散失，无从补辑，乃商诸马瀛，取去藏于其家菜园殡坟空穴中（惟不久启视，纸已潮润，红笔所改之字亦沁晕，因仍取出）。"而陈训慈：《陈君屺怀事略》则称："廿六年（一九三七年）七月，抗战军兴。十月，浙省府迁永康。君先离杭返乡。"据陈鼎文《杭州沦陷时期群丑录》，可知浙江省政府于12月21日夜撤离杭州，故《陈君屺怀事略》系时有误。

---

①　陈训正：《鄞隐居卢君传略》，可见前揭《近代鄞县史料辑存》，第514-516页。而卢成章等所作《先严行述》，更ln言乃父卒于"丁丑六月十三日"。

②　案，《晚山人集》卷2《闻倪生绍雯惨死建德，诗以哭之》云："当汝别我去，云是出避难。余亦辞荆棘，遣归实汝劝。汝言事难知，春秋无义战。山河既失盟，大祸踵亦旋。谓师已迈年，作计慎勿缓。"

③　《陈布雷回忆录》称日寇于1937年11月上旬登陆金山卫，而陈鼎文《杭州沦陷时期群丑录》则云："一九三七年秋日本帝国主义疯狂入侵，企图鲸吞中国。日酋松井石根在十二月二十一日统率寇军，于金山卫全公亭登陆，分遣土桥沿原京杭国道，经吴兴直扑杭州。"两相比较，当以后说为是。果如此，则陈训正离杭时间，应在11月底。详参《浙江文史资料选辑》第21辑，浙江人民出版社1982年版，第199页。

民国二十七年（1938） 戊寅 六十七岁

◎自1月起，陈训正将所作诗文编入《晚山人集》之中。

按，《晚山人集》卷1自注云："辟乱北山，有溪绕万象岗，西下十数里，界溪一桥，虹然而长，溪旁山石台立，可登眺落日。每过之，辄有所会。短咏长谣，积时成什，题曰《晚山人集》。析字见义，冀有所免也。民国二十七年一月，句阳陈伯子始立是稿。"又，沙孟海《晚山人集题辞》云："此《晚山人集》，皆抗日期间退居家乡及避地浙南时伤乱之作。"而陈训慈:《陈君屺怀事略》亦称："以廿七年以后所得诗，别为《晚山人集》四卷。"

◎约春末夏初，陈训正作《闻徐生失身于贼，既耻其行，复悲其遇，赋此渫恨》（诗《晚山人集》卷2）。

按，诗末小字自注:"生为杭州某名德之子，能诗好客，誉满三江。"又，陈鼎文《杭州沦陷时期群丑录》云:"'维持会'的组织形式，采取干事制，'干事会'设秘书处，……秘书长：徐曙岑（行恭，杭州市人，浙江兴业银行经理，曾任北洋政府财政部科长、司长等职）。……一九三八年大约是三月初，……'维持会'结束，即成立'杭州市自治委员会'。……'自治委员会'暨所属各单位的主要人员：……秘书长：徐曙岑（行恭），……杭州市检察局首席检察官：陈秉钧（兼）。"[1]

◎农历四月间，故交冯良翰病故，陈训正特作《哭冯髯》一诗加以悼念（《晚山人集》卷1）。

按，其诗序云："髯名良翰，字友笙，鄞人，余三十余年故交也。久客沪上，经岁病肺，倭变起，感愤日深，遂不治。时沪甬断航，得赴，未能往吊，以诗哭之。闻髯入春已奄奄无生气，逾三月，始绝，故首四句云云。"又考该诗前四句曰："正月雪花大，山川忽严妆。四月雨花稠，道路无余芳。"是知冯氏卒于四月，故系之。

◎约6月初，陈训正得知弟子倪绍雯在建德死于日寇之手，遂作《闻倪生绍雯惨死建德，诗以哭之》。

按，《晚山人集》卷2录曰："当汝别我去，云是出避难。余亦辞荆

---

① 《浙江文史资料选辑》第21辑，浙江人民出版社1982年版，第203-206页。

棘，遄归实汝劝。……及余到故乡，汝书来自建。……汝别逾半载，消息渺天汉。天底有沟壑，汝竟先我填。凶问忽飞来，惊泪湿襟满。"考陈训正于上年 11 月归故乡，由此下推半年，则倪生当死于 6 月初。

◎安心头陀圆寂，陈训正特作《闻安心头陀归真，感抚生平，赋此志哀》加以悼念（诗《晚山人集》卷 1）。

> 按，《鄞县通志》第四《文献志》第二册甲编中《人物二·方外纪略》明言安心头陀圆寂于本年。

◎陈训正有意抽印《鄞县通志·文献志》中的《人物编》，为此在 7 月间，特作《抽印〈鄞县通志〉人物编缘起》加以说明。

> 按，《鄞县通志编印始末记》云："二十七年（公元一九三八年），日寇向西疾进，浙东军事稍纾，陈训正与马瀛谋将《文献志》中《人物》一编抽出付印（《列女传》及《节妇录》暂不印），……然因沪甬交通时断时续，印刷材料购运不易，无有敢承印者。陈训正乃撰《抽印人物编缘起》，预付马瀛，己则时时预备内避也。是年夏，浙东仍未沦陷，人心转定，最后宁波七邑教养所附设华丰印刷局负责人林德祺始代为承印。"

◎7 月 24 日，长子建风次子毋霸早夭，陈训正在痛心之余，作《哭殇孙匡孺》诗（《晚山人集》卷 2）。

> 按，《晚山人集》卷 3《哀匡篇》云："是什不尽为匡发也，而题云云者，余悲未渫，即景即物，在在有吾匡悬心目中。余老矣，诸孙列列，尚有通敏笃实如吾匡者乎？非所及见也。匡名毋霸，长儿建风次子，五岁就傅，八岁遽殇，计此短短三年中，朝攻夕复，依书为命，虽未足与吾玄要，不愧儒门后也。匡死，余复何望？识曰《哀匡》，正自哀尔。廿七年七夕，匡殇之第十日，书此以当纪念。"

◎国学大师马一浮（1883—1967）寄来《泰和古樟行》一诗。秋，陈训正收悉后，答以《古樟行和躅叟韵》（两诗皆《晚山人集》卷 3）。

> 按，《古樟行和躅叟韵》云："赣中诸流多乌樟，独有西昌樟称王。……山自青青水自碧，凭社养寿春复秋。……知君早计名山藏，南矣吾道孰与张？横经树下足娱古，忍抛讲林行凉凉。"

◎秋，正在泰和讲学的马一浮又寄来诗篇，陈训正随即答以《次韵和马蠲叟避地述怀之作》且自注："时叟讲学泰和①，将踰岭入黔。"（两诗并《晚山人集》卷3）

按，《次韵和马蠲叟避地述怀之作》诗内有"弥天虫语乱秋心"句。

民国二十八年（1939） 己卯 六十八岁

◎3月13日，第一届浙江省临时参议会在浙江省政府和国民党省党部的妥协下成立；② 陈训正与徐青甫（1879—1961）等40人被"选派"为正式议员，并任职副议长。

按，《国民政府令（一）》（民国二十八年三月十三日）："浙江福建两省临时参议会参议员、候补参议员业经分别选定，兹将其名单公布之，此令。浙江省临时参议会参议员名单：徐青甫、……陈屺怀、……沈景英。"《国民政府令（二）》（民国二十八年三月十三日）："浙江福建两省临时参议会议长副议长业经分别选定，兹将名单公布之，此令。浙江省临时参议会议长副议长名单：议长 徐青甫 副议长 陈屺怀。"③又，沙文若《陈屺怀先生行状》云："二十八年春，受任浙江临时参议会副议长。"

◎陈训正以副议长身份，随同议长徐青甫和其余参议员联名致电国防最高委员会委员长蒋介石，恳请由中央拨款协助浙江省政府建设抗战大学。

按，《浙江省临时参议会第一届常会会刊》所录《本会为战时大学事呈 蒋委员长电》云："重庆蒋委员长钧鉴，自抗战以来，公私立各大

---

① 据考，马一浮与外甥丁安期、弟子王星贤及其家人僮仆共计十余人，1938年3月20日自衢州出发，3月29日抵达江西泰和，4月3日中午正式受聘，到当时已迁至泰和的浙江大学开办"国学讲座"；但马先生其实更渴望避难四川，唯因浙川两地路途遥远，马先生又年老力衰，复有丁、王两家随行，这才就近入赣（详参官云维《马一浮主讲浙江大学"国学讲座"始末》，《齐鲁学刊》2010年第1期，第46-50页。又据郑光立回忆，马先生后来随同浙大迁移到立贵州遵义（详参《绍兴（市）文史资料》第2辑郑光立《怀念师兄马一浮》），而非拟议中的"踰岭入黔"。

② 施养成：《中国省行政制度》，上海人民出版社2015年版，第128页。

③ 《国民政府令（一）》《国民政府令（二）》，《浙江省临时参议会第一届常会会刊》1939年6月，第6-7页，浙江图书馆藏。

学，大都西迁，省内浙江大学，亦早迁桂，本省高中毕业学生，及原肄业各大学学生，多因交通梗阻，未能远赴省外就学，省内又别无就学处所，大多数失学青年，徘徊观望，非特旷废学业，抑且影响抗战前途，省政府为救济失学，及培植抗战建国专门人才起见，筹设省立战时大学，先设理工、农、医三院，业在丽水筹备，大致就绪，预定秋季开学，现在登记学生，已达一千八百余人，邻省学生，亦多远来登记，本会以省政府此举，切合本省迫切需要，一致盼其实现，唯因省库支绌，未能多筹经费，惟有仰恳钧座，俯念本省特别情形，鼎力成全，准由中央拨款补助，并恳转行教育部，准予备案，俾得如期开学，以慰众望，谨此电陈，伏乞垂鉴，浙江省临时参议会议长徐青甫、副议长陈屺怀暨全体参议员同叩。"

◎陈训正以副议长身份，与议长徐青甫联名致电教育部部长陈立夫，一则请求准予抗战大学备案并拨款补助，二则请求教育部敦促浙江大学立即迁回省内。未久，便收到陈立夫的答复："浙江省临时参议会徐议长、陈副议长勋鉴，元电奉悉，浙江筹设战时大学，前准黄主席电咨，已覆请改称英士大学在案，该校经常费，本部因预算已奉中央核定，无款可拨，俟该校呈报经济概况时，再为转呈行政院补助，至战区学生经济，如确系困难者，祗照《贷金办法》，由校呈部核发贷金，以资救济，浙大现已迁桂，倘令迁回，事实殊多困（虽）（难），惟已令在浙南设立分校，及大学先修班，收容失学青年，特电敬复，诸维亮察，陈立夫。"[1]

> 按，《浙江省临时参议会第一届常会会刊》所录《本会为战时大学暨浙江大学事致教育部陈部长电》云："重庆教育部陈部长勋鉴，本省设立战时大学，筹备业已就绪，登记学生，达一千八百余人，预定本年秋间开学，本会同人，以省府此举，切合本省迫切需要，一致盼促如期开学，敬希顾念本省实际情形，准予备案，并予拨款补助，再战大收容学生有限，拟恳转促浙大，即日迁回，庶莘莘学子，得免向隅，谨电奉陈，贮盼惠复，浙江省临时参议会议长徐青甫、副议长陈屺怀同叩。"

◎陈训正以副议长身份，与议长徐青甫联名致电中英庚款委员会，恳请该会拨款资助抗战大学。不久，便收到中英庚款会的答复："浙江省临时参议

---

① 《教育部陈部长复本会元电》，《浙江省临时参议会第一届常会会刊》，第15-16页。

会徐议长、陈副议长勋鉴，元电承嘱一节，当汇提审查，惟庚款停付，息收锐减，各方请款，数又至巨，蹄涔涓滴，恐难挹注，各校救济，教部想有办法，如并向部请求，当必较易，特复，即希察照，中英庚款会。"①

> 按，《浙江省临时参议会第一届常会会刊》所录《本会为战时大学事致中英庚款委员会电》云："重庆中英庚款委员会诸公勋鉴，自抗战以来，公私立各大学，多数西迁，省内浙江大学，亦早迁桂，本省高中毕业学生，及原肄业各大学学生，多因交通梗阻，未能远赴省外就学，省内又别无就学处所，浙省政府为救济失学，及培植战时专门人材，在浙东丽水，设立省立战时大学，筹备业已就绪，预定秋季开学，登记学生，已达一千八百余人，唯因省库支绌，未能多筹经费，素仰贵会作育人才，嘉惠学子，可否顾念浙省特殊情形，惠予拨款补助，俾千余失学青年，不致失所，谨电奉恳，贮盼惠复，浙江省临时参议会议长徐青甫、副议长陈屺怀同叩。"

◎陈训正以副议长身份，与议长徐青甫联名致电浙江大学校长竺可桢，恳请早日将该校迁回浙江。尔后不久，便收到竺校长的回复："参议会徐议长、陈副议长勋鉴，元电谨悉，盛意至感，现已于龙泉先设分校，招收一年级及先修班，借副雅爱，并即派员筹备，希赐匡襄，弟竺可桢叩。"②

> 按，《浙江省临时参议会第一届常会会刊》所录《本会致浙江大学电》云："宜山浙江大学竺校长勋鉴，本省自贵校西迁，省内拟入大学各生，因交通梗阻，不易远赴省外就学，省府虽经筹设战大，收容有限，贵校前有迁回之议论，实慰众望，浙东安谧，尚祈早日命驾，俾莘莘学子，得免向隅，临电翘企，贮盼惠复，浙江省临时参议会议长徐青甫、副议长陈屺怀同叩。"

◎陈训正在公务之暇，既曾删存旧作以待刊，又尝撰成《论语时训》一卷。

> 按，陈训慈：《陈君屺怀事略》云："至廿八年春，浙省临时参议会成立。时君已去乡至永康，即被任为副议长（时议长为徐青甫，徐后即去

---

① 《中英庚款会复本会元电》，《浙江省临时参议会第一届常会会刊》，第16页。
② 《国立浙江大学竺校长复本会元电》，《浙江省临时参议会第一届常会会刊》，第16页。

渝）。其在议席，务持大体，虽寡言说，而岸然持正，有扬善抑恶之效。自构小筑，颜曰'岁寒寮'，会事之暇，更肆力著述，或删存旧作以待刊。……避居永康时，以《论语》为孔子微言而义解离析，乃吐其积疑，纠谬表微，成《论语时训》一卷。"①

◎ 5月中旬，在宁波连续七次遭到日机轰炸后，陈训正与浙江省临时参议会全体参议员致电宁波专员公署，表示慰问。

> 按，《申报》1939年5月18日《宁波被炸善后被炸难胞救济会已成立》云："宁波为商业区域，非军略所必争，故自战事发生以来，该埠一切照常，毫无防空等军事设备。乃自上月二十八日起至本月十四日止，半个月内先后被轰炸八次，……损失相当重大。……本会同人对于各地遭受损害之同胞及被难者之家属特致慰唁，即希代为传布，至所企祷。浙江省临时参议会议长徐青甫，副议长陈屺怀，暨全体参议员同具。"②

◎ 陈训正为浙江省主席黄绍竑代撰《浙江省抗敌阵亡将士纪念碑》文，7月7日，纪念碑被树立在省会临时驻地永康方岩的桃花峰下，用以缅怀抗日阵亡将士、激发民众团结抗日之气。

> 按，《浙江省通志馆馆刊》载其词曰："呜呼痛哉！东夷不率，侮我神胄；怙强而逞，机毒以时。……绍竑奉命东抚，当莅政两浙之秋，正祸连三府之日；铁弩三千，莫杀灵胥之怒；湖山半壁，难掩伽蓝之羞。呜呼痛哉！抚戚俞之往迹，愧我匪比；创夷之遗孽，期在必诛。树兹贞石，铭幽所以教忠；告尔有众，洗辱当先明耻。中华民国二十八年七月七日浙江省政府主席黄绍竑

---

① 考《晚晴人集》附录柳诒徵《陈君屺怀传》云："读《论语》，闻天人之大原，褰先圣之弘恉，哀烝人之蔽于本，而肆私智小术，封殖掊刻以病国族，而劫于邻戎。反复籀绎，垂泣诒导曰：'孔子之学，仁学；道，仁道。万物之生，此为其元元，犹仁也。欲使天下含生之论，尽纳于其仁怀之中。'又曰：'仁者，人也，谓人道也。孝弟乃人道之始，故仁为为人之本，而孝弟又为为仁之本。今人徒以一己之私，而忘其本之所在。譬之植木，其本既拨，生理绝矣。'故君所斥谪，并世不仁之人、毒螫偷渔之状，与初夷覆满振汉、昌阜民生之鹄臬违戾者，痛切着明，皆其深悲乎仁、旁魄蕴郁而不忍言者。"此段引文，部分是柳氏对《论语时训》文意的隐括，部分则是《论语时训》原文。

② 此与《浙江省临时参议会第一届常会会刊》所录《本会致各区专员慰唁被炸同胞电》，文字略有出入。

谨志。"①

◎ 11 月间，陈训正与王儒堂等人发起成立庄崧甫（1860-1940）八十寿庆筹备处。

> 按，《申报》1939 年 11 月 17 日《庄崧甫八十庆寿　王儒堂等发起恭祝》云："奉化庄崧甫先生历任浙江省府委员、国府立法委员、导淮委员会代理委员长等要职，布衣蔬食，热情毅力，政绩斐然，极为朝野人士所推重，近年息影故乡，专力于农田水利，今岁十二月二十六日为先生八十寿辰，时贤王儒堂、褚慧僧、俞飞鹏、陈屺怀诸氏以先生耆年硕德，功在党国，往昔在乡曾因兴学毁家，在沪主持《新学会社》，编辑农业书籍，余杭临安组织大规模林牧公司，提倡垦殖，卓著成效，有远识而勤于事，足为后学楷模。因在本埠交通路中国农业书局成立庄寿筹备处，并广征诗文，以申庆贺而资表彰。"

◎ 12 月 26 日，从弟陈布雷五十岁生日，陈训正去函问候。

> 按，《陈布雷回忆录》民国二十八年条云："十二月二十六日，为余五十初度，大哥、四弟等先后来函问讯。"

民国三十年（1941）辛巳 七十岁

◎ 1 月 14 日，奉化朱孔阳（1885—1941）病逝。稍后，陈训正作《奉化朱孔阳事略》。

> 按，《奉化朱孔阳事略》云："君讳孔阳，原名鹤年，字守梅，姓朱氏，奉化人，……君读书于凤麓，实与今总裁蒋公偕，蒋公知君深，既从事革命，有所举，必招君为助，……廿九年春，母以思子故，竟病终异乡，自是益伤君心，久之，积哀成疾。会其年，浙境大旱，……君忧之殷，疾乃大渐，蓐处经旬，入冬忽呕血数升，索笔书痛心痛心而绝，时三十年一月十四日也。春秋五十有七。……呜呼！如君者，有美意而不获延年，天道云何也？！后死友慈溪陈屺怀泣述。"②

---

① 陈训正：《浙江省抗敌阵亡将士纪念碑》，原刊《浙江省通志馆馆刊》创刊号（1945 年 2 月 15 日），第 104 页。今可见《浙江省通志馆馆刊合订本》，杭州古旧书店 1986 年 4 月影印。

② 陈训正：《奉化朱孔阳事略》，原刊《浙江省通志馆馆刊》第 4 期（1945 年 11 月 15 日），第 69 页。今可见《浙江省通志馆馆刊合订本》，杭州古旧书店 1986 年 4 月影印。

◎王焕镳（1900—1982，柳诒徵弟子）在收到陈训正所寄赠的《论语时训》后，回复《与陈玄婴先生》一文，内称《论语时训》实乃发于恻隐之心以哀刑政之苛、阐时措之宜的伟著。

> 按，《与陈玄婴先生》云："玄婴老丈先生侍座：往在杭垣，曾望见颜色，想公已不记其人矣。……乃者我公不遗在远，赐示尊著《论语时训》两册。盥诵再三，窃喜矍铄犹前，著述不辍，匪仅道德文章冠绝当代，即精神气力亦有非后生新进所敢望者。至于伤人伦之废，哀刑政之苛，箴俗学之陋，阐时措之宜，又无一不本乎恻隐之深衷，与世之怀铅握椠但敷陈训诂而已者，固貌同而心异也。《易》曰：'富有之谓大业，日新之谓盛德。'又曰：'可久则贤人之德，可大则贤人之业。'皆以德业病重；乃知有体无用与夫务用忘体，均非孔门之旨明矣。然则居今世而忘孔子之道，舍公《时训》之义，将奚归乎！假中有湄潭之行，裁答少迟，幸勿罪。谨录近作杂文二首，乞赐绳削。秋深惟尊候万福。"①

◎农历十月，陈训正在答复阮毅成邀请担任浙江省史料征集委员会主任委员时，建议如欲重修省志，则需训练调查人员并将之派赴各县。唯因时局艰难，此一建议未能实现。

> 按，阮毅成《学者从政的典范——回忆陈屺怀先生》云："民国三十年十月，浙江省政府拟设立浙江省史料征集委员会，以为重修浙江省志的准备工作。我因屺怀先生在民国初年所主修的《定海县志》（五卷，首一卷。民国十三年铅印本）与余樾园（绍宋）先生在民国初年所主修的《龙游县志》，皆属体例新颖，内容完备，可以为重修浙江省志的模板。所以想请他们两位，担任征集会的正副主任委员。因两位当时既同在浙江省临时参议会议事，又皆住在永康，与省政府所在地的方岩相邻近。公务接洽，至为方便。结果是余先生答应了，而屺怀先生则来信谓：'……私意省府应先成立方志总局，先训练一班方志调查人员，六个月后，派赴各县工作。一年之内，可以完成各县新志（旧有志书无一可存）。如此进行，较为实在。所谓史料者，尽在是矣。……吾公以为然否？'屺怀先生所说的先训练方志调查人员，派赴各县，于一年内完成各县新志，在步骤上系属正确。但是，工作尚未开始，而敌人于三十一

---

① 王焕镳：《因巢轩诗文录存》，上海古籍出版社2005年版，第212页。王焕镳子女在整理《因巢轩诗文录存》时，明言《与陈玄婴先生》作于1941年10月。

年五月，进攻浙赣路。浙江省政府仓皇撤退，以致屺怀先生的建议，未能实现。"①

◎在陈训正七十岁生日到来前，亲友集资拟刊印其所有未刊稿，终因日寇进逼、时局动荡而未果。

> 按，陈训慈：《陈君屺怀事略》云："其成稿未刊者，有《倪林》二卷、《读礼籀记》若干卷、《孟子学说》三卷、《泽畔吟》一卷。别有《庸言》《性天论》《原情》《人学》诸篇，荟为《岁寒述学》四卷。凡兹论著，皆在抗日战争晚期先后写定，当君七十岁时，亲友为醵金，拟印诸待刊书以为寿。已购致佳纸，倭军忽进逼，仓皇南避，纸亦沦失，事遂未果。"

民国三十一年（1942） 壬午 七十一岁

◎5月，日寇发动浙赣战役，沿浙赣铁路进逼金华，南犯衢州、丽水；浙江省政府始则被迫迁往松阳，旋因衢州、龙游失守，又迁至云和，在6月24日丽水沦陷后，又迁到景宁、龙泉、庆元一带。此后，国军反击，至8月底，击退日寇的图谋，浙赣战役结束。而在此期间，陈训正辗转避难于浙江丽水、福建南平。

> 按，陈训慈：《陈君屺怀事略》云："三十一年五月，寇自金华逼永康。君仓皇走丽水，后复避至闽北之南平。"又，作于1943年11月的《陈训正行述》亦云："去年五月，敌寇南侵，金华、永康，相继沦陷，府君弃家，随省府移于云和。比松、丽不守，浙南震动，会垣再迁，府君亦西入福建，憩于南平。"

◎10月15日，浙江省临时参议会第一届第六次大会在云和县孔庙大成殿举行。因议长徐青甫已赴重庆，改由陈训正代行议长职权，担任大会主席。尽管陈训正因身处南平，未能及时赶到云和而错过开幕典礼，却不但主持了大部分议程，且于10月28日闭幕典礼致休会词。

> 按，其休会词云："本次大会，今天宣告结束。本席对于会务很抱

---

① 阮毅成：《学者从政的典范——回忆陈屺怀先生》，《浙江近代学术名人》，《浙江文史资料选辑》第43辑，第149-150页。

歉，事变以来，自己远在千里之外，不能到会主持，事后早想回来，又因交通工具缺乏，迟至开会后才到，对本省党政双方及本会同人均觉惭愧！"①

◎陈训正夫人魏氏病卒。

按，柳诒徵《陈君屺怀传》云："原配魏氏，先一年卒。"类似记载，又可见沙文若《陈屺怀先生行状》、陈训慈：《陈君屺怀事略》。

◎ 11 月 10 日，重庆国民政府行政院公布第二届浙江省临时参议会参议员名单；②陈训正名列其中，且因原议长徐青甫已离浙赴渝，遂被行政院指定为议长。

按，阮毅成《学者从政的典范——回忆陈屺怀先生》云："在浙赣路战役之时，永康迅即沦陷，（临参会议长）徐青甫先生离开浙境，辗转而到了重庆。屺怀先生则也在匆促中，退到了福建。三十一年十一月十五日，省临时参议会在浙东战役的残破之余，勉强在浙江省的新临时省会云和集会，适奉行政院令，以浙江省临参会第一届任满，应成立第二届。省政府以徐议长一时无法东来，遂呈请以屺怀先生任议长，而以余樾园（绍宋）先生副之。"③类似记载，又可见沙文若《陈屺怀先生行状》、陈训慈：《陈君屺怀事略》。

民国三十二年（1943）　癸未　七十二岁

◎ 4 月 28 日上午六时半，云和县孔庙大成殿，陈训正以议长身份，主持浙江省第二届临时参议会第一次大会，并在开幕典礼上致辞。④

按，《陈议长开会词》云："省党部各位委员、省政府黄主席、各位

---

① 《陈副议长休会词》，《浙江省临时参议会第二届第一次大会会刊》（第一届第六次大会会议辑要），1943 年 5 月，第 175 页，浙江图书馆藏。

② 《浙江省政府来函为奉国民政府公布本届议长副议长及参议员名单立简派陈成充本会秘书长由》，《浙江省临时参议会第二届第一次大会会刊》1943 年 5 月，第 11 页。

③ 阮毅成：《学者从政的典范——回忆陈屺怀先生》，《浙江近代学术名人》，《浙江文史资料选辑》第 43 辑，第 150 页。

④ 阮毅成：《学者从政的典范——回忆陈屺怀先生》，《浙江近代学术名人》，《浙江文史资料选辑》第 43 辑，第 150 页。

委员厅处长、李总司令、各位来宾、各位同人：今天是本会第二届第一次大会，在这多难的时期，得和各位同人聚集一堂，共同商讨战时省政的一切兴革事宜，本席特感兴奋，尤其今天党政军长官及各位来宾，莅临指导，更为欣幸。但同时环顾本省现状，残寇依然负隅，同胞犹在水深火热之中，善后复兴的工作，还待继续努力，艰苦的时日正伴着时代巨任向我们的肩上累积，则又深凛本会当前责任的重大。……本席年力衰迈，再度滥竽议席，深惧没有建树，还希望各位多多指教。"①

◎ 4 月 29 日上午，陈训正以主席身份，主持第一次会议。

按，《第一次会议纪录》云："日期：三十二年四月二十九日上午七时三十分。地点：云和孔庙大成殿。……主席：议长陈屺怀。……主席宣告散会。"②

◎ 5 月 3 日下午，陈训正出席第四次会议。

按，《第四次会议纪录》云："日期：三十二年五月三日下午二时。地点：云和孔庙大成殿。出席参议员：陆思安、……陈屺怀……陈季侃。……秘书长报告本日出席参议员三十二人，已足法定人数。"③

◎ 5 月 11 日上午，浙江省第二届临时参议会第一次大会闭幕。在闭幕典礼上，陈训正抱病致休会词。

按，阮毅成《学者从政的典范——回忆陈屺怀先生》云："五月十一日上午六时三十分，仍在云和大成殿举行休会典礼。屺怀先生致休会词：'本会这次大会，为期恰为两周。在这两周期间，各位同仁对于本省的政治、军事、财政、经济、教育、建设各部门，都曾经过了一度详密的检讨，分别作成实际需要的议按，以供政府的采纳。……今天趁这休会典礼的时候，特向党政长官，各位来宾，敬致送次莅临指导的谢忱，并祝各位同人珍重为国。'"④

---

① 《陈议长开会词》，《浙江省临时参议会第二届第一次大会会刊》，第1-2页。阮毅成《学者从政的典范——回忆陈屺怀先生》亦加以全文收录，仅个别文字有所差异。例如将"黄主席"改为"省政府"。

② 《浙江省临时参议会第二届第一次大会会刊》，第64-68页。

③ 《浙江省临时参议会第二届第一次大会会刊》，第74页。

④ 其休会词又被题作"陈议长休会词"，《浙江省临时参议会第二届第一次大会会刊》，第137页。

◎ 10 月 19 日，陈训正病逝于浙江云和。

按，沙文若《陈屺怀先生行状》云："议会初集于永康，三十一年夏，倭寇自金衢南侵，先生道云和、龙泉而迁寓于闽之南平，暮年远役，备尝艰苦。迫寇退，议会复集于云和，于是体力日衰，以三十二年十月十九日告终云和寓次，年七十二。"类似记载，又可见陈训慈:《陈君屺怀事略》、陈建风等《陈训正行述》。

◎据说陈训正卒前，将生前所作诗文托付给诸子和孙宾甫。

按，张原炜《陈无邪墓志铭》云："临殁，以稿付诸子及奉化孙宾甫，曰:'为我存之。'"

◎陈训正卒时，膝下有子三、女一、孙十、孙女十二。

按，陈训慈:《陈君屺怀事略》云："生子四：建风（孟扶）、建雷（仲回）、建斗（叔受）、建尾（季微）。女一：汲青，适吴兴郁永常。建雷在抗战中早卒。孙男十人，孙女十二人。"类似记载，又可见张原炜《陈无邪墓志铭》、柳诒徵《陈君屺怀传》。

◎ 10 月 25 日，国民党总裁、国民政府主席兼行政院长、国防最高委员会委员长蒋介石电唁陈训正家属，表示哀悼。

按，《东南日报》1943 年 10 月 25 日刊其词曰："屺怀先生，党国耆贤，勋德兼茂，文章学术，矜式群伦。近岁主持议政，尤多贡献。方幸老成贞正，造福乡邦，遽闻溘逝，良深惊悼。特电致唁，惟希节哀。"[1]

◎ 11 月 2 日，正在常山巡视的浙江省主席黄绍竑发来唁电。

按，《浙江日报》1943 年 11 月 2 日《黄主席电唁陈故议长》云："屺怀先生，因病作古，邦失贤士，民失导师，南望云和，怆怀无已。缅念屺老，功在党国，德在斯乡，年来主持本省议席，献替特多。方期长享退龄，共图复兴，遽尔西归道左，悼痛奚如！"

◎陈训正病逝后，浙江省临时参议会致电陈布雷与陈训正三子，表示哀悼。

---

① 同日，《浙江日报》亦刊出监察院院长于右任的唁电："屺怀先生，洛社耆英，儒林宗范。比年主持议坛，扶翼民治，正言谠论，海宇同钦。遽闻俎谢，痛悼曷极。"

按，阮毅成《学者从政的典范——回忆陈屺怀先生》云："屺怀先生以高年而遭逢战乱，益之以议长的重任，遂使其衰弱之躯，终告不支。而于民国三十三年秋季，在云和逝世，享年七十三岁。老成凋谢，浙人皆为哀悼。浙江省临时参议会即致电陈布雷先生报丧：'重庆美专街一号陈布雷先生赐鉴：令兄屺老，履贞抱道，乡国仪型。方期领导，献替省政。遽捐馆舍，朝野同悲。大会同人，尤深痛悼。敬电慰问，并候政祺。'又致电屺怀先生的三位公子致唁：'云和黄水碓陈孟扶、叔受、季微先生礼鉴：尊翁屺老，履贞抱道，乡国仪型。方期领导，献替省政。遽捐馆舍，朝野同悲。大会同人，尤深痛悼。敬电慰问，并候孝祺。'"①

◎ 11月，陈训正诸子谨作《陈训正行述》，对于乃父的学术成就，最推崇其方志之学。

按，《陈训正行述》云："尝以友人之介，游于登莱之间，成《掖县志》若干卷。定海集群岛而治，为鱼盐之乡，通商以后，海运频繁，隐为重镇，顾县志简略，芜秽不称，邑人亟谋兴修，请主其事。府君独具别裁，订为新例，成《定海县志》若干卷，图表厘然，读者称便。鄞县自董志以后，年久失修，主者又以相属。府君乃删烦最要，广采博访，凡三年，成《鄞县志》若干卷。盖方志之学，昔人所难，非擅三长，不堪其任，章氏而后，继起者希，府君三志，世无间言，方之实斋，斯无愧色。……卅二年十一月，不孝男建风偕弟建斗、建尾泣血谨述。世愚弟余绍宋填讳。"②

◎陈训慈受托写成《陈君屺怀事略》初稿，以便重庆各界追悼陈训正之用。

按，陈训慈：《陈君屺怀事略》："谨按先伯兄玄婴先生于抗日战争胜利前二年殁于云和客次。时家属亲友多分处后方，而以在重庆者为较多。渝各界举为悼祭，事前为悼会中拟分送行状，须有家属先提供事略。诸侄皆在浙东，余乃受托，据仲兄及叶德之表兄、胡良箴先生等回忆、口述，写成事略稿以为应。"③

---

① 阮毅成：《学者从政的典范——回忆陈屺怀先生》，《浙江近代学术名人》，《浙江文史资料选辑》第43辑，第154页。

② 陈建风、陈建斗、陈建尾：《陈训正行述》，《民国人物碑传集》卷1，第24-25页。

③ 陈训慈：《陈君屺怀事略》，《晚山人集》附录。

参考文献

一、古今论著

[1] 史致训、黄以周等编纂:《定海厅志》,柳和勇等,校点,上海:上海古籍出版社,2011 年。

[2] 杨泰亨纂:《光绪慈溪县志》,《中国地方志集成·浙江府县志辑》(35),冯可镛,修,上海:上海书店,1993 年。

[3] 钱淦、袁希涛:《宝山县续志》,《中国地方志集成·上海府县志辑》(9),上海:上海书店,1991 年。

[4] 董祖义:《镇海县新志备稿》,《中国地方志集成·浙江府县志辑》(34),上海:上海书店,1993 年。

[5] 陈训正、马瀛纂:《定海县志》,《中国地方志集成·浙江府县志辑》(38),上海:上海书店,1993 年。

[6] 虞辉祖:《寒庄文编》,1921 年。

[7] 虞辉祖:《冯君木编》,《寒庄文外编》,1923 年。

[8] 宁波旅沪学会:《宁波杂志》(第一卷第一期),《民国珍惜短刊断刊·上海卷》(卷21),陈湛绮编,北京:全国图书馆文献缩微复制中心,2006 年。

[9] 释敬安:《八指头陀诗文集》,梅季校点,长沙:岳麓书社,2007 年。

[10] 鄞县工校廿周纪念筹备会编辑部:《鄞县县立高级工科中学二十周纪念册》,1931 年。

[11] 陈训正:《天婴室丛稿》,《近代中国史料丛刊正编》(63),沈云龙主编,台北:文海出版社,1972 年。

[12] 陈训正：《天婴室丛稿第二辑》，1934 年。

[13] 陈训正编：《国民革命军战史初稿》，《近代中国史料丛刊正编》（79），沈云龙主编，台北：文海出版社，1972 年。

[14] 浙江省临时参议会：《浙江省临时参议会第一届常会会刊》，杭州：浙江省图书馆古籍部，1939 年。

[15] 浙江省临时参议会：《浙江省临时参议会第二届第一次大会会刊》，杭州：浙江省图书馆古籍部，1943 年。

[16] 张原炜：《荭里剩稿》，《近代中国史料丛刊正编》（87），沈云龙主编，台北：文海出版社，1972 年。

[17] 《浙江省通志馆馆刊合订本》，杭州：杭州古旧书店，1986 年。

[18] 干人俊：《民国慈溪县新志稿》，慈溪：慈溪县地方志编纂委员会，慈溪县档案馆，1987 年。

[19] 洪允祥：《慈溪文史》（第五辑），洪崇基，等选注，慈溪：政协慈溪市文史资料委员会 1991 年。

[20] 陈布雷：《陈布雷回忆录》，北京：东方出版社，2009 年。

[21] 陈布雷：《陈布雷集》，张竟无编，北京：东方出版社，2011 年。

[22] 施养成：《中国省行政制度》，上海：上海人民出版社，2015 年。

[23] 陈训正：《晚山人集》（抄本），陈训慈整理，藏于南京大学图书馆，1985 年。

[24] 陈训正：《天婴诗辑》（抄本），陈训慈整理，藏于南京大学图书馆，1988 年。

[25] 高时良：《中国近代教育史资料汇编——洋务运动时期教育》，上海：上海教育出版社，1992 年。

[26] 柳曾符、柳定生编：《柳诒徵劬堂题跋》，台北：华正书局，1996 年。

[27] 宁波市教育委员会编：《宁波市教育志》，杭州：浙江教育出版社，1996 年。

[28] 沙韦之主编：《若榴花屋师友札存》，杭州：西泠印社出版社，2002 年。

[29] 王焕镳：《因巢轩诗文录存》，上海：上海古籍出版社，2005 年。

[30] 浙江图书馆编：《陈训慈百年诞辰纪念文集》，北京：北京图书馆出版社，2006 年。

[31] 沙茂世编撰：《沙孟海先生年谱》，杭州：西泠印社出版社，2010 年。

[32] 胡纪祥：《童氏家族》，宁波：宁波出版社，2011 年。

[33] 刘大禹：《蒋介石与中国集权政治研究（1931—1937）》，杭州：浙江大学出版社，2012 年。

[34] 沈文泉：《朱强村年谱》，杭州：浙江古籍出版社，2013 年。

[35] 宁波市政协文史委员会编：《甬商办医：宁波帮与近代宁波慈善医院史料集》，宁波：宁波出版社，2014 年。

[36] 沈松平：《陈训正评传》，杭州：浙江大学出版社，2015 年。

[37] 宁波市政协文史委员会编：《近现代报刊上的宁波》，宁波：宁波出版社，2016 年。

[38] 慈溪市文物管理委员会办公室、宁波市江北区文物管理所编：《慈溪碑碣墓志汇编》，杭州：浙江古籍出版社，2017 年。

二、新旧报纸

[1] 《申报影印木》，上海：上海书店，1983 年。

[2] 《明哲见机》，《四明日报》，1910 年 6 月 9 日。

[3] 《陈训正启示》，《四明日报》，1910 年 7 月 14 日。

[4] 芷芬：《陈屺怀先生离杭之去思》，《五味架（时事公报附刊）》，1928 年 12 月 9 日。

[5] 张介纯：《一张罕见的民国地契》，《东南商报》，2005 年 1 月 10 日。

[6] 《掖县城区详图》，《烟台晚报》，2008 年 3 月 23 日。

三、学术论文

[1] 徐震：《与陈屺怀先生论文书》，《浙江省立图书馆馆刊》，1935 年第 4 卷第 5 期，第 53 页。

[2] 陈训正：《慈溪县志草创例目》，《文澜学报》，1936 年第 2 卷第 1 期。

[3] 吴承洛：《中国之化学药品及化学原料工业》，《经济建设季刊》，1943

参考文献

年第 1 卷第 4 期，第 139-150 页。

[4] 广义：《转道老和尚传》，《南洋佛教》，1969 年第 4 期。

[5] 蔡乐苏（林华国帮助定稿）：《宁波白话报》，《辛亥革命时期期刊介绍》（1），
北京：人民出版社，1982 年。

[6] 马振犊：《邵元冲与张默君》，《民国档案》，1986 年第 1 期，第 119-120 页。

[7] 中国第二历史档案馆：《陈布雷日记选（1936 年 1—2 月）》，《民国档案》，
1988 年第 1 期，第 18-35，139 页。

[8] 黄燕生：《傅振伦与民国方志学》，《中国历史博物馆馆刊》，1994 年第 2 期，
第 8-17，63 页。

[9] 柳建军：《从民国〈定海县志〉〈鄞县通志〉看陈训正的方志思想》，《浙
江方志》，2002 年第 4-5 期，第 84-89 页。

[10] 沈松平：《从"当代方志的雏形之作"——〈民国鄞县通志〉看陈训正对传
统方志学理论的超越》，《黑龙江史志》，2002 年第 6 期，第 10-13 页。

[11] 徐鸿钧：《陈屺怀的教育思想与实践初探》，《国家教育行政学院学报》，
2005 年第 11 期，第 80-83 页。

[12] 张美翎：《蓑绮阁课徒书札》，《新美域》，2008 年第 2 期。

[13] 陈元：《陈屺怀与陈布雷兄弟》，《档案春秋》，2008 年第 9 期，第 20-23 页。

[14] 柳和城、刘承：《上海通社与〈通社丛书〉》，《出版史料》，2009 年第 1 期。

[15] 俞婉君：《社会变迁与浙东堕民的解放和消融》，《浙江社会科学》，2009
年第 9 期，第 71-76 页。

[16] 宫云维：《马一浮主讲浙江大学"国学讲座"始末》，《齐鲁学刊》，2010
年第 1 期，第 46-50 页。

[17] 黄瑛：《近代上海著名中医实业家李平书》，《中医药文化》，2011 年第 3 期，
第 21-23 页。

[18] 邬奇峥：《甬人最早的自办报刊——〈宁波白话报〉》，《宁波帮》，2013
年第 4 期。

[19] 沈松平：《论陈训正的教育实践及其理念》，《浙东文化研究》（第 1 辑），
张伟主编，杭州：浙江大学出版社，2014 年。

[20] 谢一彪:《城市贱民——宋代以来江浙沪地区堕民起源述评》,《城市史研究》
（第 32 辑），张利民主编，北京：社会科学文献出版社，2015 年。.

[21] 周慧惠:《〈鄞县通志〉编纂详探——以天一阁藏鄞县通志馆收支报告档案
为中心》,《浙江档案》, 2016 年第 5 期，第 42-46 页。

四、硕士学位论文

[1] 江淑文:《清末民初小学教师专业化的研究——1903—1927 年》，台中：
东海大学，1989 年。

[2] 洪正龙:《清代贱民阶层中的江浙堕民研究》，台南：成功大学，2004 年。

[3] 张唯:《陈训正研究》，宁波：宁波大学，2012 年。

五、口述史料

[1] 蒋介石:《蒋介石日记》（手稿本），美国斯坦福大学胡佛研究所。

[2] 茹管廷:《国民党统治时期浙江省民政厅见闻》，《浙江文史资料选辑》（第
21 辑），杭州：浙江人民出版社，1982 年。

[3] 张任天:《西湖博览会纪事》，《浙江文史资料选辑》（第 21 辑），杭州：
浙江人民出版社，1982 年。

[4] 赵志勤:《宁波光复前后的陈屺怀》，《浙江辛亥革命回忆录续辑》，杭州：
浙江人民出版社，1984 年。

[5] 李庆坤:《宁波效实中学简史》，《宁波文史资料》（第 2 辑），1984 年。

[6] 赵晨:《国民党统治时期的杭州市市长》，《杭州文史资料》（第 5 辑），
1985 年。

[7] 桂信义:《甬江名医吴莲艇》，《宁波文史资料》（第 4 辑），1986 年。

[8] 程沧波:《陈训念先生家传》，《"国史馆"现藏民国人物传记史料汇编》（第
二辑），1989 年。

[9] 阮毅成:《学者从政的典范——回忆陈屺怀先生》，《浙江文史资料选辑》（第

43 辑），杭州：浙江人民出版社，1990 年。

[10] 方子长：《陈谦夫与宁波的教育卫生事业》，《宁波文史资料》（第 8 辑），1990 年。

[11] 胡审严：《清末民初宁波的职业教育》，《宁波文史资料》（第 8 辑），1990 年。

[12] 赵志勤：《陈屺怀事迹述略》，《宁波文史资料》（第 8 辑），1990 年。

[13] 周克任：《陈屺怀轶事三则》，《宁波文史资料》（第 8 辑），1990 年。

[14] 陈训慈，赵志勤：《热心兴办宁波地方教育的陈屺怀》，《浙江文史资料》（教育科技卷）（第 45 辑），杭州：浙江人民出版社，1991 年。

[15] 叶千里：《陈氏私塾沿革记略》，《余姚文史资料》（第 11 辑），1993 年。

[16] 戴光中：《陈氏兄弟 各有千秋——陈训正、陈布雷和陈训慈》，《文化群星——近现代宁波籍文化精英》，北京：中国文史出版社，1998 年。

[17] 浙江省博物馆：《陈训慈先生纪念文集》，1996 年。

[18] 显宗：《回忆宁波佛教孤儿院》，《宁波文史资料》（第 22 辑），2004 年。

[19] 陈建风，等：《陈训正行述》，《民国人物碑传集》（卷 1），卞孝萱、唐文权编著，南京：凤凰出版社，2011 年。

[20] 林端辅口述：《宁波光复亲历记》，《辛亥革命宁波资料选辑》，何雨馨，整理，宁波：宁波出版社，2011 年。

[21] 翁汶英：《记家父翁祖望》，《古镇慈城》（第 56 期），2013 年。

[22] 陈训正：《鄞隐居卢君传略》，《近代鄞县史料辑录》，宁波市鄞州区档案馆编，天津：天津古籍出版社，2013 年。

后 记

　　这部书稿从构思到如今付梓，历时八年之久。"难产"的原因，大抵有二。一是在着手研究之初，由于对传主生平一无所知，因而不得不致力于收集包括陈训正个人诗文集及其友朋回忆录、方志记载、报刊报道在内的几乎所有的相关资料，结果却"误入歧途"，始则勉力考察宁波辨志文会的运行轨迹，尝试探讨辨志文会对近代宁波地方教育的历史作用，细心整理辨志文会的传世史料，尔后又忙于编撰《陈训正年谱》、校注陈训正的《天婴室丛稿》，这就使得《宁波近代教育的拓荒者：陈训正评传》的写作，实际上从2018年9月底才真正起步；二是沈松平《陈训正评传》在2015年的出版，极大地增加了我们写作的难度，基于对"学术贵在创新"原则的坚持，本书稿偏重考察《陈训正评传》语焉不详甚或不曾措意的若干问题，从而不可避免地影响了写作进度。

　　如同已有的其他研究成果，拙稿存在着诸多不足。譬如，它既不曾全面考述陈训正的生平行迹与学术思想，其部分论断也可能失于武断。尽管如此，对《天婴室丛稿第二辑》的引用和对传主生前行迹的按年编列，使得拙稿较诸已有相关论著，不仅征引资料更丰富，而且考述更准确。

　　我们在写作过程中，参考并引用了众多前贤时哲的相关研究成果，除了在文中悉加标注外，在此再次致以诚挚的谢意！同时也想借此机会，衷心感谢甬籍教育家研究中心的郑东辉教授、于潇博士，宁波市教育科学研究所沈海驯、俞冬伟两位所长的支持以及谢振声先生、周达章先生和孙善根研究员等师友多年来的关心和支持。

徐鸿钧　唐燮军

2021年3月29日

图书在版编目（CIP）数据

宁波近代教育的拓荒者：陈训正评传 / 徐鸿钧，唐
燮军著. -- 杭州：浙江大学出版社，2021.6
ISBN 978-7-308-21222-9

Ⅰ. ①宁… Ⅱ. ①徐… ②唐… Ⅲ. ①陈训正—评传
Ⅳ. ①K825.46

中国版本图书馆CIP数据核字（2021）第055568号

宁波近代教育的拓荒者：陈训正评传

徐鸿钧　唐燮军　著

策划编辑	吴伟伟	
责任编辑	马一萍	
责任校对	陈逸行	
封面设计	春天书装	
出版发行	浙江大学出版社	
	（杭州市天目山路148号　　邮政编码　310007）	
	（网址：http://www.zjupress.com）	
排　　版	杭州林智广告有限公司	
印　　刷	广东虎彩云印刷有限公司绍兴分公司	
开　　本	710mm×1000mm　1/16	
印　　张	16.5	
字　　数	233千	
版 印 次	2021年6月第1版　2021年6月第1次印刷	
书　　号	ISBN 978-7-308-21222-9	
定　　价	68.00元	